Die globale Vernetzung hat vor mehr als zwei Jahrzehnten große Freiheiten für individuelle und ökonomische Entfaltung versprochen und sich angeschickt, die Welt der Kommunikation und Information zu revolutionieren. Eine kritische Betrachtung der Entwicklungen seit damals lässt jedoch vermuten, dass ein Trend entstanden ist, der die versprochenen Freiheiten der Netzwerke paradoxerweise ins Gegenteil verkehrt. Die Welt der Kommunikation und Information hat sich maßgeblich verändert und kämpft um Glaubwürdigkeit.

Dieses Buch nennt Prinzipien und Gründe, die diese Sichtweise bestärken, sowie mögliche Ansätze, die Vernetzung der Welt zum Positiven zu wenden. Gedacht als Beitrag zu einem zu führenden Diskurs.

Viele philosophische Betrachtungen, Fragestellungen und Probleme, die im Laufe von mehreren tausend Jahren Menschen auf ihrem Weg begleitet haben, lassen sich auch auf die moderne Welt anwenden. Die sich rasant verändernde Welt trifft auf das Wesen Mensch, das sich seit jeher dieselben Fragen stellt.

Walter Karban, mehr als vier Jahrzehnte als Unternehmer im Kontext der Informationstechnologie tätig, war einer der ersten Protagonisten des frühen Internets in Österreich (1994 bis 2009). Mit seiner Firma war er als Dienstleister Partner namhafter Unternehmen bei Datenbankentwicklung und Plattform-Design, sowie Entwickler und Betreiber einer regionalen Suchmaschine und von weltweit genutzten Anonymisierungsdiensten. Er ist als Datenschutzbeauftragter zertifiziert und promovierter Philosoph / Kulturwissenschafter mit Schwerpunkt Netzwerktheorie, Systeme und Komplexität.

Die in diesem Buch dargestellten Positionen beruhen auf seiner Erfahrung als IT-Entwickler, seiner Auseinandersetzung mit philosophischen Problemstellungen und resultieren zum Teil aus Vorträgen und Diskussionen u.a. am Institut für Philosophie der Universität Wien und an der Donau-Universität Krems.

Walter Karban

Paradoxe Welt der Netzwerke

Wer hat, dem wird gegeben

inMotion Publishing
2020

Ethik in einer digitalisierten Welt
digitalem Humanismus verpflichtet

Bad Aussee - Wien
https://www.inmotion.at

ISSN 2709-7684 - Band 1
Ethik in einer digitalisierten Welt
https://ethics.in.a.digitized.world

Herstellung: BoD - Books on Demand, Norderstedt

ISBN: 978-3-903051-11-9

Inhaltsverzeichnis

1 Prolog *1*

2 Ein digitales Manifest *3*

2.1 Was also tun? 8

2.2 ... Probleme lösen!? 10

3 Gedanken zum Internet *13*

3.1 Warum ist Philosophie zu diesem Thema gefragt? 13

3.2 Kybernetik - Kybernethik 15

3.3 Ethische Prinzipien 17

3.4 Wir bezahlen mit Daten oder gar mit . . . ? 20

3.5 Suchen - Daten - Daten - Suchen 22

3.6 Die Dominanz der Hubs am Beispiel Suchmaschine 25

3.7 Hierarchie der Netzwerke 28

3.8 Distribuierte Netze 31

4 Schlaglichter - zur Digitalen Realität *37*

4.1 OECD Bericht 2017 – the winner takes it all 37

4.2 Businessmodell: Daten sammeln – Gedanken zu Cambridge Analytica 40

4.3 Künstliche Intelligenz – eine „gewaltige" Herausforderung . 42

4.4 OpenAI Bot schlägt weltbeste Dota 2 Spieler 44

4.5 Instant Gratification – das mobile Internet macht es möglich 47

4.6 Smart Devices – smarte Gesellschaft? 50
4.7 Das Panopticon in der Hosentasche oder gar implantiert . 53
4.8 Wir brauchen unbedingt Tablets in den Schulen! 56
4.9 Ethik Leitlinien für eine vertrauenswürdige KI 59
4.10 Die Welt der -Filter- Bubbles 60
4.11 Mein Konterfei gehört mir - oder? 64

5 Digital *67*
5.1 Strukturen durch Erkenntnis 73
5.2 Kybernetik und Gesellschaft 78
5.3 Big Data 80
5.4 Daten versus Information 84

6 Theorie der Netze *91*
6.1 Grundlagen der Netzwerktheorie 92
6.2 Netzwerke - wie sie entstehen 95
6.3 Netzwerke - von Mensch zu Mensch 98
6.4 Skalenfreie Netzwerke 102
6.5 Ökonomie der Aufmerksamkeit 108

7 Komplexität *117*
7.1 Kompliziert versus komplex 119
7.2 komplexe - lebende - Systeme und Technologie 124
7.3 Emergenz berechnen? 129

8 Intelligent *133*
8.1 Intelligenz - Problemlösungskompetenz 134
8.2 Die Intelligenz der Vielen - ein Schwarm - intelligent oder? 137
8.2.1 Schwarmverhalten - eine Simulation 139
8.3 Wissen aus Daten - Data Science 141
8.4 Machine Learning 143
8.4.1 Supervised Learning 146

8.4.2 Unsupervised Learning 147
8.4.3 Semi-supervised Learning 148
8.4.4 Reinforcement Learning 148
8.5 Deep Learning 149
8.6 KI / AI 153
8.7 Schwache künstliche Intelligenz 156
8.8 Starke künstliche Intelligenz 161

9 Exponentiell *167*
9.1 Exponentiell? 170
9.2 Eine Welt ohne Exponentialität 173
9.3 das Paradox des Erfolgs 175

10 Ethisch *179*
10.1 Ethik und Moral 179
10.2 Ethik in einer technisierten, globalisierten Welt 182
10.3 Mittel zum Zweck 185
10.4 Unsichtbar - reicht wie weit? 187
10.5 Technik als Lösung 189

11 Privat *195*
11.1 Privatheit? 197
11.2 Datenschutz und Überwachung - nicht neu aber 200
11.3 Sicherheit versus Freiheit 211
11.4 Information - Desinformation - Fake News 214

12 Sozial *219*
12.1 The Digital Divide 219
12.2 Eine Sache des Vertrauens 225
12.3 Sozial ohne sozialen Kontext 229
12.4 das Zoon Politikon 232

13 Sowohl + als auch *235*
13.1 Der Weg der Mitte 237
13.2 Möglichst frei und sicher 240

14 Epilog *245*

Addendum *249*
in die Ferne schweifen 249
ein paar Begriffe erklärt 250

Literaturverzeichnis *261*

Index *283*

Dankesworte

An dieser Stelle möchte ich mich bei den Personen bedanken, die maßgeblich an der Entstehung der vorliegenden Arbeit beteiligt waren:

Mein ganz besonderer Dank für die Motivation dieses Buch zu verfassen gilt Frau Univ. Doz. Mag. Mag. Dr. Hisaki Hashi, Vorsitzende des Vereins für Komparative Philosophie und Interdisziplinäre Bildung, Dozentin am Institut für Philosophie der Universität Wien und Visiting Professor für Philosophie am Institute of Philosophy and Sociology of the Polish Academy of Sciences /IFISPAN . Sie hat in reflexiven Gesprächen maßgeblich dazu beigetragen, für diese Texte eine Mischung aus realitätsbezogener und wissenschaftlicher Formulierung zu finden.

Weiters danken möchte ich Herrn DI Andreas Rockenbauer, BA. phil. Die Gespräche mit ihm hatten positiven Einfluss auf Titel und Konzept der Arbeit. Die Aussage betreffend die Einheit der Differenz war ein zentrales Thema unserer Diskussionen.

Innigen Dank auch an Frau Mag. Doris Badelt, die in vielen Gesprächen meine Positionen mit mir gemeinsam reflektiert und so besonders zur Entstehung dieser Arbeit beigetragen hat. Für den Abschnitt, der die Disziplinargesellschaft nach Michel Foucault behandelt, hat sie intensive Vorarbeit geleistet.

Wien im November 2020

In diesem Buch geht es um Menschen und ihr Verhältnis zu Maschinen / Computern / Technik - der Versuch, genderneutrale Sprache anzuwenden, kann im Text im Sinne des Leseflusses nicht immer eingehalten werden - es sind doch immer Menschen, ohne jede geschlechtliche oder sonstige Bewertung, Mittelpunkt der Betrachtungen.

Das Konzept dieses Buches fordert einerseits zu linearem Lesen auf, andererseits ist jedes Kapitel thematisch in sich schlüssig, sodass auch selektives Lesen zum Ziel führt - im Sinne des *sowohl + als auch* - einem zentralen Aspekt dieses Werks. Dies bedingt, dass manche Themen in unterschiedlichem Kontext mehrmals angesprochen werden - was gleichzeitig darauf verweist, dass diesen Betrachtungen besondere Aufmerksamkeit zukommt.

1 Prolog

Die Vernetzung der Welt, Digitalisierung und Globalisierung beschleunigen gesellschaftlich, wirtschaftlich und politisch relevante Entwicklungen in einem Ausmaß, das vielen Kommentaren den Begriff der *Disruption* entlockt. In der Regel wird eine Disruption als Unglück angesehen, das die Umstände massiv und augenblicklich verändert. Eine Naturkatastrophe zum Beispiel. Weder Digitalisierung noch Globalisierung sind Natur und schon gar keine Katastrophe, sondern entspringen menschlichen Ideen und Intentionen. Es sind von Menschen bewirkte Veränderungen, die uns herausfordern. Es ändern sich also Strukturen, Verhältnisse und mögliche Betrachtungsweisen.

Der Mensch als Beobachter von Verhältnissen und Wirkungen erkennt maßgebliche Strukturen als Netzwerke. Und steigert mit dieser Sichtweise die Komplexität von Lebenswelten in einem exponentiellen Maß. Was wiederum nach Vereinfachung verlangt. Vereinfachung, die sich in konservativen Tendenzen im politischen und nationalstaatlichen Kontext äußert, ohne darauf Bedacht zu nehmen, dass in komplexen Situationen nur durch Kooperation Neues entstehen kann. Dies hat mit unserer Art des Denkens zu tun, denn wir sind seit jeher gewohnt, unsere Entscheidungen an *entweder - oder* auszurichten.

Es gibt so auch im Kontext von Netzwerken, Digitalisierung und Innovation nur zwei - allgemein akzeptierte - Positionen. Netzwerke, Digitales und Globales sind entweder besonders gut und gleichzeitig die Lösung für alle Probleme - oder werden als Grundlage dystopischer Fantasien betrachtet und daher ausschließlich negativ gesehen.

Praktische Erfahrung sowie theoretische Wahrnehmung globalisierter und digitalisierter Netzwerkgesellschaft verlangen jedoch eine Betrachtung, die kontextbezogen und kooperativ nach Lösungen sucht. Dies unter Berücksichtigung von *sowohl + als auch*, also einer analogen Sicht auf unsere nachweislich analoge Welt. Dieses Buch ist der Versuch, dies zu bewerkstelligen.

2 *Ein digitales Manifest*

Die Theorien von Systemen, deren Strukturen, Netzwerken, Komplexität, Emergenz und Exponentialität begleiten mich seit mehr als eineinhalb Jahrzehnten. Zuvor war ich mit vielen Jahren Erfahrung in der IT / früher EDV ab 1994 einer der Protagonisten des (frühen) Internets gewesen und damit einer der Vorreiter der Digitalisierung in Österreich. Ich habe also die Praxis lange vor der Theorie kennengelernt. Umso mehr beschäftigt mich die praktische Umsetzung der Aspekte von Netzwerken und der Digitalisierung im Einklang mit theoretischen Grundlagen. Dies nachzuvollziehen ist nicht immer einfach, vor allem, da sich Gesellschaften durch Digitalisierung und Globalisierung und die damit einhergehenden Phänomene in mehrfachem Maße verändern.

Aus dem Blickwinkel des Theoretikers lassen sich mittels komplexer Systeme erforschbare Prinzipien in der realen Welt identifizieren – die Intention, diese Vorgänge zu gestalten und gewissen Regeln zu unterwerfen, ist jedoch mit größten Herausforderungen gepaart.

Kommunikation und Information machen unsere globalisierte Welt zunehmend komplexer. Der Kontext unserer Lebenswelt fordert somit von uns vermehrt Lösungen, mit dieser steigenden Vielfalt umgehen zu können. Wir wollen schließlich ein *gutes Leben* führen, das uns nicht laufend mit unlösbaren Problemen konfrontiert. Wir wollen Werkzeuge und Techniken, die uns Hilfestellung bieten, unseren individuellen Weg in dieser Welt der Komplexität optimal gestalten zu können. Wir bauen auf Lösungen, die uns helfen, möglichst aussagekräftige Prognosen zu erstellen. Dies brauchen wir, um Vertrauen in unsere Fähigkeiten und ein Gefühl von Sicherheit für die Zukunft zu entwickeln.

Begriffe, die diese Entwicklung in den letzten Dekaden begleiten: *Netzwerke* und *Digitalisierung* - meist verbunden mit dem Begriff der *Disruption* - der in der Lage ist, Vorahnungen zu befördern. Der Begriff der Digitalisierung - oft gebraucht, besonders in politischen und wirtschaftlichen Zusammenhängen, nicht wirklich definiert, aber gerne als Lösung für viele aktuelle Probleme bezeichnet.

Der ganz normale Lauf des Lebens könnte man meinen. Hat doch Karl Popper in *„Alles Leben ist Problemlösen"* (Popper, 2012) eindeutig festgestellt, dass es ohne Probleme und deren Lösung nicht geht. Was freilich auch beinhaltet, dass die Lösung eines Problems ohne Umweg zum nächsten Problem führt. Das muss wohl auch so sein, sonst wäre es wohl mit dem Leben vorbei.

Genau dies begründet auch den Wunsch, möglichst viele Aspekte des Lebens im Voraus bestimmen - oder zumindest erahnen - zu können. Diese Fähigkeit und die Kompetenz, Probleme zu lösen wird allgemein auch als Intelligenz bezeichnet, was so viel bedeutet wie *einsehen, verstehen und folgerichtig handeln*. Die Abfolge von *einsehen, verstehen und folgerichtig handeln* beinhaltet selbstverständlich auch die Möglichkeit, Fehler zu machen. Die Häufigkeit dieser Fehler zu minimieren soll Aufgabe von digitalen Systemen sein, die mit künstlicher Intelligenz ausgestattet sind. *Künstliche Intelligenz / Artificial Intelligence* - wird somit ein wichtiger Teilbereich der Digitalisierung. Und künstliche Intelligenz bedient sich sogenannter neuronaler Netze.

So eröffnen die Begriffe *Digitalisierung* und *künstliche Intelligenz* einen Themenbogen, der von technologischen über wirtschaftliche, politische, gesellschaftliche, kulturelle bis hin zu moralischen und ethischen Fragestellungen reicht. Damit werden Bereiche des Mensch-Seins berührt, die viel weitreichender sind, als man annehmen könnte. Dies wird auch dadurch ausgedrückt, dass von *Disruption* gesprochen wird - was wohl unterstreichen soll, dass digitale Technologien die gesellschaftlichen Grundlagen in einem Ausmaß verändern werden, sodass herkömmliche Problemlösungen nicht mehr zur Verfügung stehen werden. Die Unterbrechung (engl. disruption) bisheriger und somit obsoleter (obsolet gewordener) Handlungsweisen und der bis dato gültigen Regeln erfordert zwingend eine Definition neuer Handlungsanweisungen und neuer Regeln und der dazu gehörenden breiten gesellschaftlichen Diskussion.

Für viele Menschen, die sich in der Wissenschaft mit diesen Themen auseinandersetzen, ist die gleichzeitige und sich gegenseitig beschleunigende und damit exponentielle Entwicklung von Vernetzung, Digitalisierung und Globalisierung der Anlass für kritische Betrachtungen. Bereits zum Jahreswechsel 2015/2016 hatten neun Wissenschafter ein digitales Manifest veröffentlicht, in dem sie auf mögliche Entwicklungen im Zusammenhang mit der rasant fortschreitenden Digitalisierung vielfältiger gesellschaftlicher Aspekte Bezug nahmen.[1] Die dabei angesprochenen Themen betreffen maßgebliche Errungenschaften der westlichen, demokratisch orientierten Gesellschaften und malen ein zum Teil sehr düsteres Bild für die Zukunft.

Es erscheint unerlässlich, sowohl positive als auch mögliche negative Entwicklungen dieser Vorgänge zu benennen und eventuelle Auswirkungen aus unterschiedlichen Blickwinkeln betrachten zu können. In der aktuellen Diskussion vorherrschende Positionen vertreten in der Regel eine ins Positive übersteigerte Sichtweise der wirtschaftlichen und persönlichen Vorteile, die mit der Anwendung digitaler Notwendigkeiten erreicht werden können.

[1] Dirk Helbing, Bruno S. Frey, Gerd Gigerenzer, Ernst Hafen, Michael Hagner, Yvonne Hofstetter, Jeroen van den Hoven, Roberto V. Zicari, Andrej Zwitter

Andere Sichtweisen warnen vor den gesellschaftlichen Auswirkungen der Digitalisierung und entwerfen Dystopien, die George Orwells 1984 in den Schatten stellen. Die aktuelle Diskussion bezüglich Contact-Tracing-Apps um die Covid-19-Pandemie in den Griff zu bekommen, deren Funktionalität und die auftretenden Fragen bezüglich Datenschutz, stellt dabei nur einen minimalen Aspekt dar.

Was die Zukunft gebracht haben wird, können wir mit Sicherheit nur aus der betrachtenden Rückschau beschreiben, sobald die heutige Zukunft zu unserer Vergangenheit geworden ist. Die Vorhersage jeweils von *Best-Case* oder *Worst-Case*-Szenarien bleibt eine Vorhersage, von der man annehmen kann, dass beide Einschätzungen der extrem beschriebenen Positionen nicht so eintreten werden, wie sie sich uns heute darstellen. Und doch besetzen mögliche *Worst-Case*-Szenarien bei der notwendigen Technikfolgenabschätzung und damit verbundenen ethischen Überlegungen einen eminent wichtigen Themenbereich. (Jonas, 1984) Komplexe Phänomene, wie die Digitalisierung eines darstellt, haben jedoch die Eigenschaft, exponentielle Entwicklungen zur Folge zu haben. Dies bedeutet, dass sowohl positive als auch negative Folgen der Digitalisierung zu herausfordernden Veränderungen unserer Gesellschaften führen werden. Die Themen des erwähnten Manifests wurden weitergeführt und um kritische – im philosophischen Sinn – Kommentare und Antworten erweitert. (Könneker, 2017) Die enthaltene Aufforderung, Auseinandersetzungen mit diesen spezifischen Themen und einen damit in Zusammenhang stehenden Dialog in die Gesellschaft hineinzutragen, soll dieses Buch mit unterstützen.

Dazu erscheint es notwendig, auch so etwas wie begriffliche Klarheit zu schaffen. Schlagworte, die im öffentlichen Diskurs - soweit er überhaupt vorhanden ist - verwendet werden, haben es scheinbar an sich, in vielseitigem und manchmal widersprüchlichem Kontext mit unterschiedlichen Bedeutungen gebraucht zu werden. Alleine schon in den bisherigen Zeilen sind einige Begriffe vorgekommen, die in der Zwischenzeit in den allgemeinen Sprachgebrauch aufgenommen wurden - deren grundlegende Bedeutung sich allerdings erst in der kontextuellen Betrachtung erschließen lässt. Zur Definition dessen, was globale Vernetzung und Digitalisierung bedeuten kann, wird die Auseinandersetzung mit Begriffen wie Algorithmen - Big Data - Internet of Things / IoT - Disruption - Exponentialität - Komplexität - Künstliche Intelligenz - Netzwerken - Privatsphäre - Sicherheit eine zentrale Rolle für das Verständnis spielen.

Die Bedeutung dieser Begriffe und deren systemisches, komplexes Zusammenwirken, all dies verlangt auch den Hinweis auf den Begriff der Kybernetik - den Aspekt der Steuerung - die uns in der Welt des Internets im Wort *Cyber* in unterschiedlichen Zusammenhängen begegnet. Weiters wird es Versuche geben, mögliche Auswirkungen auf gesellschaftliche Entwicklungen zu diskutieren. Dieses Ansinnen verlangt eine interdisziplinäre, besser noch transdisziplinäre Betrachtungsweise und auch eine Verortung im aktuellen gesellschaftlichen Kontext. Die Zusammenführung von Gedanken aus Geschichte, Soziologie, Kybernetik, Psychologie, Systemtheorien, Netzwerktheorien, Komplexitätstheorien, Cognitive Science, Hirnforschung, Informatik, Computertechnik, Ethik und nicht zuletzt unterschiedlicher Denkmodelle der Philosophie soll bei diesem Vorhaben hilfreich sein. Die Auseinandersetzung mit diesen Aspekten soll es möglich machen, bestimmte Muster von wiederkehrenden Abläufen zu erkennen. Was wieder die Beschreibung von Prinzipien erlaubt, die als Grundlage von gesellschaftlichen Entwicklungen betrachtet werden können. Also ein durchaus philosophisches Ansinnen.

Es wird auch Ziel sein zu untersuchen, ob und wie weit sich die Theorien von Komplexen Systemen und Netzwerken in der Welt der Netzwerke und der Digitalisierung wiederfinden und / oder diese sogar dominieren und wie weit sowohl Gesellschaften als auch einzelne Menschen mit ihren Zielen darauf Einfluss haben können. Dies gleichzeitig formuliert mit der Hoffnung, dass es schließlich doch den Menschen obliegt, ihre, wenn auch eingeschränkte Freiheit, zu nutzen, ihre Umwelt nach dialogisch definierten Wünschen zu gestalten und die Geschicke der Welt zum Positiven zu lenken. Was bedeutet die Grundlage dafür zu gestalten, nach der Lösung der aktuellen Probleme die daraus resultierenden Herausforderungen wieder mit neuer Kraft lösen zu können.

Diese Betrachtungen werden deshalb auch einen Bogen zwischen der Welt, die allgemein als Realität bezeichnet wird, und der Welt philosophischer Positionen und Relationen spannen. Am Ende sollte ein Bild entstanden sein, das beide Sichtweisen miteinander verbindet und damit in unserer digitalen Welt als reale, analoge Wahrnehmung stehen kann.

2.1 Was also tun?

Nach der Lektüre von Shoshanna Zuboffs „*Das Zeitalter des Überwachungskapitalismus*“ (Zuboff, 2018) und anderen Schriften, die sich mit dystopischen - an die Zeit der Eroberungen durch die spanischen Konquistadoren erinnernde - Auswirkungen der Digitalisierung auseinandersetzen, fällt es schwer zu glauben, dass es möglich sein wird, den darin beschriebenen Fallen zu entgehen. Diese Aufgabe scheint äußerst schwierig.

Es sei jedoch darauf hingewiesen, dass die schwierigsten Aufgaben sich oft als notwendig erweisen, um in komplexen Situationen das erwünschte Gleichgewicht und damit einen Aspekt von Stabilität herstellen zu können. Dies kann nicht bedeuten einen Status quo aufrechterhalten zu wollen. Im Gegenteil, es geht darum, mit dem Wissen um die Vergangenheit und dem Verständnis der Prinzipien, die den beobachteten Phänomenen zugrunde liegen, eine Vorstellung der gesellschaftlichen Zukunft zu entwerfen. Denn die Digitalisierung und ihre Auswirkungen auf Gesellschaft, Ökonomie und damit auf die Lebensgrundlagen aller Menschen zeigen paradoxe Abläufe, wie sie schon mehrmals in der Geschichte der letzten Jahrtausende aufgetreten sind. Der derzeitige Einsatz neuer Technologien beschleunigt diese jedoch um ein Vielfaches im Vergleich zu Beobachtungen in der Vergangenheit und umspannt gleichsam in Echtzeit die gesamte Welt. Es stellt sich nicht die Frage, ob Digitalisierung - und alle damit einhergehenden Entwicklungen - umfassend und vielfältig in sämtliche Lebensbereiche eingreift, sondern wie Gesellschaft und Politik auf die damit einhergehenden Veränderungen reagieren und ob sie damit gestaltenden Einfluss haben. Es ergibt sich die Notwendigkeit, sich mit den grundlegenden Prinzipien der aktuellen Vorgänge auseinanderzusetzen und Vorstellungen zur Gestaltung einer humanen digitalen Gesellschaft zu formulieren.

Der Begriff *Digitalisierung* beinhaltet ein vielschichtiges Spektrum von unterschiedlichen Anwendungen, Werkzeugen und Praktiken im Bereich von Technologie, Information und Automatisierung. Immer abhängig davon, aus welcher Sicht Beobachtende argumentieren. Transdisziplinärer wissenschaftlicher Diskurs von Geistes- und Sozialwissenschaften sowie IT- und Kommunikationswissenschaften mit kritischem Blick auf - in der Vergangenheit - mühsam erarbeitete Erkenntnisse wird gefordert. Gepaart mit Vorstellungskraft und Kreativität zur Entwicklung einer humanistisch und menschlich orientierten digitalen Zukunft.

Schlagworte wie Breitbandausbau, Laptops und Tablets in Schulen, die Bedienung von Computern, Smartphones und hippen Gadgets oder das Erlernen von *Coding* als taktische Vorhaben zu nennen, wie dies bei ideologisch, politisch oder ökonomisch motivierten Veranstaltungen im deutschsprachigen Raum der Fall ist, mögen nett klingen, sind aber bei weitem nicht ausreichend. Es mag von essenziellem Interesse für wirtschaftlichen Erfolg in manchen Bereichen sein, mit digitalen Geräten kommunizieren und arbeiten zu können. Der Hinweis auf *Algorithmen* und *künstliche Intelligenz* klingt jedoch vielfach nach Glaubensbekenntnis, gerichtet an einen scheinbar höheren Auftrag der Technik und vernachlässigt dabei gerne den Blick auf Menschen.

2.2 ... Probleme lösen!?

Die Frage nach einem *guten Leben*, wie Philosophen aller Kulturkreise sie seit jeher stellten, der Umgang mit und eine mögliche Auflösung von Widersprüchen, somit die Notwendigkeit das Lösen von Problemen als zentralen Aspekt des Lebens zu betrachten, wird uns auch in einer *digitalisierten Welt* begleiten. So lässt sich vermuten, dass auch hier die Betrachtung vergangener Erkenntnisse und der daraus ableitbaren Prinzipien durchaus Hilfestellung bei der Beantwortung aktueller Fragen leisten kann. Karl Poppers Feststellung „*Alles Leben ist Problemlösen*“ (Popper, 2012) und der grundlegende Gedanke der Philosophie Friedrich Nietzsches „*Die ewige Wiederkehr des Gleichen*“ (Nietzsche, 2002) gemeinsam gedacht, lässt vermuten, dass uns Menschen die gleichen Probleme unter anderen, neuen Gesichtspunkten und in veränderten Zusammenhängen immer wieder auferlegt werden.

Bei der Betrachtung der Definition und der Anwendung von *Künstlicher Intelligenz* wird uns dieses Prinzip wieder begegnen, auch wenn es auf den ersten Blick nicht so erscheinen mag. Die Kompetenz zur Lösung von Problemen - eine mögliche Beschreibung von Intelligenz - benötigt zwingend Erfahrung - und Erfahrung bedingt den Umgang mit Fehlern. Diese Erfahrung soll bei *Künstlicher Intelligenz* hauptsächlich mittels in der Vergangenheit gesammelter Daten dargestellt werden.

Man könnte auch argumentieren, dass es doch neben der Lösung von Problemen viele Tätigkeiten für Menschen gäbe, die sie gerne um ihrer selbst Willen ausüben. Darunter fielen darstellende und bildende Kunst, Sport, Reisen und noch viel mehr. Dies würde allerdings bedeuten, den Begriff des Problemlösens zu eng zu sehen. Popper selbst hätte wohl sämtliche menschlichen Aktivitäten als Problemlösungstechniken interpretiert. Damit fällt der Blick auf die menschliche Fähigkeit von Erkenntnis und daran anschließend auf möglicherweise erfolgversprechende Handlungsanleitungen. Dies finden wir bei Immanuel Kant: „Was kann ich wissen?“ und „Was soll ich tun?“. Gemeinsam mit „Was darf ich hoffen?“ resultiert daraus die Frage aller Fragen: „Was ist der Mensch?“ (Kant, 1800, S 27) - und eine grundsätzlichere Frage kann ein Mensch gar nicht stellen!

Hier soll allerdings nicht der Versuch gestartet werden, das Wesen des Mensch-Seins in all seiner möglichen Tiefe zu ergründen, eine Auseinandersetzung mit erkenntnistheoretischen und sozialen Aspekten erscheint jedoch unerlässlich. Dies führt auch zu Fragen nach ethisch begründeter Anwendung von Technologien und deren Auswirkung auf Gesellschaften in regionalem, nationalem und globalem Kontext.

3 Gedanken zum Internet

in Anlehnung an ein Radiogespräch im Juni 2019 - Gedanken zum Internet Walter Karban im Gespräch - (Karban, 2019a)

3.1 Warum ist Philosophie zu diesem Thema gefragt?

Als spät berufener promovierter Philosoph und mit beruflichem Engagement seit dem Beginn der 1970er-Jahre in der IT – damals EDV – ist man gleichsam ein Wanderer zwischen den Welten. Schon vor der heute alltäglichen multimedialen Ausrichtung war es möglich, Themen wie Marketing und Videoproduktion mit Computern zu betreiben, was ich auch getan habe. So lag es nahe, mit dem Aufkommen des Internets im Jahr 1994 meine Aufmerksamkeit auf dieses neue Medium zu lenken. Auch wenn der Begriff des Mediums für das Internet nicht von Beginn an präsent war.

Es war gleichsam die Verbindung der Marketing- und Werbewelt mit der Welt der IT. Meine damalige Berufserfahrung brachte es mit sich, dass ich die Sprachen beider Themenbereiche beherrschte. Ein Aspekt, der mich seit jeher begleitet. Ich gründete damals eine der ersten Internet-Agenturen in Österreich und konnte namhafte Unternehmen zu meinen Kunden zählen.

Im Jahr 1996 begann ich mit meinem Team auf Basis der Erfahrung als Agentur, eine regionale Suchmaschine zu planen und umzusetzen. Wir hatten die Erfahrung gemacht, dass es zwar unglaublich spannend sein konnte, internationale Nachrichten und Informationen nachzulesen, das tägliche Leben spielte sich doch in der Nähe ab und das Auffinden von Informationen aus der eigenen lokalen Umgebung war nicht allzu einfach.

Da diese Suchmaschine auch internationale Ergebnisse bringen sollte, schlossen wir einen Vertrag mit AltaVista, der damals erfolgreichsten internationalen Suchmaschine.

Österreichische und deutschsprachige Webseiten hatten wir mit einem selbst erstellten Index zur Verfügung gestellt. Diese Suchmaschine (AustroNaut.at – hat mit der heute unter dieser Domain verfügbaren Website nichts gemein) wurde schließlich am Faschingsdienstag des Jahres 1997 offiziell präsentiert.

Denkt man an diese Zeit vor mehr als 20 Jahren zurück, so stellt sich die Frage, ob eine regionale Suche nicht auch heute wünschenswert sein könnte. Regionale Gegebenheiten spielen nach wie vor im täglichen Leben eine maßgebliche Rolle – was die Bedeutung internationaler Aspekte nicht schmälern soll. Interessant wäre es Vor- und Nachteile in diesem Zusammenhang zu evaluieren, würde man für regionale und internationale Aufgaben unterschiedliche Dienste nutzen. Besonders im Zusammenhang mit der Betrachtung der Netzwerkeffekte, die mit der Nutzung des Internets auftreten. Damit sind wir bereits wieder bei meinem derzeitigen Interessengebiet, bei den philosophischen und gesellschaftlichen Auswirkungen von Netzwerken, Systemen, Komplexität und der damit stets in Verbindung stehenden Digitalisierung vieler gesellschaftlicher Bereiche.

Es lag nicht offensichtlich nahe, diese Thematik mit dem Studium der Philosophie bearbeiten zu wollen – es schien die Mathematik doch besser geeignet zu sein, da doch auch die Netzwerktheorien auf mathematischen Axiomen beruhen. Es hatten mich allerdings auch immer schon die Fragen nach der Beschaffenheit der Welt und des Kosmos interessiert, doch weder mit Mathematik, noch Astronomie oder Astrophysik können kulturelle und gesellschaftliche Aspekte in Betracht gezogen werden. Dies schien mir aber außerordentlich wichtig zu sein. Vielleicht war ein entscheidendes Argument zum Studium der Philosophie auch das Erlernen kritischer Argumentation.

Einige der Fragen, die sich mir im Zusammenhang mit Netzwerken, Systemen und Gesellschaft gestellt haben, sind heute für mich zufriedenstellend zu beantworten – in der Natur der Sache liegt dabei auch, dass sich eine große Anzahl neuer Fragestellungen mit diesen Antworten auftun, die es weiter zu erkunden gilt. Auf den folgenden Seiten möchte ich Lesende auf dieser Reise mitnehmen - zuerst mit der Darstellung einiger Aspekte, die im Spannungsbogen zwischen Digitalisierung und Gesellschaft auftauchen. Darauf folgt ein *Schlaglichter der digitalen Realität* genannter Abschnitt, der einzelne Entwicklungen und Positionen aus der digitalen Welt beleuchtet. Danach beginnt die Aufgabe, aus theoretischen Grundlagen und praktischen Entwicklungen ein Bild der digitalisierten Gesellschaft zu zeichnen und dieses in philosophischem Sinne kritisch zu hinterfragen.

3.2 Kybernetik - Kybernethik

Die Zusammenhänge zwischen IT und Netzwerken, die Entstehung dieser Netzwerke auf mehreren Ebenen, die sowohl technisch als auch soziologisch konnotiert sind, erfordern auch die Auseinandersetzung mit Systemtheorien, Komplexität und damit verbundenen gesellschaftlichen und kulturellen Aspekten.

Vertreter der Systemtheorien und die damit verwandte Richtung des *Radikalen Konstruktivismus* werden in philosophischen Vorlesungen zwar behandelt – wohl weil auch einige der namhaften Vertreter Österreicher waren – jedoch nach wie vor von der Mehrheit der Vortragenden meist nicht im Sinne der Erfinder interpretiert. Am ehesten findet man Verständnis für diese Theorien bei Lehrenden, die mit fernöstlichen Traditionen vertraut sind.

Sich mit solchen Themen auseinanderzusetzen, entspricht eher dem Naturell von Menschen, die sich nicht ausschließlich mit Themen befassen, die zu jeweils aktuellen Zeiten als Mainstream gehandelt werden und denen somit die Mehrheit folgt. Solche Gedanken bedeuten eher am Rande des *Flusses (des Mainstreams)* zu bleiben. Auch wenn in diesen Ufergegenden mehr Unruhe als in der ruhigen Mitte des Stroms herrscht – spannender ist es dort allemal. In schwierigen Zeiten wird man möglicherweise auf so erarbeitete Ideen angewiesen sein. Ideen, die nicht dem Mainstream entspringen, denn dieser hat meist nur Ansätze zur Verfügung, die eigentlich Mitverursacher der aktuellen Probleme sind. Eben *more of the same*.

Digitalisierung stellt sich als Umsetzung deterministisch geprägten Denkens durch berechenbare Abläufe dar. Aspekte des *menschlichen Seins* - und damit die *menschliche Natur* - können daher mit deterministischen, steuerungstechnisch orientierten Mechanismen nicht in ihrer Gesamtheit abgebildet werden.

Einer der bekanntesten Vertreter des *Radikalen Konstruktivismus* war Heinz von Förster(*1911 in Wien – †2002 Pescadero, Kalifornien), der als Mitbegründer der Kybernetik gilt – eines Begriffs, der uns mit dem Internet als Cyberspace und vielen anderen mit Cyber- verbundenen Begriffen laufend begegnet. Kybernetik, abgeleitet von dem griechischen Wort *kybernetes*, dem Steuermann. Dies zeigt, dass es sich beim Cyberspace um einen Raum handelt, der mittels Steuerung von Inhalten wie Information und Interpretation gestaltet wird. Heinz von Förster hat den Begriff der Kybernetik um einen Buchstaben und somit um einen philosophischen Aspekt erweitert – um ein *h* – zur „Kybernethik". (Förster, 1993a) Damit sollte dargestellt werden, dass diese Steuerungsmechanismen in menschenbezogenem Kontext so lange funktionieren können, solange ethische Bedürfnisse aller Beteiligten berücksichtigt werden – eine Einschätzung, die naturgemäß zu einem ziemlich komplexen Themengebiet führt.

Ethisches Handeln in menschlich definierten Systemen korreliert in einem gewissen Maß mit der Größe der Systeme. Somit fällt es leichter, Gemeinsamkeiten in einem regional begrenzten Raum als in einem globalen System zu bestimmen. In der globalisierten Welt führt überbordende Komplexität zu einem Wahrnehmungsverlust, auch im Umgang mit ethischen und moralischen Grundsätzen. Dies liegt maßgeblich an einem Zuviel an Information und bringt vermehrte Unsicherheit mit sich. Um dem begegnen zu können, wird die Reduktion der auftretenden Komplexität erforderlich. Diese Reduktion wieder führt naturgemäß zu unterschiedlichen Sichtweisen – auch zu dogmatisch vertretenen Positionen. Was mit einem dramatischen Verlust der Fähigkeit Diskurse zu führen und daraus folgenden gesellschaftlichen Spannungen einhergeht.

3.3 Ethische Prinzipien

Schon Aristoteles hatte sich Gedanken gemacht, was denn ein *gutes Leben* sei und dabei die Ethik als Forderung nach Tugendhaftigkeit beschrieben. Der dabei wichtige Weg der Mitte – *mesotes* – ist in der Folge eine Herausforderung im Umgang mit komplexen Situationen, denn die Einschätzung der Mitte (zwischen Übermaß und Mangel) liegt wieder im Auge des Betrachters. Die angesprochene Komplexität in der Gesellschaft des antiken Griechenland war wohl nicht in der Art überbordend, wie sie heute erlebbar ist, das Prinzip bleibt jedoch gleich. Die oft gestellte Frage nach *Gut und*

Böse hat im Laufe der Philosophiegeschichte zu unterschiedlichsten Überlegungen und Positionen geführt. Damit lassen sich dicke Bücher füllen. Auch heute ist dies eine der essenziellen Fragen für alle Menschen, denn sie berührt auch die Frage nach dem Umgang mit anderen Menschen und dem Sinn des Lebens.

Werfen wir einmal einen kurzen Blick auf Überlegungen zweier Philosophen, deren Positionen zum Teil die Grundlagen unserer heutigen Gesellschaften mit beeinflussen. Immanuel Kant (1724 – 1804 in Königsberg / Preußen - heute Kaliningrad / Russland) präzisiert seinen ethischen Grundsatz im sogenannten *Kategorischen Imperativ* – den wir in mehreren Formulierungen vorfinden. Eine davon, ist die sogenannte Zweck-Formulierung: *„Handle so, daß du die Menschheit sowohl in deiner Person, als in der Person eines jeden anderen jederzeit zugleich als Zweck, niemals bloß als Mittel brauchest."* (Kant, 2007, GMS 433) Dies bedeutet, dass man niemals einen Menschen als Mittel dazu missbrauchen soll, einen – bestimmten – Zweck zu erreichen. Jeder Mensch, wäre immer als Zweck an sich zu betrachten. Nimmt man diese Position ernst, so würde dies bedeuten, dass viele Aspekte der heute gelebten gesellschaftlichen Abläufe, wie zum Beispiel die anerkannte Wirtschaftsordnung des Kapitalismus und des globalisierten Handels nicht unter allen Umständen als ethisch begründete Handlungen argumentiert werden könnten. Zumindest ein intensiv geführter Diskurs unterschiedlicher wissenschaftlicher Fachrichtungen sollte die Umsetzung solcher Modelle begleiten.

Adam Smith (1723 – 1790) - schottischer Moralphilosoph und Nationalökonom wird auch heute noch gerne mit dem Begriff der *"unsichtbaren Hand"* (Smith, 2010) zitiert. Gegenwärtig wird dieses Prinzip dahin gehend interpretiert, dass der Markt alles selbst regelt – es wird behauptet, ein ordnender Eingriff durch den Staat würde der Wirtschaft nicht zuträglich sein. Dazu ist allerdings festzustellen, dass die Überlegungen von Adam Smith auf mikroökonomische – maximal nationale – Abläufe bezogen waren – an eine globalisierte Wirtschaft und deren Auswirkungen war damals nicht zu denken.

Im lokal gedachten Wirtschaftsraum könnte man diese *unsichtbare Hand* mit der *Kybernethik* Heinz von Försters in Bezug setzen, weil die Mechanismen des Handels zwischen Menschen ablaufen, die einander persönlich begegnen und über gelebte Beziehung Vertrauen zueinander aufbauen. Würde einer dieser Akteure gegen dieses Vertrauen handeln, so würde dieser nicht mehr vertrauenswürdige Akteur aus dem wirtschaftlichen Kreislauf ausgeschlossen werden – er hätte also zu seinem eigenen Nachteil gehandelt. Daher auch der Gedanke, dass eine Aktion zum eigenen Vorteil im Prinzip dazu geeignet ist, den Gesamtnutzen zu fördern – eben wie durch eine *unsichtbare Hand* geleitet.

Diese Prinzipien der lokalen, regionalen Wirtschaftsakteure sind in einer global organisierten Wirtschaft nicht aufrecht zu halten. Sogar wenn wir lokal einkaufen, sind wir zum Großteil mit global organisierten Unternehmen konfrontiert. Die Motivation, bei vertrauenswürdigen Kaufleuten einzukaufen ist nur mehr in geringem Ausmaß vorhanden. Argumente, sich für ein bestimmtes Produkt oder eine Leistung zu entscheiden, werden hauptsächlich durch den Preis, die möglichst rasche Verfügbarkeit und manchmal durch psychologisch motiviertes Marketing bestimmt.

Die Kombination der von Immanuel Kant und Adam Smith formulierten Prinzipien stellt somit die ethischen Grundlagen der aktuellen Wirtschaft laufend auf die Probe - besonders unter dem Aspekt eines globalisierten und digitalisierten Angebots an Waren und Dienstleistungen. Dazu kommt schließlich noch ein weiterer Aspekt der vernetzten Gesellschaften: die mittels der verfügbaren Informationen (= Daten = Big Data) vermehrt vorhandenen steuerungstechnischen Möglichkeiten werden auch auf Menschen anwendbar. Wie kann das sein? - scheint eine berechtigte Frage zu sein. Eine mögliche Antwort ist in der menschlichen Erkenntnisfähigkeit und den damit verbundenen Erwartungen zu suchen.

3.4 Wir bezahlen mit Daten oder gar mit . . . ?

Was motiviert uns, online zu kaufen. In erster Linie wohl der vorteilhafte Preis – als zweites Argument könnte die relativ rasche Verfügbarkeit in Betracht gezogen werden. Gibt es noch einen Grund? Vielleicht die große Auswahl – wobei hier ein Aspekt mitzubedenken ist, den eine zu große Auswahl mit sich bringt, nämlich *die Qual der Wahl*. *„The paradox of choice"* (Schwartz, 2004) beschreibt der amerikanische Psychologe Barry Schwartz als ein Phänomen, das uns daran hindert, mit der getroffenen Wahl zufrieden zu sein. Schwartz bezeichnet eine Auswahl größer als drei Exemplare der gleichen Sorte insofern als Problem, als dies unsere Zweifel daran, die richtige Auswahl getroffen zu haben, massiv erhöht. Gleichzeitig bringt diese Tatsache uns dazu, die Befriedigung bei einem nächsten Einkauf zu suchen. Und damit kaufen wir immer wieder ein. Jeder online Einkauf bringt zur gleichen Zeit mit sich, dass unterschiedlichste Unternehmen unsere Bedürfnisse kennenlernen und daraus ein Geschäftsmodell entwickelt haben, das uns mit personalisierter und so mit - meist - passender Werbung *beglückt* (konfrontiert). Man kann dies durchaus als positiven Effekt betrachten, da ja eine Suche nach Waren zur Erfüllung der eigenen Wünsche nicht mehr so aufwendig erscheint.

Berücksichtigt man die technische Basis des Internets, so wird einem klar, dass zur Suche nach Information – egal ob für den nächsten Einkauf oder einfach nach tagesaktuellen Nachrichten – zwischen dem eigenen Gerät und den genutzten Diensten unterschiedliche Verbindungen aufgebaut werden. Dazu werden von dem verwendeten Smartphone / Tablet / Computer Datenpakete an die Suchmaschine, den Online-Shop, das Online-Medium gesandt, die es ermöglichen, von diesen die erwarteten Antworten wieder in Form von Datenpaketen zu erhalten. In diesen einfach klingenden Vorgang sind jedoch nicht nur der Absender und der Empfänger dieser Kommunikation eingebunden, sondern auch unzählige Computer / Server unterschiedlicher Unternehmen mit diversen Vermittlungs- und Übertragungsaufgaben, sowie Auswertungsdienste für Statistik, Werbung und Big Data Analysen. Es wird also nicht nur das Datenpaket auf die Reise geschickt, das unsere Anfrage enthält und das auch den Erhalt einer Antwort ermöglicht, sondern zahlreiche Datenpakete an Suchmaschinen, Social Media und Werbe- und Statistik Unternehmen. Das Sammeln und die Auswertung dieser Daten mittels Algorithmen und KI - künstlicher Intelligenz - macht es möglich, uns weitere passende Angebote anzuzeigen oder zuzusenden.

Auf Basis dieser – technisch notwendigen und netzwerktheoretisch sehr interessanten – Tatsache wurden Geschäftsmodelle entwickelt, die alleine auf der Auswertung der gesammelten Daten beruhen. Diese Sammlungen von Daten, ob strukturiert oder unstrukturiert, wecken Begehrlichkeiten in vielerlei Hinsicht. Einerseits ist das für unterschiedliche Zwecke aufbereitete Datenmaterial eine begehrte Handelsware, andererseits wollen auch Regierungen über die Daten verfügen - zumindest über die Daten ihrer Bürger und der Menschen auf ihrem Staatsgebiet. Dies mit dem Argument, die Sicherheit zu erhöhen und damit Terror verhindern zu wollen. Nicht umsonst kooperieren führende Unternehmen im Bereich Big Data, oft mit Sitz in

Palo Alto, Kalifornien, mit Nachrichtendiensten und dem Verteidigungsministerium der USA. Diese Zusammenarbeit wird gesetzlich durch den US Patriot Act und den US Freedom Act geregelt. Begründet wird dies mit dem Argument der Terrorbekämpfung und der Verhinderung von Verbrechen. Im Bereich *predictive policing* – einem Werkzeug zur Vorhersage von kriminellen Aktivitäten – entwickelten diese Unternehmen Anwendungen, deren Einsatz in New Orleans (The Verge, 2018) getestet wurde.

Im wirtschaftlichen Umfeld gibt es vielfältige Kooperationen und Zusammenarbeit mit Kreditkartenunternehmen zur Analyse von individuellem Kaufverhalten und der Extraktion von demographischen Informationen aus Abrechnungen von Kreditkarten. Wir zahlen also unsere online Aktivitäten mit unseren Daten – und niemand von uns weiß genau, was es wirklich kostet!!

3.5 Suchen - Daten - Daten - Suchen ...

Die größte Herausforderung bei der Nutzung des Internets war in den späten 90er-Jahren des vorigen Jahrhunderts das Auffinden von Information in diesem rasant wachsendem Meer von Webseiten und sonstigen Angeboten. Die meistgenutzten Dienste damals waren international AltaVista, Yahoo, Lycos. Im deutschsprachigen Raum suchte man mit Fireball, Austronaut und einer sogenannten Metasuchmaschine (Metager – eine Suchmaschine, die Ergebnisse mehrerer anderer Suchmaschinen sammelt und auswertet). Die Indizes dieser Suchmaschinen waren damals darauf ausgerichtet, die Ergebnisse einer Suche nach der Relevanz der verwendeten Begriffe innerhalb der einzelnen Dokumente / Webseiten zu reihen. Die Ergebnisse konnten bei der Eingabe zusätzlich mittels jeweils unterschiedlicher Suchsyntax beeinflusst – auch eingeschränkt werden. Suchende mussten sich also mit den

Regeln der jeweiligen Suchsyntax auseinandersetzen. Es war also notwendig, nicht nur zu wissen, was man genau suchen wollte, sondern auch, wie man dies suchen sollte.

Im Jahr 1998 verfassten Lawrence Page und Sergey Brin, damals am Computer Science Department der Stanford University – Kalifornien, ein Paper, in dem sie das Konzept einer Suchmaschine vorstellten, mit der sie die Online-Suche revolutionieren wollten. Dieses Konzept sollte einerseits die zu erwartende Notwendigkeit zur Skalierung der zu durchsuchenden Datenmengen garantieren, andererseits auch die Qualität der Ergebnisse verbessern und gleichzeitig die Suche wesentlich vereinfachen – also eine Suchsyntax obsolet machen. Das ist heute die Suchmaschine, mit der die Welt sucht - Google.

Was war so neu an dem Konzept, das diese Suchmaschine in die Lage versetzte, alle bis dahin dominierenden Suchdienste innerhalb kurzer Zeit gleichsam zu Statisten zu degradieren? Dafür gibt es mehrere Gründe – zwei Aspekte, betreffend die Funktionalität der Suche und die Qualität der Ergebnisse, sind hervorzuheben.

Zum einen war die Suche sehr einfach gestaltet – es gab auf den Startseiten der Suche nur das Eingabefeld und keinerlei Werbeangebote. Im Gegensatz dazu waren die Seiten anderer Suchmaschinen bereits mit Werbung versehen – dies manchmal im Übermaß.

Zum anderen war die Qualität der Suchergebnisse wirklich besser, als man es bis dahin gewohnt war. Kein Wunder also, dass die Internet-Community sich Google zuwandte.

Begründet werden kann dieser Erfolg hauptsächlich mit der Reihung und mit der wesentlich verbesserten Relevanz der Suchergebnisse. Wie aus dem Paper ersichtlich ist, lag dies vor allem an zwei Punkten der Systembeschreibung: *PageRank: Bringing Order to the Web.* (Brin und Page, 1998)

Dieser *PageRank*, der die Häufigkeit der Links von anderen Webseiten auf die spezifische Seite berechnet, beruht auf dem Prinzip des, in der Wissenschaft bekannten, Zitationsindex (*Citation Index*). Häufiger zitierte Werke werden somit höher bewertet – damit steigt auch die Wertigkeit der Wissenschafter / der Verfasser – je höher die Wertigkeit der Wissenschafter, desto höher der Wert der Zitation. Es ist dies also ein Bewertungssystem, das überaus große Ähnlichkeit mit der Beschreibung der in der Systemtheorie relevanten Selbstreferenz aufweist.

Gleichzeitig wird eine Bewertungsmethode eingeführt, die uns heute bei allen online Angeboten begegnet. Diese Methode bewertet das Nutzungsverhalten der Suchenden auf Basis von getätigten Aktionen und lässt diese Verhaltensinformationen in die Ergebnisse und deren Reihung einfließen. Dabei werden laufend Daten gespeichert und der jeweilige Computer kann mithilfe von Verbindungsdaten wieder identifiziert werden. Dies bewirkt, dass bei gleichen Suchanfragen von unterschiedlichen Geräten und Standorten auch unterschiedliche Ergebnisse zu erwarten sind - personalisiert eben.

Was damals begonnen hat, wurde in den letzten zwei Jahrzehnten auf Basis netzwerktheoretischer Erkenntnisse und mittels künstlicher Intelligenz optimiert und wird heute nicht nur bei Suchvorgängen und nicht nur von Google angewandt. Die Dominanz von Google als Suchmaschine – China mit Baidu und Russland mit Yandex haben ihre eigenen – beruht also auf der Umsetzung von Forschung zum Thema Netzwerke in die Praxis der Netzwerke. Interessant dabei ist der Umstand, dass sowohl die technische

Umsetzung, als auch menschliches Verhalten und persönliche Erwartungen mittels Netzwerken darstellbar sind. Wissenschaftliche Forschung der letzten Jahrzehnte bezüglich Systemen, Kybernetik und Netzwerken und die Umsetzung vieler so gewonnener Erkenntnisse hat somit die Gestaltung unserer aktuellen Lebenswelt maßgeblich beeinflusst.

3.6 Die Dominanz der Hubs am Beispiel Suchmaschine

Nachdem der Grund für die Frage nach dem unaufhaltsamen Aufstieg der Suchmaschine Google.com geklärt schien, stellten sich viele die Frage, warum die bis 1998 meist genutzten Dienste mit Kenntnis dieser Gründe nicht wieder zumindest einen Teil des verlorenen Terrains gut machen konnten.

Dafür gibt es mehrere Erklärungen:

1. eine systemisch bedingte Unfähigkeit, schnell die eigenen Strukturen anzupassen.
2. eine netzwerktheoretisch begründbare laufende Stärkung der bereits starken Knoten.
3. eine sicherheitspolitische Begründung nach dem Attentat vom 11. September 2001.

zu 1 – Die bis zum Auftreten von Google meist genutzten internationalen Suchmaschinen wie AltaVista, Yahoo, MSN, eventuell noch Lycos reagierten auf den Markteintritt von Google scheinbar nicht. Diese Art von Paralyse war scheinbar der eigenen Struktur geschuldet. Obwohl man annehmen kann, dass genügend finanzielle Mittel zu Verfügung gestanden hätten, waren weder das Management noch Entwicklungsabteilungen in der Lage, die Suchalgorithmen zu optimieren, sodass ähnlich gute Suchergebnisse präsentiert werden konnten.

Als zweiter Aspekt, der die Akzeptanz des Newcomers Google bei der Community wesentlich beeinflusste, ist mit großer Sicherheit die zu Beginn bewusst zur Schau gestellte Werbefreiheit des neuen Marktteilnehmers zu bewerten.

Die deutschsprachigen Suchmaschinen wie Fireball, Austronaut, Metager verfügten schon gar nicht über die finanziellen Mittel und auch nicht über die technischen Möglichkeiten, dem aufkommenden Suchgiganten etwas entgegenzusetzen. Der Markteintritt von Google veränderte somit die Bedingungen für Suchmaschinen maßgeblich.

Eine derartige Situation zeigt die Unfähigkeit, sich an geänderte Umweltbedingungen anpassen zu können. Solche Eigenschaften werden in der Systemtheorie als strukturelle Determination bezeichnet. Für die bis dahin im Markt tätigen Suchmaschinen bedeutete dies, dass nur das Überleben mittels Änderung der Strategie möglich war, nämlich Nischen im Markt zu suchen, die nicht direkt mit Google in Konkurrenz traten. Ein Fall von Marktbereinigung.

zu 2 – In der Netzwerktheorie gibt es bezüglich der Entwicklung von sogenannten skalenfreien Netzen – das sind Netzwerkstrukturen, wie sie auch in sozialem, gesellschaftlichem Umfeld zu finden sind – die Beobachtungen, dass sich neue Knoten (Elemente – technisch: Firmen/Menschen die Server/Computer betreiben) in Netzwerken an den bis dahin bekannten Knoten orientieren. Diese neuen Knoten stellen an diese bereits bekannten Knoten bestimmte Anforderungen und haben dem entsprechende Erwartungen. Im Falle einer Suchmaschine liegt damit der Erfolg für den Suchdienst in der bestmöglichen Erfüllung der Erwartung der Suchenden, verbunden mit dem geringsten Aufwand. So kommt es zu einem Effekt, den der Soziologe Robert K. Merton als Matthäus Effekt (Rigney, 2010) in Anspielung an das Matthäus Evangelium 25,29 (Wer hat, dem wird gegeben...) bezeichnet hat.

Dies bedeutet, dass die meistgenutzten Knoten in einem Netzwerk immer mehr genutzt werden, weil sie scheinbar besonders gut geeignet sind, die Erwartungen zu erfüllen. Die ohnehin schon Erfolgreichen werden somit noch erfolgreicher. Dies führt zu einer exponentiellen Entwicklung (exponentiell = skalenfrei – weil es auf einer üblichen Skala nicht dargestellt werden kann).

zu 3 – In ihrem Buch, *„Das Zeitalter des Überwachungskapitalismus"* beschreibt Shoshana Zuboff (Zuboff, 2018), emeritierte Harvard Business School Professorin - mit Studium der Philosophie an der University of Chicago - wie die Behörden in den USA auf die Anschläge vom 11.9.2001 auf das World Trade Center in New York reagierten. Die Tatsache, dass dieser Terroranschlag nicht verhindert werden konnte, verstärkte die Intentionen, Sicherheit und den damit verbundenen Schutz vor Terror vor alle Aspekte des Datenschutzes und der Privatsphäre zu stellen.

Das Sammeln von Daten und die Auswertung der daraus zu gewinnenden Erkenntnisse zum - möglichen - Schutz vor Terror wurde auch bei CIA und NSA zu einer Notwendigkeit. Das Rad musste allerdings nicht neu erfunden werden, denn man erinnerte sich, dass es ja ein Unternehmen gab, das sowohl über jede Menge an Daten als auch über die notwendige Technologie zur Auswertung verfügte: Google.

„Die Wahlverwandtschaft zwischen staatlichen Nachrichtendiensten und dem kaum flüggen Überwachungskapitalisten Google blühte auf unter der Hitze des nationalen Notstands und sorgte für eine historische Deformität: eben den Überwachungskapitalismus“. (Zuboff, 2018, S. 139 ff.)

Womit die Tatsache der - wie immer gearteten - Kooperation der US-amerikanischen Geheimdienste mit der Suchmaschine Google die systemtheoretisch bedingte strukturelle Determination (siehe Punkt 1), die bevorzugte Nutzung und damit die ins Exponentielle gehende Stärkung der dominanten Knoten bestätigt. So wird, ohne dass dies jemandem bewusst ist, die Dominanz dieser Dienste - Knoten - noch mehr gestärkt.

3.7 Hierarchie der Netzwerke

Die Auseinandersetzung mit Systemen, deren Strukturen, den damit verbundenen Möglichkeiten von Erkenntnis und daraus ableitbaren Aktionen führen geradewegs zu Gedanken, wie sie in der Theorie der Netze formuliert werden. Dies klingt reichlich abstrakt. Es wird deshalb wohl notwendig sein, ein Beispiel aus der Praxis – möglichst einfach – zu beschreiben, mit dem sich diese Zusammenhänge verständlich darstellen lassen. Gehen wir einmal davon aus, wir betrachten ein international tätiges Industrieunternehmen – das würde unser System sein. Dieses System setzt sich aus mehreren Abteilungen an unterschiedlichen Standorten zusammen, deren Aufgabe darin besteht, den Markt zu sondieren (= Erkenntnis der Außenwelt) – die zu erzeugenden Produkte mittels dieser Wahrnehmungen für den Markt zu adaptieren – die internen Abläufe zu planen und die reibungslose Umsetzung zu garantieren – Rohstoffe so zu besorgen, dass die Versorgungssicherheit zu einem adäquaten Preis gegeben ist – den Maschinenpark zu warten und zu erneuern – MitarbeiterInnen zu motivieren, einzustellen, eventuell zu wechseln – u.s.w ... (= Organisation der Innenwelt). Die Produkte dieses Unternehmens würden in die ganze Welt geliefert und über ein Händlernetz vertrieben (= Reaktion mit der Außenwelt).

Das System sondiert den Markt – d.h. die Veränderungen der Außenwelt werden beobachtet – immer in Relation und in Bezug auf die innerhalb des Systems vorhandenen Elemente = Abteilungen = Abläufe. Entwicklungen in der Außenwelt, die das System nicht kennt und / oder die für das System nicht relevant scheinen, werden nicht gesehen und damit nicht berücksichtigt (werden für die Produktion als nicht relevant eingeschätzt!). Die vorhandenen Elemente innerhalb des Systems verarbeiten diese möglichen Eindrücke in einem Prozess, der auf den vorhandenen Strukturen – d.h. den bisher als wichtig festgestellten Regeln – aufbaut (= Selbstorganisation / Selbstreferenz / internes Feedback). Das Produkt = der Output wird der Außenwelt präsentiert und kommuniziert – das externe Feedback erhält das System wieder vom Markt (der Außenwelt). Betrachtet man die Abläufe innerhalb des Unternehmens, die Organisationsstruktur der einzelnen Standorte und Abteilungen, so kann dies als Netzwerk dargestellt werden. Die Verbindungen der Abteilungen werden durch die notwendigen Arbeitsabläufe und die dazugehörige Kommunikation symbolisiert und erhalten, je nach Relevanz für den Gesamtprozess, eine bestimmte Wertigkeit. Es entsteht eine Hierarchie. Diese Hierarchie nimmt maßgeblich Einfluss auf die Abläufe innerhalb des Unternehmens.

Das Wort Hierarchie kommt aus dem Altgriechischen und bedeutet *göttliche Ordnung* – so viel wie: von Gott gewollt und nicht weiter zu hinterfragen.

Diese Art von Struktur birgt enormes Konfliktpotential in sich. Eine steile Hierarchie tendiert dazu, Obrigkeitsdenken und patriarchale Entscheidungsstrukturen zu verlangen – dies wird in den *unteren* Ebenen, die für die Mühen der Produktion verantwortlich zeichnen, oft auf Unverständnis stoßen. Seit mehreren Jahrzehnten gibt es zu dieser Thematik Seminare und Lehrveranstaltungen, die zum Ziel haben, Gruppendynamik und Organisationsabläufe zu analysieren und die Vorteile zu betonen, die sogenannte flache Entscheidungshierarchien mit sich bringen (Schwarz, 2005).

Damit wird die Organisationsstruktur um essenzielle Eigenschaften ergänzt, wie z.B. um Eigeninitiative und Eigenverantwortung auf allen Entscheidungsebenen – und die Adaptionsfähigkeit des Systems entscheidend verbessert. Gleichzeitig bedeutet dies eine mögliche Reduktion der strukturellen Determination, was ebenfalls dazu beiträgt, auf umweltbedingte Veränderungen adäquat reagieren zu können.

Möglichst flache Hierarchien ermöglichen auch die Entwicklung neuer Eigenschaften von Strukturen, was Josef Schumpeter unter dem Begriff der *kreativen Zerstörung* (Schumpeter, 1993, S 136 ff) subsumiert hat. Falls sich die Neuordnung von Abläufen durchsetzt, werden alte Strukturen durch neue ersetzt (= zerstört). Die Zerstörung ist also zwingend notwendig – im Gegensatz zu der Vorstellung, sie wäre ein Fehler. Nur so kann Neuordnung innerhalb des Systems entstehen. Diese *kreative Zerstörung* bezieht sich ausschließlich auf die Strukturen innerhalb eines Systems und betrifft keinesfalls einen destruktiven Akt gegenüber der Umwelt. Somit ist diese Art von Zerstörung als ein notwendiger Adaptionsschritt in Bezug zu der sich verändernden Außenwelt zu betrachten.

In der Netzwerktheorie findet man auch eine Art von Netzwerken, die mit solchen flachen Entscheidungsstrukturen verglichen werden können. Sogenannte *Distribuierte Netze* – verteilte Netzwerke, in denen die einzelnen

Elemente – im Gegensatz zu der steilen Hierarchie der *skalenfreien Netze* (diese sind gleichbedeutend mit exponentiellen Entwicklungen) – mit annähernd gleicher Wertigkeit im Netz angeordnet sind. Zu Beginn des Internets wurden auch Überlegungen angestellt, das Netz als distribuiertes Netzwerk zu gestalten. Auf der technischen Ebene scheint dies auch einigermaßen gelungen zu sein – auf den darauf aufsetzenden Ebenen allerdings nicht.

3.8 Distribuierte Netze

Bereits lange bevor das Internet in der heutigen Form auch nur ansatzweise geplant wurde, spielten Gedanken eine wichtige Rolle, die sich damit befassten, wie denn Computernetzwerke konzipiert sein müssten, um möglichst ausfallsicher zu sein. Das wird verständlich, wenn man bedenkt, dass die technischen Grundlagen für unser heutiges Internet in der Zeit des *Kalten Krieges* geplant worden waren.

Maßgeblich vorangetrieben wurden diese Überlegungen durch Forschungen der Rand Corporation ab den frühen 1960er-Jahren. Die Rand Corporation war nach dem Zweiten Weltkrieg als Think-Tank gegründet worden, um im militärischen Bereich zu forschen und zu beraten. Diese Beratungen betrafen in der Zeit um die Mitte des 20. Jahrhunderts vor allem Aspekte zur Zeit des Koreakrieges (1950 – 1953) und des eben erwähnten *Kalten Krieges.* Die eher propagandistische Auseinandersetzung der USA und der damaligen Sowjetunion gipfelte in der sogenannten Kubakrise des Jahres 1962. Der Welt wurde damals bewusst, dass im schlimmsten Fall sogar mit einer atomaren Auseinandersetzung zu rechnen war. In diesen Jahren lief die (militärische) Kommunikation vornehmlich über Telefonleitungen und Kurzwellenfunk. Beide Anwendungen waren aus strategischer Sicht sehr leicht verwundbar. Mit dem Aufkommen des Zusammenschlusses von Computern mittels netzwerkartiger Strukturen war es naheliegend, sich über die Art und Weise dieser Verbindungen im Hinblick auf die größtmögliche Sicherheit Gedanken zu machen.

Maßgeblich beteiligt in dieser Forschung war der Informatiker Paul Baran, der im Computer Science and Mathematics Department der Rand Corporation beschäftigt war. Mit seiner Arbeit *„On Distributed Communication"* 1964 (Baran, 1964) und der dazu geleisteten Forschung legte er die Basis für grundlegende Aspekte, die im Internet Anwendung fanden. Er stellte dabei Überlegungen bezüglich Netzwerktypen an, die mit dem folgenden Schaubild dargestellt werden können:

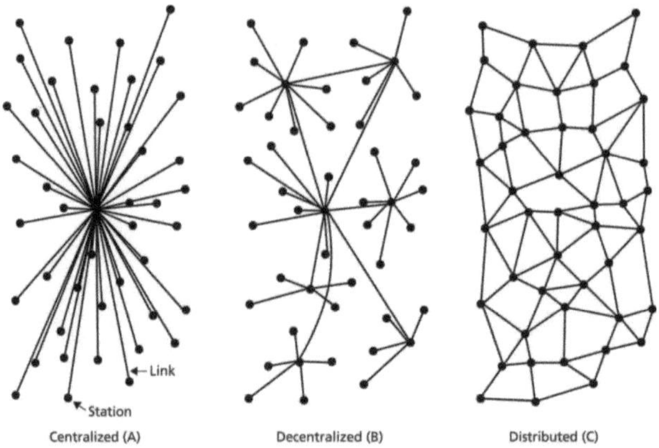

Abbildung 1: Die Netzwerkentwürfe von Paul Baran 1964 (Baran, 1964)

Wir sehen hier:

- links ein zentralisiertes Netzwerk, das bei einem Angriff auf den zentralen Knoten sofort ausfallen würde
- in der Mitte ein dezentrales Netzwerk, das auch nicht als besonders sicher anzusehen ist.
- Paul Baran empfahl daher das distribuierte Netzwerk als die Variante mit der größten Ausfallsicherheit.

Zusätzlich zu den distribuierten = verteilten Verbindungen innerhalb des Netzwerks sollten auch die Daten in einzelnen Paketen über unterschiedliche Wege kommuniziert und schließlich beim Empfänger wieder in der richtigen Reihenfolge zusammengesetzt werden. Diesen drei Netzwerktypen gemeinsam ist die Art und Weise der Zuordnung von Links zu Knoten. Damit zählen diese Netzvarianten zu den Netzen, in denen das Verhältnis der Anzahl von Links zu Knoten mithilfe einer einfachen Kurve dargestellt werden kann. Diese Verteilung wird als Skalenverteilung bezeichnet. Im Gegensatz dazu gibt es sogenannte skalenfreie Netze, bei denen die Verteilung von Links und Knoten nur mittels exponentieller Kurven dargestellt werden können – dadurch sind die Wertigkeiten von enormen Unterschieden geprägt (dazu mehr bei der Beschreibung der skalenfreien Netzwerke).

Mit der Weiterentwicklung des Internets ist auf einer ähnlich verteilten Netzwerkstruktur ein System (= Ebenen = Layer) von Datenflüssen (= Kommunikationswegen) entstanden, das an die in den 1970er-Jahren vorherrschende Systemarchitektur von Computern erinnert. Damals hatte man in Rechenzentren einen zentralen Rechner, an den eine Anzahl von Terminals angeschlossen war. Die Rechenaufgabe oblag dem zentralen Rechner (Mainframe) – die Terminals waren reine Eingabegeräte. Das Internet selbst ist heute ein komplexes Netzwerk von Servern – meist ganzen Serverfarmen, an die im Bedarfsfall alle möglichen Geräte – von Smartphones, Tablets, Personal Computern, IoT – Geräten Daten liefern oder Daten abfragen.

Damit haben sich auf der technischen Basis von distribuierten Netzwerken mehrere Ebenen von kommunikativen skalenfreien Netzwerken entwickelt. Dies hat zu einer extrem ungleichen Wertigkeit einzelner Knoten geführt. Damit einher geht, dass die dominanten Knoten, die sogenannten Hubs, über unglaubliche Mengen von Daten verfügen. Gleichzeitig führt diese skalenfreie Netzwerktopologie zu einem dominanten Geschäftsmodell, das ökonomische Ideen mittels gesammelter Daten fördert und gleichzeitig in vielerlei Überwachungsfantasien mündet.

Den Versuch eine gegenteilige Entwicklung zu unterstützen, gibt es zur Zeit mit der Blockchain-Technologie. Einer Technologie, die auf Verteilung von verschlüsselten Daten und Rechnerkapazitäten auf annähernd gleichwertige Knoten setzt. Eine Blockchain kann als Datenbanksystem gesehen werden, in dem Informationen dezentral auf allen Rechnern fälschungssicher abgelegt werden. Diese Datenbank kann als verteiltes Register – oder Hauptbuch (*Distributed Ledger* - der Begriff wurde aus der Buchhaltung entlehnt) bezeichnet werden. Sie ist in einem Peer-to-Peer-Netzwerk abgelegt. Auf jedem Rechner liegt eine vollständige Kopie der Blockchain. In der Folge werden alle Transaktionen und Datenbewegungen auf allen Knoten des Netzwerks abgelegt.

Die Problematik dabei ist die beschränkte Anzahl von Transaktionen pro Zeiteinheit und die begrenzte Speicherkapazität auf unterschiedlichen Knoten des Netzwerks. Die Größe der so dezentral verwalteten Netzwerke scheint somit begrenzt.

Es gibt weitere Entwicklungen, die dieses Prinzip adaptieren und die Daten nicht auf allen, sondern auf einer bestimmten Anzahl von Knoten ablegen, dies mit einer sogenannten Cloud-Lösung auf Basis eines Peer-to-Peer Netzes kombinieren und mittels Verschlüsselung sicher machen wollen. Die Entwickler solcher Technologien wollen die Dominanz der zentralisierten Webservices, wie wir sie heute verwenden, brechen und mehr Freiheit und Autonomie bei der Nutzung und Verwaltung von Daten und Kommunikationswegen bieten. Die Idee, dass - durch technische Grundlagen erzwungene - Verteilung (Distribution) mehr Sicherheit bietet, als die durch Auswirkungen der sogenannten Netzwerkeffekte bedingte Zentralisierung von Diensten, gewinnt nach sechzig Jahren wieder an Aktualität. Manche können es kaum erwarten, dass solche Dienste für die Allgemeinheit in gleicher Funktionalität zur Verfügung stehen, wie sie die dominanten Dienste der zu Hubs gewordenen Unternehmen zurzeit bieten.

4 Schlaglichter - zur Digitalen Realität

Die folgenden Texte beziehen sich exemplarisch auf Entwicklungen der vernetzten, digitalen Realität der letzten Jahre. Sie beschreiben Beobachtungen und Einschätzungen von Meldungen, die in Medien Widerhall fanden und somit als wichtig genug eingeschätzt wurden, um deren weitere Verbreitung zu unterstützen.

Dieser Abschnitt vervollständigt gleichsam den auf die Praxis bezogenen Teil. Es wurde bewusst eine Auswahl getroffen, deren Themen sich in der Folge wiederfinden. So kann ein Bild vermittelt werden, das zeigt, wie intensiv Theorie und Praxis im Kontext der Netzwerke und der Digitalisierung in Bezug stehen.

Die hier angedeuteten Fragestellungen werden in der Folge wieder aufgegriffen und mittels Bezugnahme auf theoretische Grundlagen neu kontextualisiert.

4.1 OECD Bericht 2017 – the winner takes it all

Mitte Juli 2017 ging die Meldung durch die Medien, dass die OECD (The Organisation for Economic Co-operation and Development) im Länderbericht für Österreich die Wirtschaftsentwicklung (OECD, 2017) zwar positiv betrachtete, jedoch der Entwicklung der Digitalisierung im Vergleich zu Skandinavien Nachholbedarf attestierte - dies mit den Worten *„Die Anpassung an die globale digitale Revolution verlief in Österreich langsamer als in den am meisten fortgeschrittenen OECD-Ländern"* (Die Presse, 2017). Bei der Präsentation des Berichts wies die stellvertretende OECD Generalsekretärin Kiviniemi darauf hin, dass langsame Umsetzung der *Anpassung* *an die globale digitale Revolution* problematisch sei – dies gleichzeitig mit der Feststellung, dass im digitalen Wandel das Prinzip *The Winner takes it All* gelte. Als Trost mag der Hinweis gelten, dass Österreich (und auch Deutschland) über dem Schnitt der (damals noch) EU-28 liege. Österreichische Politiker legten im Rahmen der Präsentation Wert darauf zu betonen, dass hierzulande führende Unternehmen bei der Digitalisierung durchaus mit skandinavischen Unternehmen mithalten können.

Auch der Ausbau der Infrastruktur für Breitbandkommunikation und der Plan für die Einbindung digitaler Strategien in die Bildung sei mittels einer *Digital Roadmap* in Angriff genommen. Sicherlich sei es auch erforderlich, dass Unternehmen ihre Mitarbeiter auf die digitale Transformation besser vorbereiten.

Dies bedeutet: Die Notwendigkeit der Anpassung an die globale digitale Revolution ist unbestreitbar – das dabei zutage tretende Prinzip des *The winner takes it All* ist jedoch wert, hinterfragt zu werden! Gibt es einen Gewinner, so ist das Spiel oder der Wettbewerb, der diesem genannten Prinzip unterliegt, nicht dazu angetan, lange zu währen. Der jeweilige Sieger muss immer neue Mitspieler suchen, um sein Spiel weiterspielen zu können. Es ist verständlich, dass (häufige) Verlierer nicht immer wieder gegen den Sieger antreten wollen, um sich mehrmals geschlagen geben zu müssen.

Es sei denn, die Regeln des Spiels werden adaptiert – was einen Konsens voraussetzt – oder negiert – was einer Revolution gleichkäme. Es wird somit von Interesse für alle Beteiligten an diesem Wettbewerb sein, die Regeln mit einer Übereinkunft zu Beginn des Spiels zu gestalten. Ein Hinweis auf das Wahlsystem der USA sei gestattet, denn das angesprochene Prinzip ist dort bei der Wahl des Präsidenten durch die sogenannten Wahlmänner in einzelnen Bundesstaaten präsent. Dies bedeutet, dass der Sieger in einem Bundesstaat in der Regel 100% der Wahlmännerstimmen erhält, auch wenn das eigentliche Ergebnis nur knapp war. Dies könnte als ungerecht bezeichnet werden - dadurch, dass dies auf regional begrenzte Gebiete - eben Bundesstaaten - beschränkt ist, sind eventuelle negative Auswirkungen reduziert. In einem global organisierten System sind mögliche Auswirkungen dieses Prinzips erheblich schwerwiegender und daher zu vermeiden.

Erwiesenermaßen greift besonders die Digitalisierung und alle damit einhergehenden Entwicklungen derart umfassend und vielgestaltig in sämtliche Lebensbereiche ein, sodass die Gesellschaft und allen voran die Politik gefragt ist, sich mit den Prinzipien, nach denen dieses Spiel zu spielen ist, intensiv auseinanderzusetzen und einen Konsens zu suchen.

Weiters ist zu betrachten, dass mit dem Begriff *Digitalisierung* ein vielschichtiges Spektrum von unterschiedlichen Anwendungen und Praktiken im Bereich von Informationstechnologie, Kommunikation und Automatisierung beschrieben wird. Wünschenswert ist daher eine Definition der verwendeten Begriffe und eine detaillierte Beschreibung geplanter Strategien.

Nicht zufriedenstellend ist allerdings, Breitbandausbau, Laptops und Tablets in Schulen, die Bedienung von Computern, Smartphones und sonstige Gadgets als taktische Vorhaben zu nennen, wie dies bei den meisten Politikern im deutschsprachigen Raum der Fall ist – dies greift viel zu kurz.

Es mag zwar von essenziellem Interesse für wirtschaftlichen Erfolg in manchen Bereichen sein, mit digitalen Geräten kommunizieren und arbeiten zu können. Die Bewältigung der grundlegenden gesellschaftlichen Veränderungen, die mit der Digitalisierung auf uns alle zukommen, erfordert die intensive Auseinandersetzung mit den Prinzipien, die diesen Veränderungen zugrunde liegen. Das Schlagwort zur Beschreibung dieser Szenarien:

die 4. Industrielle Revolution. Es ist zwingend erforderlich, politische und gesellschaftliche Strategien zu entwickeln und damit den Fortbestand demokratischer, sozialer und liberaler Gesellschaften zu garantieren.

4.2 Businessmodell: Daten sammeln – Gedanken zu Cambridge Analytica

Cambridge Analytica hat gezeigt, was mit Daten möglich ist – zumindest behauptet das der geschasste Geschäftsführer Alexander Nix. (Channel4, 2018) Zudem hat dieses Unternehmen die Daten nicht einmal selbst gesammelt, sondern auf vorhandene Daten von Facebook zurückgegriffen.

Es stellten sich Fragen bezüglich der Teilhabe von Facebook an diesem Fall:

- dass Daten von Facebook genutzt wurden, steht offensichtlich fest
- in welchem Ausmaß Daten von Facebook genutzt wurden, wurde nie festgestellt
- ob Facebook intern darüber Bescheid gewusst hat, wäre zu untersuchen gewesen - konnte allerdings bis zur Veröffentlichung dieses Buches nicht endgültig eruiert werden.
- inwieweit den Beteuerungen Facebooks, hintergangen worden zu sein, Glaube geschenkt wird, kann nicht beurteilt werden
- es war bisher nicht erkennbar, ob Facebook etwaige Gesetze oder gar die eigenen Vorgaben hintergangen hat

- der Mangel an Vertrauen, der den großen Anbietern von online Diensten und Datensammlern entgegengebracht wird, erfuhr dadurch eine nicht einzuschätzende Steigerung ... und noch mehr

Es lässt sich nicht bezweifeln, dass das Sammeln von Daten das vielversprechendste Businessmodell darstellt, welches derzeit im Netz verfügbar ist. Egal ob es sich um *Künstliche Intelligenz*, *Machine Learning*, Shopping Portale, Suchmaschinen oder andere Technologien und Services handelt, immer steht die Auswertung von Daten im Mittelpunkt – nicht umsonst sind Big-Data-Analysten besonders gefragt. Das Sammeln von Daten ist derzeit Mainstream. Es erscheint jedoch nicht abwegig, dass Sammlungen von Daten, ob strukturiert oder unstrukturiert, Begehrlichkeiten in vielerlei Hinsicht erwecken. Nicht umsonst wollen auch Regierungen über die Daten zumindest ihrer Bürger verfügen, teils mit dem Argument, die Sicherheit zu erhöhen und damit Terror verhindern zu wollen.

In diesem Sinne ist die Datenschutz-Grundverordnung der EU, die im Mai 2018 in Kraft trat, zu begrüßen. Es zeigt sich in diesem Zusammenhang wieder einmal, dass die menschliche Kreativität sich ziemlich eindeutig darin erschöpft, jeweils aktuelle und Erfolg versprechende Modelle zu kopieren, zu modifizieren und so lange auszureizen, bis sich herausstellt, dass der eingeschlagene Weg keine Chance mehr bietet, verlassen zu werden.

Es sind also kreative Köpfe gefragt, die Business Modelle abseits des exzessiven Datensammelns entwickeln und so Menschen wieder zum Mittelpunkt der Interessen – und damit zum Nutznießer der angebotenen Services – machen und nicht als Mittel zum Zweck für die eigene Bereicherung benutzen – *„Du bist nicht der Kunde der Internetkonzerne. Du bist ihr Produkt."* (Lanier, 2014)

4.3 Künstliche Intelligenz – eine „gewaltige“ Herausforderung

Immer wieder finden sich in Medien Berichte über *Künstliche Intelligenz*. Oft verfasst in einer Sprache, die den Eindruck erweckt, als wäre künstliche Intelligenz etwas, das in letzter Konsequenz für Menschen oder die Menschheit insgesamt gefährlich werden könnte. Bei Schlagzeilen wie *„Google's AI declares Galactic War on Starcraft“* (Simonite, 2017) – und daraufhin auch in deutschsprachigen Medien *„Googles künstliche Intelligenz erklärt Strategiespiel ‚Starcraft 2‘ den Krieg“* (Der Standard, 2017a) wird mit dieser Angst gespielt, indem der Begriff der KI mit dem Begriff des Krieges kombiniert wird. Hier scheint man zu merken, dass die Gedanken der jeweiligen Redaktion nicht weiter reichen, als bis zu der Vorstellung von möglichst attraktiven und damit Aufmerksamkeit erregenden Schlagzeilen.

Seit im Mai 1997 der damalige Schachweltmeister Garri Kasparow gegen DeepBlue, den Schachcomputer von IBM, unter Bedingungen des Wettbewerbs mit 2 1/2 zu 3 1/2 Partien verloren hat, steigern sich die Herausforderungen, denen sich Entwickler von Systemen künstlicher Intelligenz stellen, laufend. So hat AlphaGO, der GO Computer von Deepmind, der Projektgruppe für KI von Google, im Herbst 2015 einen Profispieler und mehrfachen europäischen Go-Meister geschlagen.

Die Grundlage für diese Leistung künstlicher Intelligenz wird in einem in dem Wissenschaftsjournal Nature veröffentlichten Paper beschrieben. (Silver, 2016) Daraus ist zu entnehmen, dass dieser Erfolg mit einer Kombination von neuronalen Netzen und einer Baumsuche erzielt werden konnte. Dies bedeutet, dass die neuronalen Netze so trainiert werden, dass die Baumsuche auf eine extrem geringe Anzahl von Verzweigungen reduziert werden kann und das System somit sehr schnell zu optimalen Lösungen kommt. Diese Netze wurden vorerst mit Millionen von Zügen mittels Supervised Learning von Experten trainiert und in der Folge mittels Reinforcement Learning bei Spielen gegen sich selbst mit weiteren Zügen und Daten erweitert.

Aus diesen Darstellungen ist ersichtlich, dass Künstliche Intelligenz, wie sie in solchen Spielen eingesetzt wird, zwar lernfähig auf Basis von neuronalen Netzen und Suchen innerhalb des Rahmens der anzuwendenden Regeln und der vorhandenen Daten sind[2], außerhalb des definierten Rahmens jedoch keinerlei Funktionen, die annähernd intelligent erscheinen mögen, ausführen können.

Die oben genannten Berichte, die KI mit Krieg gleichsam in einem Atemzug nennen, beziehen sich somit auf den Versuch von Deepmind, das Spiel *Starcraft 2* auf Basis von Machine Learning und dem damit verbundenen Training optimal, und somit besser als Menschen zu spielen. Wohl gleichbedeutend damit, fix vorgegebene Regeln, und seien diese noch so komplex in ihrem Zusammenwirken, zu interpretieren.

Diese Art von Lösungskompetenz ist maximal ein Teilaspekt von Intelligenz – besonders falls man sich auf die Aussage von Theodor W. Adorno bezieht: *„Intelligenz ist eine moralische Kategorie“* (Adorno, 2003)

[2] je mehr Daten verfügbar sind, desto effizienter können die Auswertungen sein – ein Fall für Big Data

4.4 OpenAI Bot schlägt weltbeste Dota 2 Spieler

Kein Tag verstreicht ohne Erfolgsmeldung bezüglich *Künstliche Intelligenz*. OpenAI (AI für *Artificial Intelligence*) – ein von Elon Musk gegründetes und unterstütztes Forschungsunternehmen, das sich nach eigener Definition mit der Erforschung von *AGI (Artificial General Intelligence)* befasst, veröffentlichte am 11.8.2017 die Meldung, dass es gelungen sei, einen Bot zu programmieren, der in der Lage ist, die Top-Professionals der Dota 2 Spieler im Match 1 gegen 1 unter Wettbewerbsbedingungen zu schlagen. (OpenAI, 2017)

Der Bot hätte von Beginn an selbst durch Spielen gelernt (*reinforcement learning*), ohne den Einsatz von Nachahmungstechnologien (*supervised learning* mittels Zielvorgaben) und Baumsuche (tree search).

Dota 2 ist ein äußerst komplexes Kampf- und Strategiespiel, bei dem üblicherweise jeweils Gruppen von 5 Spielern gegeneinander spielen. Dieses Spiel wird von mehreren Millionen Spielern gespielt – oft von bis zu 1 Million gleichzeitig (Steamcharts, 2018) und wird auch professionell betrieben und als e-Sports bei großen Veranstaltungen vermarktet.

Abbildung 2: Die Erfolgsmeldung von Elon Musk auf Twitter

Laut OpenAI ist dies ein Schritt in die Richtung, KI Systeme zu entwickeln, die in der Lage sind in komplexen, unübersichtlichen Situationen, in die auch Menschen involviert sind, klar definierte Lösungen zu finden.

Selbstverständlich fand diese Tatsache auch wieder ihren Niederschlag in online Ablegern von Printmedien. Die Formulierung der Schlagzeilen bedient sich zum Teil durchaus - wieder - martialischer Rhetorik, wohl um mehr Aufmerksamkeit zu erregen, z.B. *„KI von Elon-Musk-Startup zerstörte bei Computerspiel-Duell weltbesten Spieler“* (Der Standard, 2017b) oder *„The world's best Dota 2 players just got destroyed by a killer AI from Elon Musk's startup“*. (Sottek, 2017) Bestätigt wird diese Art der Rhetorik durch einen Artikel der Frankfurter Allgemeinen Zeitung (FAZ, 2017) der darauf hinweist, dass Elon Musk KI als gefährlicher einschätzt als den damals aktuellen Konflikt (der Worte) mit Nordkorea - siehe die folgende Twitter Meldung:

Elon Musk
@elonmusk

Nobody likes being regulated, but everything (cars, planes, food, drugs, etc) that's a danger to the public is regulated. AI should be too.

02:41 - 12. Aug. 2017

Abbildung 3: Elon Musk: AI sollte reguliert werden - Twitter

Einige Überlegungen dazu, was hier tatsächlich stattgefunden hat:

Dota 2 ist, auch wenn als sehr komplex bezeichnet, ein Computerspiel. Das heißt, es besteht aus logischen, mathematisch darstellbaren Situationsbeschreibungen, Regeln und Abfragen, aus deren Kombination eine eindeutige Handlungsvorschrift abgeleitet wird (dies nennt man Algorithmus). Diese

Algorithmen sind auf den Kontext des Computerspiels limitiert. Für einen Menschen, der dieses Computerspiel zu bewältigen versucht, besteht die erste Schwierigkeit darin, aus seiner Lebensrealität in die abstrakte Welt des Spiels einzusteigen. Dies macht er in der Regel über visuelle Reize mithilfe der Darstellungen auf einem Bildschirm oder einer VR-Brille[3]. Die so empfangenen Eindrücke sind vom Spieler in Echtzeit als Muster zu erkennen. Aus diesen Mustern und deren Abfolge leitet er schließlich Regeln ab, über welche er auf das Ziel des Spiels (die angestrebten Lösungen = Handlungsanweisungen) schließt. Diese Handlungsanweisungen sind augenblicklich manuell über die verfügbaren Schnittstellen dem Computer mitzuteilen. Abgesehen von der möglichen Komplexität des Computerspiels ist der menschliche Spieler mit der notwendigen Reaktion auf dieses Spiel aus seiner Lebenswelt konfrontiert. Dies erscheint immens komplexer, als einen selbstlernenden Algorithmus auf das Erkennen eines anderen Algorithmus zu trainieren und dann im Spiel das Gelernte anzuwenden.

Übrigens ist nirgendwo dokumentiert, wie die Schnittstelle Computerspiel zu OpenAI Computer konfiguriert war. Es ist nicht anzunehmen, dass der OpenAI Computer einen Bildschirm zu beobachten und zur Eingabe Tastatur, Maus, Joystick oder ähnliche Werkzeuge zu bedienen hatte. Bei solchen Wettbewerbsbedingungen scheint also der Mensch klar im Nachteil zu sein.

Zu der Einschätzung von KI als gefährlicher als mögliche politische Konflikte, wie Elon Musk betont, gibt es folgende Tatsache zu beachten. Für jede Problemlösung für die ein spezifischer KI-Algorithmus eine Lösung finden soll, gibt es ein Problem. Die Definition dieses Problems ist – zurzeit jedenfalls – jeweils einem Menschen vorbehalten.

[3] Virtual Reality Brille

Ob diese Lösungen jetzt als selbstfahrende Autos, Rasenmährobots oder humanoide Robots als Altenpfleger gesehen werden, es liegt also an der Intention – dem Ziel (Telos) des Menschen, KI für bestimmte Situationen einzusetzen. Diese Intentionen haben, wie alle menschlichen Tätigkeiten ethische Vorgaben zu berücksichtigen, um gesellschaftliche Akzeptanz zu finden. Es hat also der Mensch Regeln zu finden, wofür KI angewendet werden soll und wofür nicht. Eine Problematik hierbei scheint zu sein, dass technische Innovationen oftmals im Kontext von Konflikten zu finden sind, insofern ist der Einsatz von KI bei Computerspielen, die Kampf, Strategie und Krieg simulieren und die in der Berichterstattung martialische Sprache bewirken, ein Hinweis darauf, dass das Verlangen von Elon Musk, KI zu reglementieren, Gehör finden sollte.

4.5 Instant Gratification – das mobile Internet macht es möglich

Die Nutzungsgewohnheiten der Österreicher betreffend mobile Kommunikation werden jedes Jahr von der Mobile Marketing Association Austria erhoben und präsentiert. Die jeweils aktuellen Zahlen kann man im Mobile Communications Report (MMA, 2017) nachlesen.[4] Wir wollen hier nicht im Detail auf die Zahlen eingehen, dies sei den Lesern selbst überlassen. Erwähnenswert scheint jedoch, dass bereits im Jahr 2016 92 % der Mobiltelefone Smartphones waren.

Dies bringt mit sich, dass das Internet intensiver als je am Smartphone

[4] Ein Blick auf aktuellere Statistiken, als die hier angeführten aus dem Jahr 2016, zeigt, wie man ohne Zweifel vermuten konnte, dass die Zahlen zur Nutzung von Smartphones weiter gestiegen sind.

genutzt wird, was sich in Tirol, Kärnten, Oberösterreich und Wien mit einer prozentuellen Nutzung von mehr als 90 % zu Buche schlägt. Dies scheint zu bedeuten, dass man alle Information der Welt gleichsam in der Tasche mit sich herumträgt.

Und nicht nur das – 82 % der Smartphonebesitzer nutzen *Instant Messenger* Dienste wie Whatsapp, Viber, Telegram, Signal ... Man hat also nicht nur ein Werkzeug für die Recherche sämtlicher Informationen des Weltgeschehens, sondern auch die gesamte soziale Kommunikation dauernd und unmittelbar im Griff (oder doch vice versa?). Smartphones versprechen einen großen Vorteil durch den möglichen Zugriff auf schier unbeschränkte Ressourcen und damit mehr Produktivität und mehr verfügbare Zeit (Lee, 2016).

Durchschnittliche Smartphone Nutzer interagieren mit dem Gerät 76-mal pro Tag, die Top 10 % bewerkstelligen sogar bis zu 132 Smartphone-Sessions pro Tag. Von unmittelbar nach dem Aufwachen bis spät in die Nacht, manchmal sogar in der Nacht.

Dabei verbringen die durchschnittlichen Nutzer täglich 145 Minuten und 2.617 Aktionen, die Top 10 % Nutzer täglich 225 Minuten und 5.427 Aktionen mit ihrem Smartphone (Dscout, 2016) Wie sich dies auf unser Verhalten und auf unseren Arbeitsalltag auswirkt, wird zunehmend kritisch betrachtet und in Studien hinterfragt.

So erschien im April 2017 eine Studie der *„Association for Consumer Research“ – Brain Drain: The Mere Presence of One's Own Smartphone Reduces Available Cognitive Capacity – Adrian F. Ward, Kristen Duke, Ayelet Gneezy, and Maarten W. Bos* (Ward u. a., 2017) – in der untersucht wurde, wie sich das Smartphone auf die kognitiven Fähigkeiten von Personen auswirkt. Diese Studie beschäftigt sich dabei nicht ausdrücklich mit der Ablenkung von der jeweils augenblicklichen Beschäftigung durch Messenger-Nachrichten aus dem sozialen Umfeld der Probanden oder durch eventuelle Push- oder Update Meldungen der installierten Apps, sondern nimmt nur die Fähigkeit, sich auf eine bestimmte Aufgabe zu konzentrieren, in den Fokus. Ausgangspunkt für die Erhebungen waren die bewusste Steuerung der Reichweite und die Sichtbarkeit der Smartphones der jeweiligen Testpersonen.

- Hohe Aufmerksamkeit* impliziert dabei das Smartphone am Schreibtisch und in Sichtweite,

- mittlere Aufmerksamkeit** das Smartphone in Griffweite, allerdings nicht in Sicht (wie z.B. in der Hosentasche) und

- geringe Aufmerksamkeit*** – das Smartphone außer Reichweite und auch nicht in Sicht.

Das Ergebnis der Untersuchung mittels eines „Operation Span task“ Tests (damit kann gemessen werden wie gut Menschen sich auf mehrere Aufgaben gleichzeitig konzentrieren können) mit 520 Probanden zeigte eine signifikant geringere Gedächtnisleistung unter dem Aspekt der hohen Aufmerksamkeit* = das Smartphone in Sichtweite.

Die Leistung sinkt hierbei um ca. 10 % gegenüber der geringen Aufmerksamkeit***. Die Ergebnisse bei mittlerer Aufmerksamkeit** liegen ca 2 % über dem Ergebnis der hohen Aufmerksamkeit*.

Alexander Markowetz, Informatik-Professor an der Rheinischen Friedrich Wilhelms Universität Bonn, sieht das Problem darin, dass das Prinzip des Smartphones „sofortige Befriedigung – instant gratification" verspricht (Markowetz, 2015). In diesem Zusammenhang wurde eine Android-App (Website siehe menthal.org) entwickelt, mit deren Hilfe man den eigenen Umgang mit dem Smartphone kontrollieren kann – und zusätzlich zu dem damit befassten Forschungsprojekt beiträgt.

Dies im Gegensatz zu der Geduld, die man üblicherweise benötigt, ein Projekt anzugehen oder gar zu vollenden. Diese instantane Befriedigung der kleinen Bedürfnisse ist im Smartphone gleichsam eingebaut und wirkt auf uns wie eine Droge. Gleichzeitig werden Erwartungen erfüllt, die mittels Datenanalysen und künstlicher Intelligenz an die Bedürfnisse der NutzerInnen angepasst sind. Manche finden das ganz toll.

4.6 Smart Devices – smarte Gesellschaft?

Kommentar zum Begriff Smart - Diskussion an der FH Wien der Wirtschaftskammer Wien im Rahmen von Lehrgängen für Datenschutzbeauftragte lt. DSGVO 2018

Seit 2007 gibt es smarte Telefone (Smartphones) – seither geht der Trend zu immer mehr smarten Geräten, die so *schlau* (eben smart) sind, dass sie in den unterschiedlichsten Bereichen ihre Nutzer / Besitzer unterstützen. Diese Intelligenz der Geräte liegt einerseits in der eingebauten Rechnerkapazität und den damit verbundenen Softwareanwendungen / Apps, andererseits in der permanenten Verbindung mit der Cloud = den Servern der spezifischen Anbieter.

Smartphones haben so die Funktionen von Telefonen, GPS-Geräten, Digitalkameras, tragbaren Fernsehgeräten u.v.m. übernommen. Smart-TVs erlauben nicht nur, Fernsehprogramme zu verfolgen, sondern mittels Internet-Konnektivität und Apps im Web zu surfen und vielfältige Angebote aus allen Ländern der Welt zu konsumieren. Smartwatches zeigen uns wesentlich mehr als die Zeit und smarte Fitness Tracker helfen uns, körperlich fit zu bleiben oder zu werden.

Smarthome verspricht gehobenen Wohnkomfort und Optimierung von Kosten, steuerbar mit Smartphone, Tablet oder mittels Sprachsteuerung. Anwender geben so vor, welche Raumtemperatur sie bevorzugen, wann das Licht ein- oder ausgeschaltet werden soll und welche Musik sie wann und in welcher Lautstärke hören wollen. Sogar Alarmanlagen oder Schließanlagen sind damit von jedem Ort der Welt, an dem eine Internetverbindung verfügbar ist, steuerbar.

Die Steuerung der Smarthome Automation mittels Sprachsteuerung wird als Anwendung der Zukunft propagiert. Amazon und Google entwickelten dialogfähige Sprachassistenten, genannt Alexa und Google Home. Damit können Anwender alle Vorgänge im vernetzten Haushalt steuern, Musik hören, im Internet suchen und sich die gefundenen Inhalte vorlesen lassen.

Auch für Haushaltsroboter wie Staubsauger, Rasenmäher, eventuell den smarten Kühlschrank ist Sprachsteuerung vorgesehen. Sobald *Wearables* - die Smartwatch, der Fitnesstracker - mit uns mittels Sprachassistenten kommunizieren, wird man wohl vermehrt Menschen begegnen, die scheinbar mit sich selbst sprechen :-).

Updates und Sicherheit

Heute beobachtbare Problematiken werden die Entwickler von *Smart Devices* noch herausfordern. Wie jedes Smartphone regelmäßige Software Updates verlangt, werden wohl auch Smart-TVs, Smarthome und andere smarte Assistenten nicht auf laufende Software Adaptierungen verzichten (können). Es ist nicht von der Hand zu weisen, dass dies zu Fehlfunktionen oder einem Ausfall des Geräts führen kann.

Fragen nach der Sicherheit solcher Systeme sind essenziell, nicht nur wegen eines möglichen Missbrauchs durch Fremde. Bei Smarthome geht es nicht nur um eventuelles Hacken oder Fakes, sondern um Schutz des Eigentums und der persönlichen Sicherheit bei einem möglichen Einbruch. Darüber hinaus ist folgendes Szenario durchaus denkbar:
Ihr Google Home Sprachassistent oder Alexa hören den Satz „Ruf die Polizei" – und tätigen den geforderten Notruf, ohne dass sie dies wissen – wenige Minuten darauf fordert ein Einsatzkommando an ihrer Tür Einlass. Die Situation lässt sich schließlich aufklären, sie hatten eben eine Krimiserie im TV laufen und dieser Satz wurde im Film gesprochen und der smarte Assistent glaubte(!!!) ihre Stimme zu vernehmen. Die eingebaute künstliche Intelligenz hatte sich geirrt. Es soll Menschen geben, deren Stimmen und Sprachmelodien sich gleichen. Unzählige solcher oder ähnlicher Beispiele aus dem täglichen Leben werden sowohl Entwickler als auch die Anwender der smarten Gadgets auf eine Probe stellen.

So entstehende Probleme sind nicht nur technisch zu lösen - sie verlangen ausdrücklich ethisch begründete Lösungen. Eine Herausforderung für die Anwendungen der *Künstlichen Intelligenz.* Im Gegensatz zum Menschen ist man nämlich nicht geneigt, solchen künstlichen Intelligenzen zuzugestehen, dass sie aus Fehlern lernen! Die Rahmenbedingungen unter denen solche

Systeme eingesetzt werden sind essenziell für das Funktionieren der *Smarten Anwendungen* und in Situationen des täglichen Lebens nicht immer so, dass die eingesetzten Algorithmen funktionieren können. Die Frage, wie smart eine Gesellschaft in Zukunft sein soll, in der die Vernetzung einzelner Individuen zunehmend über die verfügbare Technik stattfindet und weniger über persönlichen Kontakt, wird sich uns allen stellen.

Mittels Theorien sozialer und technischer Netzwerke ist man in der Lage, prinzipielle Strukturen dieser Abläufe zu modellieren und zu interpretieren. Die daraus ablesbaren Entwicklungen lassen auf eine Veränderung gesellschaftlicher Strukturen schließen, die sehr wohl als Disruption empfunden werden könnte - nicht unbedingt mit einer positiven Konnotation. Deshalb ist eine interdisziplinäre Auseinandersetzung mit diesen Themen in Gesellschaft, Wissenschaft und Politik höchst an der Zeit.

4.7 Das Panopticon in der Hosentasche oder gar implantiert

Der CEO von Three Square Market, Todd Westby, hat im Jahr 2017 in einem Video die Vorteile dargelegt, die seine Mitarbeiter hätten, wenn sie sich einen reiskorngroßen RFID-Chip unter die Haut injizieren ließen (CNBC.com, 2017). Und seine Mitarbeiter haben dieses Angebot zu einem großen Teil gerne freiwillig angenommen.

Mittels dieses Chips können bargeldlose Zahlungen bequem und ohne viel Aufwand abgewickelt werden. Weitere Anwendungen könnten Speicherung von persönlichen Dokumenten etc. sein. Möglichen Einsatzgebieten seien keine Grenzen gesetzt – selbstverständlich wird versichert, dass diese

Technologie nicht zum Tracking benutzt wird. Wobei Todd Westby ein Jahr später ankündigte, einen GPS-Tracking-Chip für demente Patienten zu entwickeln.

Bereits im Jahr 2015 hatte das schwedische Start-up Epicenter damit begonnen, Mitarbeitern solch einen Chip zu implantieren. Der Mitgründer von Epicenter Patrick Mesterton nennt die Vorteile: *„Der größte Vorteil ist die Bequemlichkeit. ... [der Chip] ersetzt eine ganze Reihe von Dingen – Kommunikationsgeräte, Kreditkarten, Schlüssel"* (Die Welt, 2017) – in der Zwischenzeit haben mehr als 150 Mitarbeiter solche Chips implantiert.

Für manche Zeitgenossen geht so ein Implantat möglicherweise zu weit – andere werden sich von den Vorteilen, die ein derartiger RFID Chip bringt, wohl überzeugen lassen. Was diese Chips können, können zum großen Teil Smartphones auch. Diese bieten darüber hinaus noch wesentlich mehr an Kommunikations- und Unterhaltungsmöglichkeiten mittels einer Vielzahl von installierbaren Anwendungen = Apps.

Ob Smartphone, RFID-Chip, Fitness-Tracker oder andere Gadgets, diese Geräte produzieren eine Unzahl von Daten, die nicht auf dem jeweiligen Gerät verbleiben, sondern mit der Vernetzung und Übermittlung der Daten an zentrale Server die meisten Services erst möglich machen. Wir tragen also mehr oder minder freiwillig etwas mit uns, was als Panopticon bezeichnet werden könnte.

Panopticon !?

Der Utilitarist Jeremy Bentham (1748 – 1832) hat das Panopticon als architektonisches Modell einer Überwachungsanlage für Fabrikarbeiter oder Gefangene entworfen. Das Grundprinzip des Panopticons als Modell für eine Überwachungsanstalt besteht in der Hauptsache aus der Möglichkeit eines Beobachters, die Kontrolle über die zu Disziplinierenden von einem zentralen Punkt aus wahrnehmen zu können und dabei selbst unsichtbar zu bleiben. Die Gefangenen sind aus dem Blickwinkel des Wächters im Gegenlicht gut sichtbar, der Wächter selbst kann jedoch im Dunkel seines Standortes nicht ausgemacht werden. Mithin wissen die zu Beobachtenden nicht, ob sie gerade überwacht werden. Im Ergebnis kann also mit geringem personellem Aufwand eine große Zahl von Menschen permanent und total überwacht werden. Der Beobachtete findet sich ins Licht gerückt. Der Unterschied zu heute - alle Nutzer von smarten Geräten könnten wissen, dass sie beobachtet werden, sie wissen zwar nicht von wem im Augenblick, aber sie nehmen es wegen erwarteter Vorteile und gewisser Bequemlichkeiten in Kauf.

Dieses Modell des Jeremy Bentham benutzt Michel Foucault anschaulich zur Darstellung von Disziplinargesellschaften. So schreibt Foucault: *„Wie kann man jemanden überwachen, sein Verhalten und seine Eignung kontrollieren, seine Leistung steigern, seine Fähigkeiten verbessern? Wie kann man ihn an den Platz stellen, an dem er am nützlichsten ist? Darum geht es bei der Disziplin.“* (Foucault, 2005, S 233)

Ist es aufgefallen?! – wie kann man den Menschen an den Platz stellen, an dem er am nützlichsten ist!! – Nützlich für wen und wofür?? Die Macht wird automatisiert und entindividualisiert, denn im Zentralraum sieht man alles, ohne je gesehen zu werden und es hat wenig Bedeutung wer die Beobachterposition einnimmt, diese Person ist austauschbar. Außenwelt wird nicht ausgeschlossen, jeder kann eine Überwachungsfunktion übernehmen.

Unter diesen Aspekten, die Foucault in *Überwachen und Strafen* formuliert und ausgearbeitet hat, ist die Datenflut, die wir mit unseren Datenschleudern genannt Smartphones, Tablets, Fitness-Tracker, IoT Geräten etc. befüllen, das Medium des beobachtbaren Raumes. Somit ist dies die Information über Aktivität und Konformität von Bürgerinnen und Bürgern, sowie über deren mögliche Verstöße gegen die gültige Ordnung unserer Gesellschaften. Die Tendenz innerhalb der Gesellschaft, diese Geräte zu nutzen, macht die mögliche Kontrolle allgegenwärtig – Menschen, die dabei nicht mitmachen, laufen Gefahr, sich verstärkt sozialem Druck auszusetzen.

Dies kann mit ein Grund sein, warum Regierungen und Staaten die anfallenden Daten nicht nur den international tätigen Unternehmen zukommen lassen wollen und ständig danach trachten ihre Befugnisse, Überwachungstechnologien einzusetzen, erweitern. Wobei die Überlassung der Daten mehrheitlich an Unternehmen US-amerikanischer Herkunft in einer globalisierten Welt eigentlich Anlass sein sollte, intensive Diskussionen über Auswirkungen dieser Tatsache auf Wirtschaft und Gesellschaft zu führen. Schließlich könnte man ja in Europa zu dem Schluss kommen, auch selbst kreativ zu werden.

4.8 Wir brauchen unbedingt Tablets in den Schulen!

Immer wieder wird in der aktuellen Bildungsdiskussion argumentiert, dass es notwendig ist, unsere Kinder so früh wie möglich mit der Digitalisierung in Kontakt zu bringen – ohne dabei im Detail darauf einzugehen, was man unter Digitalisierung verstehen soll. Die Forderung, alle Schülerinnen und Schüler mit Tablets auszustatten – die sogenannten Tablet-Klassen – wird dabei als geeigneter Weg beschrieben, Medienkompetenz und notwendiges Wissen zur digitalen Welt zu vermitteln.

Es wird somit ein Werkzeug zur Bedienung weiterer Werkzeuge als Mittel betrachtet, das möglich macht, die Welt zu erforschen und sich Wissen anzueignen. Die Fähigkeit, ein Werkzeug bedienen zu können – als was sonst, denn als Werkzeuge können Computer, Tablets und Smartphones wohl gesehen werden – gibt jedoch noch nicht die Gewissheit, das Werkstück – in diesem Fall eine überbordende Vielfältigkeit an Informationen, Anwendungen und Angeboten – zu verstehen und im positiven Sinne damit umgehen zu können. Unmittelbare Aufgaben im Bildungsbereich – d.h. die Vermittlung von Wissen, Kompetenz und der Fähigkeit, kritisch zu denken – sollen durch den Umgang mit Tablet oder Smartphone mit neuen Lernformen gelöst werden.

Dies soll dabei helfen, sozial und kulturell bedingte Bildungsbenachteiligung zu unterbinden und mittels interaktivem und vernetztem Lernen den Unterricht spannender und erfolgreicher zu gestalten. Ein Blick auf die Webseite der Pädagogischen Hochschule Steiermark vermittelt im öffentlichen Kurspool (Pädagogische Hochschule Steiermark, 2019) recht interessante Beispiele, wie Lehrveranstaltungen mit der Bezeichnung *Digitale Bildung* oder *Digitale Kompetenz* angelegt sind. Weiters gibt es einzelne Trainings Apps zu den Themen Rechnen und Schreiben für die Volksschule.

Diesen Ideen und Anregungen zum Trotz hat eine von der OECD im Jahr 2015 veröffentlichte Studie (OECD, 2015) eindeutige Hinweise darauf geliefert, dass Investitionen in die informationstechnologische Ausstattung von Schulen, vornehmlich um die Lernmethodologie zu unterstützen oder durch digitalisierte Prozesse zu ersetzen, einen eher gegenteiligen Effekt als die gewünschte Leistungssteigerung hervorruft.

Die Studie mit dem Titel *Students, Computers and Learning – Making the Connection* vom 15. September 2015 (OECD Library, 2015) untersucht, wie sich der Zugang und die Nutzung von digitalen Geräten der Informations- und Kommunikationstechnologien durch Schüler und Studenten über die Jahre entwickelt und wie sich dies auf die Ergebnisse der PISA Studien ausgewirkt hat. Erstaunliche Ergebnisse dieser Studie finden sich ab der Seite 149 – dort wird untersucht, in welcher Relation Investitionen in die Ausstattung der Schulen mit digitalen Geräten zu den in der PISA Studie von 2012 erhobenen Lernerfolgen stehen.

Die erhobenen Daten zeigen eindeutig eine Verschlechterung der Leistungen in Mathematik zwischen 2003 und 2012 in den Ländern, die besonders viel in die IKT Ausstattung investiert hatten. Auch die gemessene Leseleistung der Schüler hat in diesem Zeitraum in diesen Ländern abgenommen. Es wird erwähnt, es könnte möglich sein, dass sogenannte digitale Fähigkeiten gestiegen sein könnten – diese werden jedoch weder genau definiert, noch durch den PISA-Test erfasst. Gleichsam entschuldigend wird festgehalten, dass die Schülerinnen und Schüler sich wahrscheinlich mit anderen Dingen am Computer / Tablet befasst hätten, als mit den im Unterricht vorgesehenen Lernmaterialien. Wohl ein Hinweis darauf, dass digitale Geräte eher vom Unterricht ablenken, als diesen zu unterstützen.

Diese Studie zeigt somit eindeutig, dass die Nutzung digitaler Geräte im Bereich der Bildung zwingend an die Gestaltung digital aufbereiteter und dementsprechend interessant gestalteter Lerninhalte gekoppelt sein sollte. Die Gefahr der Ablenkung scheint in der überbordenden Welt von Information und Kommunikation zu groß.

4.9 Ethik Leitlinien für eine vertrauenswürdige KI

Die Europäische Kommission hatte im Juni 2018 eine unabhängige Expertengruppe eingesetzt, deren Aufgabe es war, Leitlinien für die Entwicklung von Anwendungen künstlicher Intelligenz zu erstellen. Diese Leitlinien wurden im April 2019 veröffentlicht und dienen auch als Grundlage der Digitalisierungsstrategie der Europäischen Kommission, die im Februar 2020 veröffentlicht wurde. Diese Leitlinien sollten einen Rahmen definieren, dessen Einhaltung die Entwicklung von KI Systemen soweit begleiten soll, dass diese Systeme:

1. den anwendbaren Gesetzen und Bestimmungen folgen
2. ethische Grundlagen und Werte einhalten
3. vertrauenswürdig sein sollen - d.h. weder in funktioneller noch in sozialer Hinsicht Schaden anrichten können.

KI Systeme sollen:

- gerechte Gesellschaften unterstützen und keinesfalls menschliche Autonomie einschränken
- ausschließlich mithilfe robuster Algorithmen betrieben werden
- allen Bürgerinnen und Bürgern die Kontrolle über ihre Daten ermöglichen
- die angewandten Algorithmen sollen transparent und nachvollziehbar sein

- Barrierefreiheit bieten und Diskriminierung verhindern
- Nachhaltigkeit und ökologisches Verhalten unterstützen
- Rechenschaftspflicht gewährleisten

Weiters sollen KI Systeme als Werkzeuge im Dienst der Menschheit und des Allgemeinwohls stehen, ihre Vorteile maximiert und gleichzeitig Risiken minimiert oder gar ausgeschlossen werden. Es wird darauf ausdrücklich hingewiesen, dass KI Systeme ethischen Normen entsprechen müssen - allerdings wird auf konkrete ethische Normen kein Bezug genommen.

Dies mag auch der Tatsache geschuldet sein, dass von den 52 in dieser Gruppe tätigen Experten ein großer Teil dem Bereich der - digitalen - Wirtschaft zuzuordnen ist und nur eine Minderheit sich auch beruflich mit Ethik und ethischen Fragen auseinandersetzt - die High-Level Expert Group on Artificial Intelligence (EU-Europe, 2018)

4.10 Die Welt der -Filter- Bubbles

Besonders in der Welt der Sozialen Medien spricht man von sogenannten Filter Bubbles - Filterblasen. Damit ist gemeint, dass innerhalb dieser Blasen vorhandene Information durch Personalisierung von Algorithmen und gleichzeitig durch die vermehrte Bestätigung durch Gleichgesinnte verstärkt wird. Damit wird Meinungsvielfalt reduziert, die Möglichkeit kritischer Betrachtung fast unmöglich gemacht und oftmals nicht validierte und zweifelhafte Aussagen als Tatsachen dargestellt.

Einerseits mag es für Teilnehmer an Freundesrunden die gewünschte Anerkennung bringen, innerhalb solcher Meinungsblasen Zustimmung zu erhalten. Andererseits kann in diesem Zusammenhang weder von freier Meinungsäußerung die Rede sein, noch kann ernsthaft davon ausgegangen werden, dass diese Art von Kommunikation Erkenntnisgewinn bringt.

Den Begriff der Filter Bubble kennt man seit der Herausgabe des Buches *„The Filter Bubble: What the Internet is Hiding From You"* (Pariser, 2011) in dem der Autor darlegt, wie die Nutzung des Internets durch Personalisierung, Geolocation, vergangene Suchen und besuchte Websites etc. unsere Informationsfreiheit einschränkt.

Wir haben es also mit einer technisch begründeten Gegebenheit zu tun, die auf der Basis des Austausches von Datenpaketen diese Form von Information und Kommunikation, wie wir sie derzeit kennen, erst möglich macht. Darauf aufbauend nutzen Unternehmen mit vorwiegend ökonomischen Interessen datenspezifische Information zur Optimierung ihrer Dienste. Im Rahmen dieser Dienste werden psychologische Aspekte genutzt, um eine möglichst große Zahl von Anwendern so intensiv wie möglich an diese Dienste zu binden und dadurch eine sich wiederholende Nutzung zu gewährleisten. Zur gleichen Zeit werden diese Anwender zu Multiplikatoren, indem sie ihren Freundeskreis mit in diese Dienste einbringen - einerseits durch die Aufforderung in den Anwendungen, ihre Kontakte zu verständigen - eigentlich offenzulegen - andererseits durch die, mittels der Netzwerkeffekte bedingten, Freundes-Cluster.

Die Darstellung dieser Bubbles lässt manchen Beobachter daran zweifeln, ob das Internet in seiner Struktur die Versprechungen halten kann, die man sich in den Anfängen des WWW gemacht hat. Diese beobachteten Entwicklungen waren wohl nicht die Intention der Erfinder. Dies lässt sich auch von diversen Stellungnahmen der vor 20 und mehr Jahren maßgeblich an der

Gestaltung des Internets beteiligten Personen ableiten. So unterstützt Sir Tim Berners Lee, der Erfinder der HTML Sprache und damit der Grundlage des WWW mit seiner World Wide Web Foundation (Lee, 2020) Initiativen, das Web für alle Menschen zu einem nützlichen Werkzeug zu machen - was eigentlich die Intention von Beginn an war.

Daraus könnte man die Frage ableiten, wie es denn möglich war, dass das Web sich zu dem entwickelt hat, was es heute ist. Das hat sicherlich vielfältige Gründe - im Zusammenhang mit dem Begriff der Bubbles wollen wir uns allerdings einen Aspekt ansehen, der genau damit zu tun hat. Zwar nicht die Bubbles, die auf Basis der technischen Infrastruktur entstanden sind, wie sie vorher kurz angedeutet wurden, sondern eine andere Art von Blase: Beobachtet man die Unternehmen, die im Internet Dienste anbieten, welche große Zustimmung erhalten und damit exponentielle Zuwächse an Nutzern und Umsätzen erreichen, stellt man fest, dass diese in besonderen ortsbezogenen Umgebungen entstehen. Manche Länder und Gemeinden richten bewusst sogenannte Start-up Cluster oder Start-up Hubs ein, in denen sowohl die Voraussetzungen für solche Unternehmen speziell gegeben sein sollen, als auch die Ergebnisse mittels Kooperationen und gegenseitiger Unterstützung besonders gefördert werden.

Als Vorbild wird dafür meist das „Silicon Valley" genannt. Das Silicon Valley gilt als Synonym für erfolgreiche IT- und Hightech Unternehmerschaft. Dies wird durch die Liste der vor Ort präsenten Unternehmen bestätigt. So finden sich in dieser Gegend südlich von San Francisco namhafte Unternehmen wie Apple, Intel, Google, AMD, SanDisk, Adobe, Symantec, Yahoo, eBay, Nvidia, Hewlett-Packard, Oracle, Cisco, Facebook und Tesla. Eine Tatsache, die einerseits dieses Tal berühmt gemacht hat, andererseits an ein Phänomen erinnert, das in der Soziologie als Segregation beschrieben wird

- mit einer durchaus negativen Konnotation. Segregation bedeutet, dass in einem begrenzten Gebiet eine bestimmte Gruppe konzentriert auftritt, was mit sich bringt, dass damit andere Gruppen stark unterrepräsentiert sind.

Im Falle des Silicon Valley bringt dies mit sich, dass über Jahrzehnte eine Tech-Bubble entstanden ist, in der Ideen und Projekte kreiert werden, die mit der realen Welt der Menschen nur mehr insofern zu tun haben, als diese Welt im kybernetischen Sinne Elemente und Produkte der Steuerung repräsentiert. Wie sonst könnte jemand wie Mark Zuckerberg auf die Idee kommen, mittels Facebook die Zukunft der Welt gestalten zu wollen? (Der Spiegel, 2017) Wenn jemand wie er sagt, *„Bauen wir an einer Welt, die wir alle wollen“* - so ist für alle, die nicht im Silicon Valley ihren Platz auf dieser Welt gefunden haben, klar, dass es sich dabei um eine Welt handeln muss, wie alle aus dem Silicon Valley sie haben wollen. Dies kann für den Rest der Welt nichts Gutes bedeuten, denn die Realität des Silicon Valley steckt in der eigenen Bubble. Die TV-Comedy Serie „Silicon Valley“ (HBO, 2020) nutzte diese Eigenheit als Basis der Charaktere und zeichnet ein Szenario, das die vorhandene soziale Inkompetenz bei gleichzeitiger Genialität im IT-Bereich aufs Korn nimmt und damit als Sitcom Erfolge feiert.

Der Bericht einer Praktikantin bei Google verfestigt den Eindruck der ungesunden Segregation und kulminiert in der Feststellung, dass diese Clusterbildung im Tech-Bereich zum Problem zu werden droht:

> *„Tech has an enormous bubble problem,*
> *and Silicon Valley is its epicenter “*
> (Day, 2020)

4.11 Mein Konterfei gehört mir - oder?

Was wäre das WWW ohne Bilder und Grafiken? Soziale Netzwerke und Messenger wären ohne Selfies und allerlei andere Fotos nicht in der Lage, die Aufmerksamkeit ihrer Nutzer so zu bedienen, wie sie es tun. Das Netz ist für viele zu einem Mitmach-Medium geworden, besonders seit sich die Nutzung der digitalen Medien mittels Smartphones etabliert hat. Mit massenhaft hochgeladenen Fotos und Videos entstehen riesige Datensammlungen, die gleichsam zur Auswertung auffordern. Sucht man nach *„Recht am eigenen Bild"*, so liefert Österreichs Digitales Amt folgende Erklärung: *„Das Recht am eigenen Bild ist wie das Namensrecht ein Persönlichkeitsrecht."* (Österreichs Digitales Amt, 2020)

Mit der Veröffentlichung des eigenen Bildes auf diversen online Plattformen verzichtet man damit eigentlich auf ein ziemlich wertvolles Recht, denn sowohl *Soziale Medien*, Suchmaschinen und seit neuester Zeit auch Anbieter von Software zur Gesichtserkennung nutzen die online verfügbaren Bilder für ihre Dienste - und verdienen damit. Nutzer, die ihre Bilder auf sozialen Plattformen hochladen, bezwecken wohl deren Verbreitung. An den Nebeneffekt, dass eine Suche nach Bildern mit Google auch viele persönliche Fotos enthält, hat man sich gewöhnt.

In der Zwischenzeit jedoch sind Dienste entwickelt worden, die weit darüber hinaus die im WWW vorhandenen Porträtfotos und Fotos, die Gesichter erkennen lassen, nutzen - für Gesichtserkennung und damit verbundene kostenpflichtige Dienste. Im Jänner 2020 wurde bekannt, dass eine Firma namens Clearview AI eine Softwarelösung zur Gesichtserkennung entwickelt hatte, die hauptsächlich im Bereich US-amerikanischer Behörden eingesetzt wurde. Die Beamten hatten diese App eingesetzt, ohne sich über die Funktionsweise und die Personen hinter dieser Firma im Detail informiert zu haben. Die New York Times titelte: *The Secretive Company That Might End Privacy as We Know It.* (New York Times, 2020) Die Datenbasis für diese Lösung: online frei im Netz verfügbare Bilder von Personen, also wahrscheinlich auch von Ihnen, mir, den Nachbarn ...

Gleiches, mit einer leicht veränderten Geschäftsidee dahinter - und mit einem besonderen Argument, das Nutzer dazu verleiten soll, ihre Bilder in die Datenbank der Anbieter hochzuladen, wurde am 10.7.2020 von Netzpolitik.org veröffentlicht. *„PimEyes - Eine polnische Firma schafft gerade unsere Anonymität ab“* (netzpolitik.org, 2020).

Die Firma PimEyes hat angeblich 900 Millionen Fotos von Gesichtern aus dem Netz in einer Datenbank gespeichert und bietet den Abgleich mit diesen Daten im Rahmen eines Abonnements an. Gleichzeitig wird angeboten, die persönliche Privatsphäre zu schützen, indem man sein eigenes Bild zur Verfügung stellt - nicht indem man es hochlädt, sondern als Aufnahme mit der im Smartphone oder Notebook integrierten Kamera, um sicherzugehen, dass man das eigene Konterfei hochlädt. Danach könnte man überprüfen, wo im Netz man schon verewigt wäre. Dies soll dazu angetan sein, die Privatsphäre zu schützen, nachdem man zuvor das Recht am eigenen Bild verschenkt hat.

Ein mehr als problematisches Service, nicht nur weil Netzpolitk.org dies feststellt, sondern weil kurz zuvor eine Meldung durch die Medien ging, dass beim Einsatz von Software zur Gesichtserkennung die Polizei von Detroit festgestellt hatte, dass bei 96 % der Fälle die Ergebnisse falsch waren. Das konkrete Problem dabei - afroamerikanische und asiatische Fotos würden nicht korrekt erkannt - was zu einer Diskriminierung dieser Personengruppen führt. Dies hätte zur Folge, dass die Anwendung der Software reguliert werden sollte. (Der Standard, 2020) Der oft beschriebene *Digital Divide* wird mithilfe solcher Dienste nicht aufgehoben, sondern maßgeblich verstärkt, die Kluft damit tiefer.

Beispiele aus der täglichen Praxis des Internets, von Diensten, die sich vermehrt künstlicher Intelligenz bedienen, oder Smartphone Apps als nützliche Assistenten, ließen sich in großer Zahl anführen. Etwaige Funktionen, die dabei genutzt werden und Datenflüsse, die dabei anfallen, verschwinden im Hintergrund. So ist es unwahrscheinlich, ohne spezifisches Wissen auch nur eine Idee davon zu haben, was eigentlich bei der Nutzung solcher Anwendungen abläuft.

Das *Digitale Zeitalter* kommt nicht aus dem *Nichts* - es ist die Fortschreibung eines Wegs, den wir Menschen eingeschlagen haben.

Sollte die Digitalisierung mit Problemen einhergehen, so sollten wir dessen eingedenk sein, dass dies Folgen von Lösungen sind, die uns als beste Antwort auf ein in der Vergangenheit dringendes Problem erschienen ist.

5 *Digital*

Der Begriff der *Digitalisierung* ist in seiner vielfältigen Bedeutung schwer zu fassen. Auch wenn er für Aspekte von Automatisierung und Vereinfachung von Abläufen steht, wird die Vielfältigkeit der Interpretationen erst klar, wenn ein detaillierter Kontext mit beschrieben wird. Oft wird alleine das Wort *Digitalisierung* verwendet, einfach als *Buzzword*, um Kompetenz in einem sich rasch wandelndem politischen, gesellschaftlichen oder ökonomischen Umfeld zu signalisieren. Unbestritten ist die Tatsache, dass unter dem Begriff *Digitalisierung* eine technologisch bedingte Veränderung der Gesellschaft zu verstehen ist. Dies kann mit dem Phänomen beschrieben werden, dass Gesellschaft und *„sämtliche Bereiche menschlicher Tätigkeit"* (Castells, 2001, S 31) von dieser Wandlung betroffen sind. Keine gesellschaftlichen, wirtschaftlichen oder politischen Prozesse lassen sich ohne Einfluss durch die *digitale Disruption* denken. Diese Veränderungen werden uns herausfordern.

Digital - Analog

Im Gegensatz zu vielen heute digitalisierten Aspekten leben wir Menschen in einer analogen Welt. Unsere Fähigkeit diese Welt wahrzunehmen ist zudem zwingend mit der sozialen Aktivität verbunden, anderen mitzuteilen, was wir wahrgenommen haben. Die menschliche Wahrnehmung ist also an analoge Signale gebunden und wir verständigen uns auch so.

Das versetzt uns in die Lage, was wir wahrnehmen, stufenlos und ohne Unterbrechung empfinden zu können. Analog bedeutet soviel wie „verhältnismäßig, kontinuierlich, stufenlos". Diese stufenlose, unterbrechungsfreie Empfinden begegnet uns täglich und ohne Unterlass meist unbewusst - manchmal auch bewusst z.B. bei dem Empfinden von Temperatur, Helligkeit oder Dunkelheit. Das Wort Analogie verweist dazu noch in unterschiedlichem Kontext immer auf ähnliche Strukturen oder Zusammenhänge.

Thomas Alva Edison hatte am 24.12.1877 das Patent für ein Aufzeichnungsgerät für Töne eingereicht. *„Improvement in Phonograph or Speaking Machines. Specification forming part of Letters Patent No. 200,521, dated February 19,1878; application filed December 24 1877"* (Edison, 1878). Damit startete die Zeit unterschiedlichster Verfahren und Geräte mit denen Signale in analoger Form aufgezeichnet und diese Aufnahmen in der Folge wiedergegeben werden konnten. Daraus resultierte eine breite Palette von Geräten mit denen Schallplatten, Tonbänder, Filme, später auch Videos aufgenommen und wiedergegeben werden konnten. In den späten 80er und mit Beginn der 90er-Jahre des vorigen Jahrhunderts ging man dazu über, für diese Aufzeichnungen eine neue Technik zu nutzen. Man begann, sowohl Bild als auch Ton digital aufzuzeichnen.

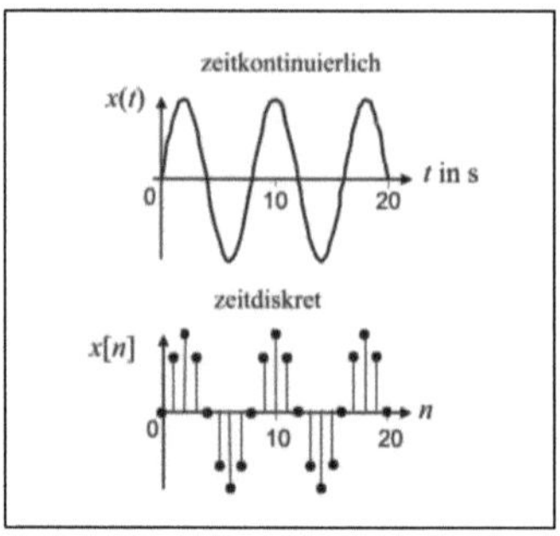

Abbildung 4: analog vs digital (Werner, 2008)

Nachdem bei analoger Aufzeichnung - siehe Grafik - die Bedeutung auf der stufenlosen = zeitkontinuierlichen Signalaufzeichnung liegt, resultiert daraus, dass bei digitaler = zeitdiskreten Aufzeichnung demnach Signale in

Abstufungen gespeichert werden. Digit (englisch) bedeutet Ziffer, Stelle. Mittels dieser Technik konnte die Aufzeichnung - ab diesem Zeitpunkt kann dies als Speicherung bezeichnet werden - schneller und effektiver erfolgen. Die Qualität hängt dabei essenziell von der Anzahl der gespeicherten Stufen (Samples in der Fachsprache) ab.

Die rasante Entwicklung neuer Speichertechnologien ermöglichte immer bessere und schnellere Aufzeichnungsverfahren. Auch das Kopieren von Aufzeichnungen war mit den dazu nötigen Geräten um ein Vielfaches einfacher geworden. Gleichzeitig blieb beim Kopieren digitaler Aufzeichnungen die ursprüngliche Qualität der Aufnahme erhalten. Heute spricht man bei Bildschirmen, TV-Geräten und Smartphones von der Auflösung. Je höher die Auflösung - Sampling Rate, desto besser die Qualität von Bild und Ton.

menschliche Erkenntnis - analog oder digital?

Was für eine Frage? Unsere Wahrnehmung ist analog, das wurde eben erwähnt. Wie kann man dann überhaupt auf die Idee kommen, dass menschliche Erkenntnis digital sein könnte? Jede Art von Erkenntnis, das heißt, etwas wahrzunehmen und zu erkennen, stellt einen Prozess dar. Im ersten Schritt werden analoge Signale von unseren Sinnen aufgenommen - wir sehen, hören, riechen, ertasten, spüren etwas. Diese Wahrnehmung wird mit unserer Erfahrung abgeglichen und auf Ähnlichkeiten in der Vergangenheit überprüft. Die gespeicherten Erfahrungen rufen wir aus unserer Erinnerung ab, vergleichen diese mit der aktuellen Situation und versuchen, mögliche zukünftige Auswirkungen abzuschätzen. Denn sobald wir Handlungen setzen oder auch nicht, ergeben sich Folgen daraus. Diese Form von Erkenntnis und die daraus folgenden Aktionen weisen auf eine Fähigkeit hin, die man als menschliche Problemlösungskompetenz bezeichnen kann. Aus jeder Wahrnehmung ergibt sich in einem Prozess eine Erkenntnis zur Lösung eines Problems. Wird die Hirntätigkeit gemessen, während Erkenntnisse verarbeitet und Entscheidungen getroffen werden, so gibt es interessante Analogien mit Aspekten, die wir später bei der Auseinandersetzung mit künstlicher Intelligenz wieder finden werden. Im Augenblick ist allerdings die Beobachtung bemerkenswert, dass die Verarbeitung neuronaler Signale im natürlichen Umfeld nicht ausschließlich sequenziell erfolgt. Denn es konnte beobachtet werden, dass solche neuronal messbare Impulse mittels Überlagerung nachfolgende Eindrücke über einen Zeitraum bis zu maximal 700ms teilweise überlagern und damit beeinflussen. (Nikolic, 2009)

Offensichtlich erhält man damit die Beschreibung von mehreren, fast gleichzeitig ablaufenden, analogen Vorgängen. Dieser Prozess anhaltender und einander beeinflussender Impulse führt zu einem Ergebnis, das im allgemeinen Sprachgebrauch als Denken und als das Treffen von Entscheidungen bezeichnet wird.

Diese Entscheidungen oder Unterscheidungen können als Abfolge logischer Operationen betrachtet werden, also im Prinzip als ein kontinuierlicher Strom von *entweder / oder - ja / nein* Festlegung. Ein Vorgang, der sich mittels mathematischer Modelle visuell darstellen lässt. Diese bildhafte Darstellung ergibt ein sogenanntes fraktales Modell, dessen essenzielle Eigenschaft es ist, laufend sich wiederholende Muster mit erstaunlicher Ähnlichkeit (Skaleninvarianz / Selbstähnlichkeit) zu zeigen.

Der Begriff „fraktal" leitet sich vom lateinischen „fractus - gebrochen" ab. Dies erinnert frappant an die Definition der Aufzeichnung von Signalen in Stufenform (Samples). Es wird bei diesem Vorgang ein ununterbrochener und stufenloser (= analoger) Strom von Impulsen mittels Quantifizierung in Form von Denken in Entscheidungen umgewandelt. Eine bewusste Aufzeichnung dieser Entscheidungen bei einem Versuch der Selbstbeobachtung resultiert in einer Reihe binärer Codierungen, wie sie aus der Informationstechnologie bekannt sind. Die neuronalen Vorgänge bleiben dabei völlig unbemerkt im Hintergrund.

Schon Gottfried Wilhelm Leibniz hatte im Jahre 1666 in seiner Dissertation De Arte Combinatoria (Leibnitz, 1666) die Gewinnung neuer Erkenntnis mittels Kombinatorik gleichsam auf eine mathematische Grundlage gestellt und darauf seine Vorstellung binärer Zahlenreihen begründet. Nach Leibniz ist dies die Grundlage der Berechenbarkeit der Welt. *„Das Binärsystem, also das Rechnen mit 0 und 1, ist trotz seiner Länge das grundlegendste System für die Wissenschaft."* (Poser, 2017)

Dies ermöglicht die Interpretation des menschlichen Denkens als stetigen Wandel zwischen analoger Wahrnehmung und digitaler = logisch begründbarer Erkenntnis. So zeigt diese Betrachtungsweise, dass die Frage nach analog oder digital selbst im Zusammenhang mit der Fähigkeit des menschlichen Denkens nicht mit *entweder - oder* beantwortet werden kann.

Dies erinnert an die Frage nach der Beschaffenheit des Lichts in der Physik - ob Teilchen oder Welle. Eine Frage die schließlich vor fast einhundert Jahren zur Theorie der Quantenmechanik führte und damit die Position des *entweder - oder* maßgeblich an der Position des Beobachters festmachte. Gedankenströme fließen ohne Unterbrechung - Edmund Husserl, der Begründer der Phänomenologie hat dazu den Begriff des *Erlebnisstroms* geprägt (Husserl, 1998) - somit in trauter Analogie zum Begriff des *Analogen.*

Die Strukturierung der wahrgenommenen Gedanken manifestiert etwas, das wir Bewusstsein nennen. Dies wiederum führt auf Basis der laufenden Strukturierung zu initiierten Unterscheidungen und in der Folge zu

Handlungsimpulsen, die in der Regel mit *ja / nein* Entscheidungen gleichzusetzen sind. Also Abläufe, die durchaus mit der Extraktion von Digitalem aus einem analogen Strom von Gedanken gleichgesetzt werden können. Jede Erkenntnis baut auf Erkenntnissen aus der Vergangenheit auf und trägt so maßgeblich zu einer systemisch bedingten Struktur der Wahrnehmungen bei. Dies bedeutet einerseits eine Stabilisierung, andererseits jedoch auch eine Einschränkung. (Karban, 2011)

Erkenntnis = Wahrnehmung = Unterscheidung ist somit immer von den Strukturen des Erkennenden abhängig. Gleichzeitig hat dieser Prozess des Erkennens mittels der daraus folgenden Erkenntnis Einfluss auf die Strukturen und somit auf die Fähigkeit des Erkennens = Unterscheidens. Die allererste Unterscheidung ist in diesem Strom die Basis für weitere Unterscheidungen. In Summe münden diese Unterscheidungen mittels Selbstreferenzialität in einem komplexen Beobachtungssystem, welches weitere Erkenntnisse maßgeblich beeinflusst.

Ein außerordentlich gutes Beispiel für einen Prozess der von Feedback und Rekursion geprägt ist. Dieses so entwickelte Erkenntnis- und Denksystem macht es möglich, die Objekte und Zustände im Rahmen des eigenen Kontexts zu beschreiben und dabei Kausalzusammenhänge und Zieldefinitionen zu entwickeln. Das Augenmerk sei hier auf den Begriff der Zieldefinitionen gerichtet - diese sind essenziell für weitere Unterscheidungen und werden uns bei der Auseinandersetzung mit dem Begriff der *Künstlichen Intelligenz* und damit verbundenen ethisch begründbaren Problemen wieder begegnen. Auf diese Weise entstehende Strukturen ermöglichen in der Folge das (Wieder)Erkennen von bereits in der Vergangenheit Erkanntem, ohne den gesamten Ablauf von Unterscheidungen nochmals durchgehen zu müssen. Mensch hat daraus gelernt.

5.1 Strukturen durch Erkenntnis

Wer kennt nicht den Satz *„wenn Du es immer schon so gemacht hast, ist es höchstwahrscheinlich falsch"*. (Eine Aussage, die man Charles Franklin Kettering nachsagt, einem amerikanischen Philosophen, Ingenieur und Erfinder - immer wieder in Trainings und Seminaren zu Personalentwicklung zu hören) In der Annahme, dass der Kontext sich ändert, kann man davon ausgehen, dass in der Vergangenheit getroffene Unterscheidungen nicht für alle Zeiten gültig sein können. Es wird also notwendig sein, die jeweils gemachte Erfahrung und die sich verändernden Umweltbedingungen gemeinsam in Betracht zu ziehen. Dies resultiert schließlich in der Fähigkeit, das strukturell entstandene Beobachtungssystem an die geänderten Bedingungen anzupassen. Die Lösungs- und Entscheidungskompetenz des jeweils agierenden Beobachtungssystems ist abhängig von den jeweils anerkannten Axiomen, den aktuellen Gesetzen und bestätigten Erfahrungen, solange diese zufriedenstellende Antworten auf zu lösende Problemstellungen bieten. Dies ist Fall, wenn mögliche Probleme bei der Situationsanalyse ausbleiben. Trifft dies nicht zu, wird die Unfähigkeit neue Denkmodelle zu entwickeln und umzusetzen durch eine strukturelle Determination innerhalb des Beobachtungssystems eingeschränkt, sodass mehr oder minder große Hindernisse bei der Bewältigung von Umweltveränderungen auftreten. (Hüther, 2007, S 111)

Eine Fähigkeit, die in der Evolutionslehre von Darwin ihren Niederschlag in dem Begriff der natürlichen Selektion (Darwin, 1860) findet. *„Survival of the Fittest"* - ein Begriff, den Herbert Spencer (Spencer, 1864) mit Bezug auf Darwin kurz nach der erstmaligen Ausgabe des *„On the Origin of Species"* geprägt hat - wird fälschlicherweise oft als die Überlebensfähigkeit des Stärksten interpretiert - *fit* bedeutet im ursprünglichen Sinn jedoch nicht *stark*, sondern *passen*. *The Fittest* ist somit nicht zwingend der Stärkste, sondern beschreibt die außerordentliche Fähigkeit der Anpassung - eben an die sich verändernde Umwelt und die damit verbundenen Bedingungen. Dieser Prozess der Anpassung ist maßgeblich für die Wandlung der Strukturen innerhalb des Beobachtungssystems verantwortlich. Es geht darum, konservierende Strukturkomponenten mit möglichst geringem Aufwand zu überwinden. Eine durch und durch selbstreferenzielle Angelegenheit, die in der Lage ist, dem System - trotz sich verändernder Umweltbedingungen - über eine gewisse Zeit die notwendige Stabilität zu verleihen. Nicht zu vernachlässigen ist dabei die Tatsache, dass Systeme und Beobachter von Systemen - die ja selbst wieder als Systeme gesehen werden können - in einer schier unüberschaubaren Vielfalt unterschiedlicher Relationen organisiert sind.

Diese systemische Vielfalt lässt auf Basis der Relationen zwischen den einzelnen Systemen strukturelle Zusammenhänge erkennen, die sowohl räumlich als auch als Prozess in der Zeit definierbar sind. Damit sind die Verhältnisse einzelner Systeme beobachtbar. Diese Beobachtungen wieder lassen die zuvor erwähnte Interpretation von Kausalzusammenhängen und Zieldefinitionen zu. Damit verbunden sind die Begriffe Eigenwert und Pfad Abhängigkeit.

Eigenwert - Eigenvalue

Erfolgreiche Anwendungen von in der Vergangenheit gesetzten Handlungen = Steuerungen werden so lange in gleicher Weise wiederholt, solange Umweltbedingungen dies zulassen. Diese stabilen Zustände hat Heinz von Förster als *Eigenwert* eines Systems bezeichnet (in der Literatur findet man auch die Begriffe Eigenvalue, Eigenform, Eigenbehavior). Als Beispiel dafür nennt er die Funktion des Wurzelziehens. Diese mathematische Funktion ergibt, immer wieder auf das Ergebnis der vorigen Operation angewandt, schließlich auf jeden Fall das Ergebnis = 1. (Förster, 1993b, S 103ff) So wird jedes selbstreferenziell orientierte System - bei dem Streben nach einer Lösung - immer wieder die gleiche Vorgehensweise auf ähnliche Probleme anwenden, eben bezogen auf die bisher gemachten Erfahrungen.

Eine Störung in der Umwelt wird diesen Vorgang der Selbstreferenzialität möglicherweise ausgelöst haben. Der Ausgangswert - in digitaler Diktion, der Input - und die Art und Weise der Operation - in digitaler Diktion der Algorithmus - kommt aus dem System selbst. (Karban, 2015, S 68) Das eben angeführte Beispiel des Wurzelziehens ist eine vereinfachte Darstellung dieses Prinzips - diese Art von Eigenwert ist jedoch nicht nur in mathematischen oder technischen Operationen zu finden, sondern auch in biologischen und sozialen Systemen.

Eine beispielhafte Darstellung solch biologischer oder sozialer Eigenwerte - hier eher *Eigenbehavior* - ist wesentlich schwieriger zu bewerkstelligen, da das Eigenverhalten in dieser Art von Systemen einer Vielfalt von strukturbedingten Eigenwerten unterliegt und das System als Beobachter sich damit bei Unterscheidungen mit einer wesentlich komplexeren Entscheidungssituation konfrontiert sieht.

Trotzdem ist mit jeder Erkenntnis und jedem Handlungsschritt eine Unterscheidung getroffen worden, die sich in letzter Konsequenz an einer zweiwertigen Reduktion auf ein Ja oder Nein orientiert. Schon Aristoteles setzt sich in seiner Abhandlung über Bejahung und Verneinung mit der logischen Argumentation auseinander und bestätigt, dass es bei einer kontradiktorischen Anwendung eine dritte Möglichkeit nicht geben kann - „*Tertium non datur*" (Aristoteles, 1876)

Diese Art der Entscheidung für einen von zwei Wegen an einer Weggabelung beschreibt den Pfad, den ein nicht triviales System - wie Mensch eines ist, im Laufe des Lebens beschreitet. Der im Folgenden beschriebene Begriff der Pfadabhängigkeit ist gleichzeitig Beschreibung dieses Weges und Dokumentation der Abhängigkeit von den einzelnen Entscheidungen.

Path Dependence

Pfadabhängigkeit - scheint ein plausibles Modell für Entwicklung in Abhängigkeit von der Vergangenheit zu sein, denn abhängig vom bisher beschrittenen Pfad eröffnen sich Möglichkeiten, bedingt durch die auf diesem Pfad getroffenen Entscheidungen und Handlungen. In der Encyclopedia Britannica (Greener, 2017) wird Path Dependence als Tendenz beschrieben, wie Institutionen, Technologien - allgemein formuliert Systeme - aufgrund ihrer strukturellen Eigenschaften, wozu auch Überzeugungen und Werte zu zählen sind, dazu neigen, sich auf bestimmte Art und Weise zu entwickeln.

Diese Entwicklung basiert einerseits auf den in der Vergangenheit getroffenen Entscheidungen und den darauffolgenden Handlungen. Andererseits gibt es auf Basis der Erfahrungen Aspekte, die gleichsam aus der Zukunft in die Gegenwart - zurück - wirken, nämlich die Funktion der Erwartung. Im soziokulturellen Umfeld wird diese Eigenschaft der Erwartung durch den gegenseitigen Effekt der Erwartung einer Erwartung beeinflusst, der so verstärkten und vervielfältigten mehrfachen Kontingenz von Erwartungserwartung (Baraldi u. a., 1997, S 45ff)

Dies ist ein zentraler Begriff der Theorie der *„Sozialen Systeme“* Niklas Luhmanns. Damit ergeben sich aus der Betrachtung von Abläufen mittels des Prinzips der Path Dependence unter Berücksichtigung von erfolgsversprechenden Handlungen, Selbstverstärkung, positiven oder negativen

Rückmeldungen und Lock-ins (Page, 2006) Beobachtungen, die mittels digitaler Techniken aufgezeichnet werden können. Diese Aufzeichnungen und die Kenntnis der systemisch und psychologisch bedingten Abläufe machen Verhaltensweisen von Menschen messbar.

Damit wurde die Aufforderung von Galileo Galilei *„Alles was messbar ist messen, alles, was nicht messbar ist, messbar machen“* (Apolin, 2016, S 10) zu einem nicht nur für den Bereich der Physik geltenden Diktum. Aus der Vielzahl gespeicherter Daten, abgeleitet aus Entscheidungen, Handlungen, Bewegungen, Absichten, Informationssuchen etc., lassen sich auf Basis mathematisch, statistischer Analysen Wahrscheinlichkeiten berechnen, die steuerungstechnisch eingesetzt werden können. Die so durch menschliche Erkenntnisfähigkeit entstandenen gesellschaftlichen Strukturen werden damit zur Grundlage von Daten und Information. Mögliche Auswertungen dieser Daten im Sinne ökonomischer oder sicherheitspolitischer Anwendungen wecken Begehrlichkeiten aller Art. So findet man Begriffe wie *Daten sind das neue Gold, Daten sind das neue Öl* oder *Gold des digitalen Zeitalters* in unzähligen Medien und bei Start-up Konferenzen. Dies sind Schlagworte, die vielfältige Bedeutung haben und nicht klar definieren, was damit gemeint sein könnte. In der Regel werden damit Modelle und Anwendungen beschrieben, die das Sammeln und Auswerten von Daten unterschiedlicher Herkunft mittels kybernetisch orientierter Prozesse beschreiben. Einerseits werden mit dieser Technik enorme ökonomische Entwicklungsmöglichkeiten verbunden, andererseits werden damit Gefahren für Gesellschaft und Demokratie in den Raum gestellt.

5.2 Kybernetik und Gesellschaft

Ein Hauptaspekt der Digitalisierung ist die Errungenschaft, möglichst viele Prozesse, egal ob technischer oder natürlicher Herkunft, mittels Aufzeichnung von Daten und der darauffolgenden Auswertung dieser Daten steuerungstechnisch auf das beobachtete System wieder anzuwenden. Eigentlich ein typischer Fall von Selbstreferenzialität, solange Beobachter und Anwender innerhalb desselben Systems Prozesse und Abläufe optimieren. So lässt sich auch die vermehrte Aufmerksamkeit der ökonomisch orientierten Akteure erklären, die dem Thema Digitalisierung und der damit möglichen Optimierung von Arbeitsprozessen entgegengebracht wird. In den meisten Bereichen der Wirtschaft wird dem Begriff der Optimierung die Bedeutung von Kostenersparnis beigemessen. Dies hat mit Veränderung der Arbeitswelt und damit der Gesellschaft zu tun. Es wird vielfach darauf hingewiesen, dass bereits in der Vergangenheit mit jeder essenziellen industriellen Neuerung eine Umwälzung gesellschaftlicher Verhältnisse stattgefunden hatte. Darauf wird auch in der Gegenwart oft und gerne verwiesen und diese Thematik in der Literatur abgehandelt.

Exemplarisch seien hier drei solcher Titel genannt, die mit Begriffen wie *„Die 4. Revolution“* (Floridi, 2015) - *„Die Vierte Industrielle Revolution“* (Schwab, 2016) - *„Digital Disruption“ „Disruption ist "kreative Zerstörung". Altes wird zerstört, Neues - Besseres oder Anderes - entsteht“* (Matzler, 2016) die Situation zu beschreiben versuchen.

All diese Aspekte der gesellschaftlichen Veränderung werden durch das *messbar Machen* bei gleichzeitiger Verfügbarkeit enormer Speicherkapazitäten für die aus unterschiedlichsten Abläufen abgeleiteten Messungen befördert. Dieses *messbar Machen* selbst ist die Voraussetzung dafür, mathematische Funktionen auf immer mehr alltägliche Gegebenheiten anwenden zu können. Für manche gesellschaftlichen Bereiche eröffnet dies offensichtlich Lösungen für anfallende Probleme. Man hört aber auch davon, dass der „*Mythos Daten*" (Gabriel, 2019) mehrheitlich zu Lösungen von Problemen genutzt wird, die zuvor nicht vorhanden waren. In diesen Zusammenhang mag erwähnenswert erscheinen, dass die Mathematik zwar als einzige Wissenschaft unzweifelhafte Ergebnisse vorweisen kann. Es soll aber auch darauf Bezug genommen werden, dass einer der bekanntesten historischen Mathematiker, Carl Friedrich Gauss, in einem Brief im November 1811 konstatiert hat: „*Man sollte überhaupt nie vergessen, dass die Functionen, wie alle mathematischen Begriffszusammensetzungen, nur unsere eigenen Geschöpfe sind . . .* ". (Gauss, 1880)

Dies verweist auf die Tatsache, dass auch Anwender mathematischer Funktionen als Beobachter an ihre eigene Sicht der Dinge gebunden sind und dies keinesfalls negieren können. Notwendige Skepsis - nicht im Sinne von Ablehnung, sondern im Sinne der kritischen Betrachtung - ist gefragt. Besonders unter den Umständen, in denen die allgemein kommunizierte Meinung vermittelt, dass eine Behauptung als gewährleistet angesehen werden kann. Ein Standpunkt, der im Themenbereich Big Data immer wieder anzutreffen ist. Eine Gefahr ist im Umfeld der Auswertung von Daten immer gegeben: oft werden Meinungen und Glaubenssätze als Tatsachen kommuniziert, gerade in Verbindung mit Statistik, die schließlich auch die Grundlage für die Anwendungen von künstlicher Intelligenz darstellt. Es ist also durchaus von Vorteil, die Tatsache, dass Mathematik als *harte* und *objektive* Wissenschaft angesehen wird, nicht auf alles Messbare anzuwenden. Auch wenn wir gewohnt sind, zu unterstellen, dass wir das, was für uns messbar ist, auch verstehen. (O'Neil, 2014)

Die Darstellung von Mathematik als *hard science* hat schon Heinz von Förster im Zusammenhang mit der Beschreibung von Beobachtern und dem Prinzip des Beobachters zweiter Ordnung zu folgender Aussage veranlasst:

„*The hard sciences are successful because they deal with the soft problems; the soft sciences are struggling because they deal with the hard problems.*" (Förster, 1972)

Eine kritische Betrachtung von Big Data bedeutet jedoch nicht, Vorteile oder Problemlösungen, die mit der Nutzung von Daten einhergehen können, abzulehnen. Der Begriff *Data Science* könnte hilfreich sein, wenn die Betonung mehr auf Science, im Verständnis von kritischer wissenschaftlicher Betrachtungsweise, als auf dem Sammeln von Daten alleine liegen würde. Die Akkumulation von Datenmengen zu allen möglichen Zwecken befördert die Kreativität von Menschen, die sich als Daten-Analysten betätigen.

Ob Forschungsansätze wie der von Alex Pentland aber als positiv für die Gesellschaft oder eher als Gefahr einzustufen sind, könnte Thema einer breiteren Diskussion sein. Ansätze eine bessere Gesellschaft nach Ideen Einzelner oder einer kleinen Gruppe von Menschen gestalten zu wollen, sind nicht dazu geeignet eine Gesellschaft zu gestalten, die alle so akzeptieren. „*Social Physics will change the way we think about how we learn and how our social groups work—and can be made to work better, at every level of society*". (Pentland, 2014)

5.3 Big Data

Daten, Daten und nochmals Daten. Computer, Smartphones, Tablets im täglichen, persönlichen Gebrauch, sogenannte *smarte Anwendungen* und das *Internet of Things* - IoT - brauchen Daten, um die verwendeten Softwareanwendungen zur Zufriedenheit der Anwender ausführen zu können. Gleichzeitig werden mit jeder Anfrage an vernetzte Dienste neue Daten generiert. Früher ausschließlich auf dem eigenen Gerät abgespeichert - ab den 80er-Jahren des 20. Jahrhunderts genoss man die Errungenschaften sogenannter Personal Computer - mutierten diese Computer mit dem Internet auf der einen Seite gleichsam zu einem Zugang zur gesamten Welt, andererseits auch zu erweiterten Terminals eines riesigen Rechnerverbundes.

Dies ging schließlich so weit, dass heute zunehmend persönliche Daten, wie Briefe, Tabellenkalkulationen, Notizen etc. in der sogenannten *Cloud* gespeichert werden. Diese Dienste ermöglichen es, Daten so auszulagern, dass man von mehreren Geräten und von Standorten aus der ganzen Welt darauf zugreifen kann. Allerdings gehört dazu ein bestimmtes Maß an Vertrauen, da damit auf jeden Fall persönliche Informationen oder wichtige unternehmensbezogene Unterlagen auf fremden Computersystemen gespeichert werden. Man sollte annehmen können, dass diese meist vertraulichen Daten keinesfalls von Fremden ausgewertet werden können. Somit können diese, auf der Festplatte des eigenen Computers oder in der Cloud mehr oder minder mühsam gespeicherten und organisierten Inhalte, Dokumente, E-Mails wohl kaum das mit dem Satz *Daten sind das Gold des digitalen Zeitalters* angesprochene Geschäftsmodell begründen.

Die Art von Daten, die als *das neue Gold* bezeichnet werden, müssen somit andere Daten sein, als solche, die zur Aufbewahrung und zur Weiterverarbeitung mehr oder weniger strukturiert = geplant auf Festplatten oder in Datenbanken abgelegt werden.

Was ist der Unterschied zwischen den Daten, wie wir sie alle nutzen und dem, was Big Data genannt wird? Der Begriff Big Data verweist zu allererst darauf, dass es sich dabei um wirklich riesige Datenmengen handelt. Er dient oft als Schlagwort im Themenfeld der Umsetzung digitaler Technologien und wird genutzt, um auf den damit in Verbindung gebrachten Wandel (Reichert, 2014) - die in diesem Themenfeld oft genannte Disruption - von unterschiedlichen Bereichen der Gesellschaft zu verweisen.

Big Data sind somit Daten, die in immenser Vielfalt zur Verfügung stehen. Diese Vielfalt bezieht sich nicht ausschließlich auf die Menge der Daten, sondern im gleichen Maße auf die Komplexität - d.h. die Varietät, die unterschiedlichen Formen der vorhandenen Daten, die Schnelligkeit, in der diese Daten anfallen und zum positiven Nutzen auch ausgewertet werden sollen und schließlich auf die Verlässlichkeit der Daten.

Dies formuliert der Data Hub von IBM mittels der vier V's
- Volume (Menge 1)
- Variety (Komplexität 2)
- Velocity (Geschwindigkeit der Verarbeitung 3)
- Veracity (Korrektheit 4) (IBM Big Data Hub, 2015)

Die Auswertung solcher Daten orientiert sich nicht daran, konkrete Inhalte zu analysieren - in der Regel geht es bei Big Data Analysen darum bestimmte Muster zu erkennen und so auf Tendenzen, die sich aus den erkannten Mustern ableiten lassen, schließen zu können.

Wie wertvoll diese gesammelten Daten und die darin auffindbaren wiederkehrenden Muster für die Optimierung von Abläufen sind, ist maßgeblich von Kontext - in systemisch orientierter Begrifflichkeit der Umwelt - abhängig.

Die essenzielle Frage bei der Anwendung solcher Analysen orientiert sich hauptsächlich an Antworten, die erwartet werden können. Die angestrebte Optimierung von Prozessen strebt nach Senkung von Kosten, Zeitersparnis, der Entwicklung neuer Angebote und Leistungen, die sich besonders unter Betrachtung ökonomischer Aspekte vorteilhaft auswirken. Weiters gibt es die Anforderung, sich wiederholende Muster in Datenvorkommen zu entdecken, die bislang nicht erwartet = entdeckt = gefunden oder erfunden worden waren.

Eine Herausforderung für die Wissenschaft, nicht nur im naturwissenschaftlichen Bereich, sondern zunehmend auch in Sozial-, Sprachwissenschaften und Philosophie, wo versucht wird mittels Text- oder Verhaltensanalysen auf Basis vorhandener Daten neue Erkenntnisse und Richtlinien für Vorgehensweisen zu gewinnen. (Shmueli u. a., 2014)

Die Wahrscheinlichkeit, ähnliche Muster zu entdecken steigt mit der vorhandenen Menge von Daten. Da die angewandten Analysen auf mathematisch, statistischen Regeln = Algorithmen beruhen, scheint es verständlich, dass mit der Menge an Daten auch die Aussagekraft der erkennbaren Korrelationen steigt. Dies geht so weit, dass bereits im Jahr 2008 die Idee kursierte, dass die Flut von verwertbaren Daten in der Lage wäre, wissenschaftliche Methoden zu ersetzen. (Anderson, 2008) Diese Sichtweise erklärt die Menge von Daten als Grundlage für klare Erkenntnis und meint, dass die Korrelation höher als Ursachen zu bewerten seien und damit schlüssige Modelle und Theorien überflüssig würden.

Der *Mythos Daten* ist somit erklärbar geworden. Es gibt allerdings genügend Hinweise darauf, dass die Idee der unbestrittenen Aussagekraft von Daten und den darin zu entdeckenden Korrelationen nicht zielführend sein müssen. In der Auseinandersetzung zu diesem Thema gibt es Untersuchungen, die mittels Anwendung informationstheoretischer Regeln zeigen, dass sehr große Datensammlungen beliebige Korrelationen enthalten müssen, diese Tatsache allerdings nicht zu werthaltigen Aussagen genutzt werden kann, denn die meisten dieser Zusammenhänge stellen sich als falsch heraus. (Vigen, 2015)

Dies bedeutet, dass wissenschaftliche Methoden nicht durch die Auswertung digitaler Daten ersetzt werden können, wenngleich sich mit dem Vorhandensein der Daten eine zusätzliche Möglichkeit zur Unterstützung wissenschaftlicher Erkenntnisse eröffnet.

5.4 Daten versus Information

Das Auftauchen von Datenmustern ist ausschließlich im Kontext mit der Analyse und der Intention derselben zu bewerten. Erst durch die gemeinsame Betrachtung von Daten und Kontext wird das Beobachtete zu der gesuchten Information. Zieht man den Kontext nicht in Betracht, so sind immer wieder ähnliche Muster in Daten aufzufinden, die in keinerlei Zusammenhang stehen und daher auch keine Aussage in der Zusammenschau begründen können.

Beispiele für offensichtliche Korrelationen scheinen klar: die Anzahl von Verkehrsteilnehmern hängt ursächlich mit der Anzahl von Unfällen zusammen - ebenso bedingen warmes Wetter und der Konsum von Eiscreme einander. Es ist aber kein Zusammenhang zwischen den Filmen, in denen Nicolas Cage zwischen 1999 - 2009 gespielt hat und den Menschen festzustellen, die im selben Zeitraum ihr Leben durch Ertrinken in einem Schwimmbecken verloren haben.

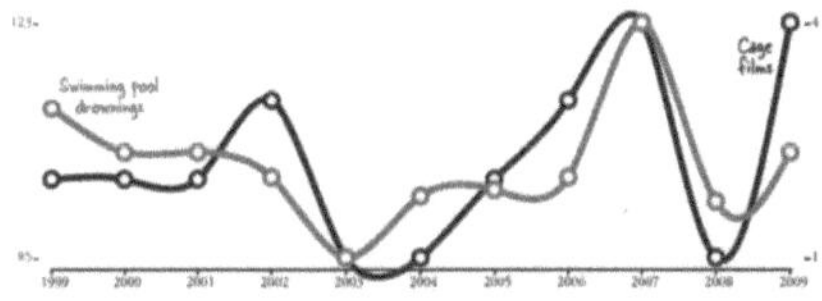

Abbildung 5: kein Zusammenhang von ähnlichen Verläufen (Vigen, 2015)

Auch, wenn die Kurven einander gleichen und daher die statistisch erfassten Werte solches vermuten lassen könnten. (Vigen, 2015) Kritik am vermehrten Einsatz von Big Data Analysen - in dem speziellen Fall mittels maschinellem Lernen - in der Wissenschaft findet sich auch unter dem Aspekt, dass die Software zwar in der Lage ist, Muster zu erkennen, diese Muster allerdings nur in den vorhandenen Daten und nicht in der realen Welt zu finden sind. Dies betrifft wissenschaftliche Forschung in vielen Bereichen - von Biomedizin bis hin zu Astronomie, bestätigt Dr. G. Allen, eine Associate Professorin der Electrical and Computer Engineering, Statistics and Computer Science an der Rice University, Houston, Texas. (Ghosh, 2019) Das Sammeln von Daten ist zu einer essenziellen Tätigkeit geworden und erinnert in Diktion an die Zeit des Goldrausches in den USA - nicht umsonst spricht man in Fachkreisen von *Data Mining*.

Wie kam es zu Big Data?

Seit es das Internet gibt - das sind immerhin bereits mehr als 50 Jahre - sind sowohl Rechner- als auch Speicherkapazitäten enorm gewachsen. Damit natürlich auch die Menge an Daten, die seither über die Knoten dieses in der Zwischenzeit globalen Netzwerks laufen. Die Durchdringung aller gesellschaftlicher Bereiche mit der Nutzung dieser Technologie hat die Situation zu Beginn der 1990er-Jahre mit der Erfindung des World Wide Web mit sich gebracht. Seither werden Daten mehr und mehr thematisiert und als Grundlage zukünftiger Entwicklungen gesehen. Im Jahr 2013 veröffentlichte das McKinsey Global Institute einen Bericht unter dem Titel *„Disruptive Technologien: Fortschritte, die das Leben, das Geschäft und die Weltwirtschaft verändern werden“*. (McKinsey, 2013)

Darin verweisen die Verfasser auf die Entwicklung von zwölf Technologien, die nach deren Ansicht Wirtschaft und Gesellschaft maßgeblich beeinflussen werden. Grundlage dieser Einschätzung sind die Möglichkeiten zunehmende Datenströme aufzuzeichnen und gleichzeitig vom enormen Wachstum der Speicherkapazitäten zu profitieren. McKinsey geht davon aus, dass es zu einem jährlichen Datenwachstum von 40 % kommen wird, wobei die IT Wirtschaft jährlich um die 5 % wachsen soll. Die ersten sechs in dieser Studie genannten Technologien sind heute für eine Großzahl von Anwendern und Anwenderinnen bereits in den Alltag integriert und werden laufend genutzt [5] - ohne, dass die Mehrzahl der Menschen sich der Tragweite der Veränderungseffekte - egal ob mit positiv oder negativ eingeschätzter Bewertung - auf Leben und Gesellschaft bewusst ist.

[5] in der aufgezählten Reihenfolge: Mobiles Internet - Automation von Wissensarbeit - Internet of Things - Cloud - Robotics - Autonome Fahrzeuge

Wo kommen all diese Daten her?

Seit der Etablierung des World Wide Web auf Basis des Internets und dem damit verbundenen Zugang breiter Bevölkerungsschichten zu den im WWW abrufbaren Informationen und Diensten, sind Daten, die mittels der Interaktion mit dem Internet entstehen, zu einer weit genutzten Ressource geworden. Diese sogenannten *Social Data* rekrutieren sich zum Großteil aus den Nutzungsdaten von Computern, Tablets und Smartphones, sobald mit ihnen über das Netz interagiert wird. Bei der Nutzung von Social Media mittels Likes, Tweets, Kommentaren, Antworten, Weiterleitungen, Betrachten und Uploaden von Videos, Musik und auch E-Mails etc. werden Spuren hinterlassen. Mit jeder Aktion werden im Netz themenrelevante Informationen generiert. Dies betrifft private Interessengebiete, Freundeskreis, Zeit, Ort und Intention der durchgeführten Aktivitäten. Zu diesen Informationen haben sowohl die Plattformen Zugriff, welche genutzte Dienste anbieten, als auch die Provider als Anbieter der technischen Infrastruktur. Zudem gibt es Dienste, die spezielle Analysewerkzeuge für die Nutzung aller im Internet verfügbarer Services anbieten.

Diese Analyseprogramme laufen bei der Nutzung von Social Media, Informationssuche, dem Besuch von Webseiten und anderer Interaktionen im Hintergrund, d.h. für die Mehrzahl der Menschen unsichtbar ab und verwenden dabei Ressourcen auf den Geräten, deren Kommunikationsdaten sie aufzeichnen. Unter anderem auch diese Tatsache hat die Europäische Union dazu veranlasst, im Jahr 2018 die Datenschutz-Grundverordnung (DSGVO) ins Leben zu rufen.

Andererseits werden ebenso technische Verbindungsdaten generiert und aufgezeichnet, die notwendig sind um jede Art von Information und Kommunikation überhaupt zu ermöglichen. Diese mittels sozialer Interaktion, Informationssuche oder Kommunikation generierten technischen Daten sind *Machine Data* - eine weitere wichtige Quelle für Big Data. Neben den Verbindungsdaten, die bei der Nutzung von Diensten im WWW durch Personen erzeugt werden, fallen unter diese Datenkategorie auch Daten, bei denen es in erster Linie um den Austausch von Verbindungs- und Aktionsdaten zwischen industriellen Maschinen und allen möglichen Sensoren, die digitale Signale aufzeichnen und/oder übermitteln. Damit sind sowohl medizinische Geräte, Smart Meter und in letzten Zeit die unter dem Schlagwort Internet of Things (IoT) zusammengefassten smarten = vernetzten - und deshalb schlau genannten - Geräte gemeint. Darunter versteht man Sensoren, die Daten bezüglich Verkehrsüberwachung liefern, Wetterstationen, Sicherheits- und Überwachungskameras etc. Der Fantasie und Kreativität der Entwickler sind offensichtlich keine Grenzen gesetzt - manche schwärmen zuweilen auch bereits von den Vorteilen selbstständig bestellender Eiskästen, smarten Staubsaugern und fernsteuerbarer Wohnungs- und Haussysteme etc. für den privaten Bereich. (Eugster, 2017) McKinsey misst dem Einsatz von IoT im industriellen Bereich einen sehr hohen Stellenwert bei, der noch nicht effektiv genug genutzt wird. (McKinsey, 2015)

Die sogenannten *Transaktionsdaten* sind Quelle der dritten Datenkategorie. Daten, die hauptsächlich im kommerziellen Umfeld generiert werden, sobald es zu Bank- oder Börsengeschäften, zu online Kaufaktivitäten oder zur Bezahlung von Waren mittels Kredit- oder Bankomatkarte kommt. Handelsunternehmen setzen darüber hinaus vermehrt auf den Einsatz sogenannter Bonus-Clubs, die ihren Kunden gegen eine bewusste Personalisierung der Einkaufsgewohnheiten gewisse Vorteile anbieten. Diese Generierung von Daten läuft unter der Bezeichnung Kundenbindungsprogramm.

Wie aussagekräftig sind diese Daten?

Mit dieser Frage zu verbinden ist die Tatsache, dass beim Sammeln von Daten vornehmlich Augenmerk auf die Menge gelegt wird, denn - dies ist der Tenor - nur möglichst viele Daten garantieren erfolgreiche Analysen. Eine wichtige Eigenschaft von Big Data - siehe Punkt 2 der Definition - die Komplexität oder Varietät der Daten - bringt mit sich, dass die Auswertungen in den riesigen Datenpools nach einer erfolgten Reduktion der Komplexität als Auswertung sogenannter Meta-Daten abläuft. Eventuell innerhalb dieser Daten auffindbare Muster bedingen schließlich den möglichen Anwendungszweck. Im Falle von verhaltensbezogenen Daten geht damit eine Definition von Verhaltensclustern einher. Diese Auswertung von Meta-Daten bedingt, dass viele Datenanalysten argumentieren, diese Daten seien nicht personenbezogen und würden daher nicht unter Datenschutzbestimmungen fallen.

Trotzdem kann diese Art von Auswertung als zweifach problematisch angesehen werden. Einerseits können in keinem Fall Daten, die ein Mensch mittels Nutzung digitaler Geräte und Dienste in seinem Alltag generiert, ein vollständiges Bild der Persönlichkeit abgeben - ein Aspekt, der prinzipiell positiv zu bewerten ist.

Es entstehen damit jedoch digitale Abbilder von Menschen, die in der Realität keine Entsprechung finden. Andererseits werden diese Daten trotzdem dazu verwendet, diesen Menschen bestimmte Eigenschaften zuzuordnen um damit individuell maßgeschneiderte Angebote und Informationen zu liefern. Dies wird mit unterschiedlichen psychologischen Aspekten betreffend Ausgestaltung der Anwendungen kombiniert, woraus eine neue Form von Verhaltensabhängigkeit (Alter, 2017) resultiert.

Das Wissen um diese Tatsache ist in der Gesellschaft latent vorhanden, allerdings scheint niemand dagegen aufzubegehren. Es ist wohl davon auszugehen, dass dies mit einer Art *Boiling Frog Syndrom* verglichen werden kann. Wer kennt nicht, den gerne in Seminaren - nicht ganz korrekt - dargestellten Vergleich mit einem Frosch, der in langsam erhitztem Wasser sitzenbleibt - so die Veränderung seiner Umgebung zu seinem Nachteil nicht bemerkt und dadurch gekocht wird. Dies entspricht einem sozialpsychologischen Phänomen, das als *shifting baselines* bezeichnet wird, sobald eine Gruppe von Menschen kontinuierliche Veränderungen in der Außenwelt nicht wahrnimmt. (Welzer, 2016, S 29) Es handelt sich hier möglicherweise um eine andere Art von *Disruption*, als sie im Zusammenhang mit der Digitalisierung so gerne genannt wird.

Die Generierung all dieser Daten benötigt die Vernetzung von Geräten, Menschen und Aktivitäten. Zeit, einen Blick auf Theorien zu werfen, die sich mit Struktur und Aufbau von Netzwerken beschäftigen, seien sie in technischem oder sozialem Kontext zu finden.

6 Theorie der Netze

Die technische Welt der Computernetzwerke begann in den 1960er-Jahren Form anzunehmen. In den späten Jahren dieses Jahrzehnts waren neben Vernetzung von Militär und Universitäten - das ArpaNet startete 1968 als Kooperation zwischen US Air Force und Massachusetts Institute of Technology (MIT) - bereits Netzwerktopologien in der Verwaltung von Unternehmen im IT, Banken- und Versicherungsbereich in Betrieb.

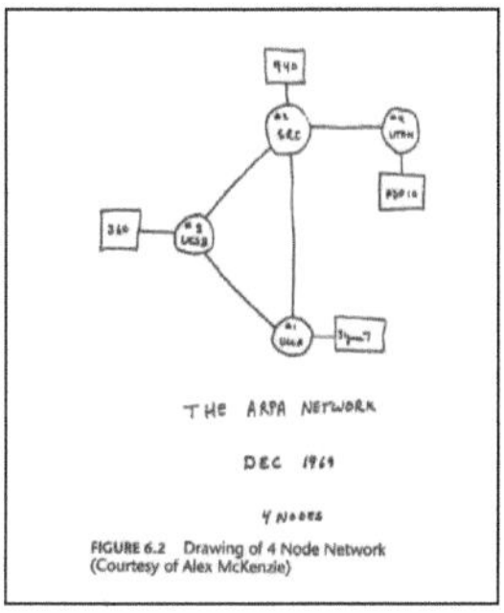

Abbildung 6: das Arpa Netzwerk Dezember 1969 (Scientific-American, 2009)

Diese Netzwerkstrukturen verbanden in der Regel sogenannte Mainframe Computer (Zentral- oder Großrechner) mit Terminals, die gemeinsam mit Lochkartenlesern als Eingabestationen dienten. Diese Rechner konnten schon zu dieser Zeit mehrere Arbeitsgänge parallel durchführen.

Speziell in Unternehmen, die einen Filialbetrieb mit ständig verfügbarer Anbindung benötigten - damals vornehmlich Banken und Sparkassen mit dem Girogeschäft - wurden die Verbindungen über analoge Telefonleitungen mittels Modems (Modulator - Demodulator) bewerkstelligt.

Dies nicht in Echtzeit, wie weltweite Verbindungen heute, die anfallenden Transaktionsdaten wurden zu bestimmten Zeiten übertragen und danach verarbeitet, sodass die Daten jeweils tagesaktuell verfügbar waren.[6]

Mit der Steigerung von Datenmengen und gleichzeitiger Erfordernis, diese Daten möglichst aktuell zu halten, stiegen auch die Ansprüche an die Ausgestaltung der Netzwerke, sowohl in technischer als auch topologischer Hinsicht. Es war also notwendig, sich mit dem strukturellen Aufbau solcher Netzwerke zu befassen. Da es bei der Verarbeitung von Daten, egal ob im militärischen, universitären oder unternehmerischen Umfeld, immer um die Sicherheit bei Übertragung, Verarbeitung und Speicherung geht, war die Ausgestaltung der Übertragungswege und die damit gewährleistete Verfügbarkeit der Daten, ein essenzieller Bestandteil der Überlegungen. Es lohnt sich, im Sinne der angesprochenen Path-Dependence, diese Entwicklung unterschiedlicher Netzwerke zu betrachten.

6.1 Grundlagen der Netzwerktheorie

Die Begriffe Netzwerke oder des Netzwerkens sind allgegenwärtig und im Sprachgebrauch nicht nur an eine technische Ausgestaltung zur Übertragung von Daten gebunden. Interessierte BeobachterInnen werden in unterschiedlichsten Bereichen Strukturen und Relationen entdecken, die als Netzwerke bezeichnet werden können. So findet man Netzwerke

- im Internet als technische Basis, als Struktur der Verlinkung von Webseiten oder in der Form von Kommunikationswegen

[6] Der Autor war in dieser Zeit auf OS/360 und OS/370 Mainframes von IBM im Bankenbereich tätig.

- in der Gesellschaft als soziale Struktur - im Wirtschaftsleben als aktive Tätigkeit der Geschäftsanbahnung = Netzwerken
- beim Lernen als Artificial Neural Networks
- in der Biologie, bei der Beobachtung menschlichen Mobilitätsverhaltens und bei der Verbreitung von Bakterien und Viren - also sowohl im technischen als auch im biologischen Bereich (Karban, 2015, S 44) [7]

Bei der Darstellung netzwerkartiger Strukturen geht es immer darum, Relationen einzelner Elemente eines Systems zu definieren. Die Darstellung dieser Zusammenhänge eröffnet eine Vorstellung möglicher Abläufe innerhalb dieses definierten Systems. Grundlage für die Konstruktion solcher Modelle ist die Graphentheorie, mit der das Verhältnis von Elementen in einem Netzwerk beschrieben werden kann. Jedes dieser Elemente nennt man einen Knoten, eine Verbindung zwischen jeweils zwei Knoten nennt man Link. Versucht man, sich eine Anzahl solcher Knoten und Links vorzustellen, so kann man leicht die Frage nach dem kleinsten möglichen Netzwerk beantworten.

Es werden zumindest zwei Knoten benötigt, die mit einem Link verbunden werden können. Dies scheint nicht sehr aufwendig zu sein. Sobald allerdings zusätzliche Knoten in dieses Netzwerk eingebunden werden, ergeben sich für die Knoten auf Basis der Links in manchen Netzwerkstrukturen - abhängig von der Art und Weise des spezifischen Aufbaus des betrachteten Netzes - regelmäßige oder gleichwertige Relationen, in anderen Formen von Netzwerken sehr unterschiedliche Wertigkeiten. Diese Wertigkeiten und die

[7] eine Betrachtungsweise, die zur Zeit der Covid-19 Pandemie besonders aktuell erscheint

daraus sich ergebenden Folgerungen für die Entwicklung und die damit verbundene Topologie des Netzwerks sind Sache interessanter theoretischer Untersuchungen. Daraus lassen sich Aussagen über die innerhalb dieser Art von Netzwerken ablaufenden Prozesse erklären. Mit der Möglichkeit, essenzielle Prinzipien solcher Prozesse zu definieren und als Muster aufzuzeichnen, ist eine mathematisch relevante Grundlage geschaffen, zukünftige Entwicklungen mittels statistischer Wahrscheinlichkeiten darzustellen und damit gleichsam im Voraus zu berechnen.

Dies macht die Netzwerktheorien zu einem Instrument, das in vielen unterschiedlichen Bereichen angewandt wird. So findet man diese mathematisch darstellbaren Beschreibungen von Relationen sowohl in technischen als auch in naturwissenschaftlichen Untersuchungen. Auch im Rahmen von Sozial- und Betriebswissenschaften werden die gleichen Theoriebegriffe bei der sogenannten Social Network Analysis - SNA - benutzt und auch an Universitäten gelehrt. (McFarland u. a., 2014)

Die Tatsache, dass in unterschiedlichen Kontexten die Beobachtung netzwerkartiger Effekte dargestellt und daher auch interpretiert werden kann, macht die damit verbundenen Entwicklungsprozesse zu einem interessanten Forschungsfeld. Begriffe wie Netzwerkeffekte oder die Tätigkeit des Netzwerkens haben auch im allgemeinen Sprachgebrauch ihren Niederschlag gefunden - meist mit positiver, immer öfter auch mit negativer Konnotation.

6.2 Netzwerke - wie sie entstehen

Das folgende Beispiel zeigt, dass es zum Erkennen eines Netzwerks der Vorstellungskraft eines Beobachters bedarf, der mittels der Definition von Knoten und Links und den daraus sich ergebenden Relationen ein Netzwerk innerhalb eines Verbunds = Systems ähnlicher Entitäten definiert. Daraus abgeleitet wird eine Darstellung, die Zusammenhänge und Wertigkeiten auch für andere Beobachter nachvollziehbar macht. Erste Schritte im Themenfeld der Graphentheorie werden dem Mathematiker Leonhard Euler zugeschrieben, der sich im Jahre 1736 mit dem sogenannten Königsberger Brückenproblem befasste (heute Kaliningrad). In der Stadt bildete der Fluss Pregel eine Insel - den Kneiphof - die mittels fünf Brücken erreichbar war, zwei weitere Brücken waren an anderen Stellen des Flusses platziert.

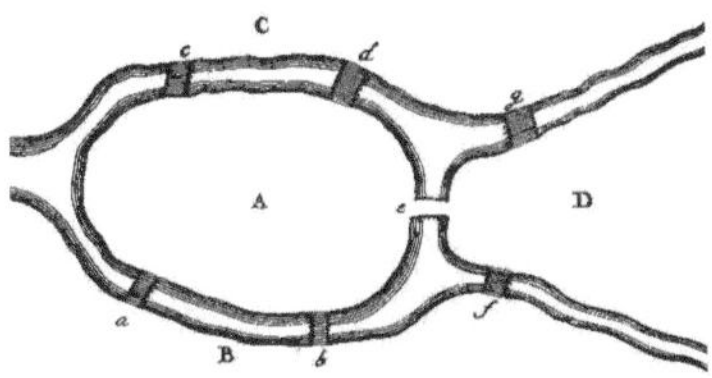

Abbildung 7: Königsberger Brückenproblem - diese Grafik soll von Leonhard Euler persönlich angefertigt worden sein (Wuppertal, 1998)

Die Frage, die sich manche Bürger damals stellten: Lässt sich ein Weg finden, der über jede Brücke genau einmal führt?

Die Abhandlung darüber veröffentlichte Euler später an der Petersburger Akademie der Wissenschaften. (Wuppertal, 1998) Bezogen auf hier thematisierte Topologien von Netzwerken stellen diese sieben Brücken die Knoten dar - die zurückzulegenden Wege sind an diesem Beispiel die Links. Neben der Beschreibung dieser Wege mittels der von Euler formulierten Graphentheorie ist für die dargestellte Sichtweise vor allem interessant, dass die bildhafte Darstellung seit damals die Theorien von Netzwerken, welcher Art auch immer, begleiten. Damit werden für Beobachter, die mit den rein mathematischen, formelhaften Beschreibungen nicht vertraut sind, Zusammenhänge und Wertigkeiten offensichtlich. Die Art und Weise der Verlinkung von Knoten sowie die Wertigkeit und Anordnung von Knoten weist in unterschiedlichen Netzwerken auf unterschiedliche Abläufe hin. Somit scheint auf Basis einer Visualisierung der erkennbaren Relationen eine Kategorisierung von Netzwerktypen möglich zu sein. Aus diesem Blickwinkel scheint das einfachste mögliche Netzwerk gar kein Netzwerk zu sein.

Abbildung 8: das einfachste Netzwerk 2 Knoten - 1 Link

Es lassen sich scheinbar aus dem Verhältnis dieser beiden Knoten keine netzwerkartigen Strukturen ableiten - fest steht nur, dass diese Knoten miteinander verbunden sind. Trotzdem ist dies die Beschreibung des kleinsten möglichen Netzwerks. Ein Netzwerk mit zwei gleichwertigen Knoten, die miteinander in Verbindung stehen. Sollte dieses Netzwerk sich erweitern, so ändern sich mit dem Anschluss jedes weiteren Knotens die Relationen innerhalb dieses Netzwerks. Die Aufmerksamkeit verlagert sich damit von der Beschaffenheit einzelner Elemente auf die sich im Laufe der Zeit verändernden Verbindungen und damit auch eine mögliche Zuordnung von Wertigkeiten. Mehr als zwei Jahrhunderte nach Leonhard Euler wurden die Grundlagen für das heute allgegenwärtige Internet gelegt, der Technologie, die viele Bereiche des lokalen und globalen täglichen Lebens maßgeblich beeinflusst. Das schon erwähnte ARPA Network bildete mit vier verbundenen Rechnern im Dezember 1969 die technische Grundlage für den Aufbau des Internets. Fünfzehn Jahre später - 1984 - wurde das Prinzip der Domain Name Server eingeführt, das es seither möglich macht, einzelne Server in dem seit damals exponentiell gewachsenen Netzwerk per Namen und nicht ausschließlich mit einer etwas kryptischen Zahlenkombination als Adresse (der sogenannten IP-Adresse) anzusprechen. (Richard, 2002)

Auf dieser technischen Grundlage wurden Dienste entwickelt, die unterschiedliche Arten von Kommunikation ermöglichten. So entstanden bereits ab den 1970er-Jahren unterschiedliche technische Protokolle - dies bedeutet in der IT bestimmte Regeln, nach denen miteinander verbundene Geräte digitale Signale austauschen und interpretieren - mit deren Hilfe über große Entfernungen kommuniziert werden konnte. Protokolle auf unterschiedlichen Ebenen werden dazu benötigt, um sowohl auf Hardwareebene den Austausch von Daten zur korrekten Herstellung und Aufrechterhaltung der Verbindung zu garantieren und darauf aufbauend den Datenaustausch der Anwendungssoftware ermöglichen zu können. So wurde im Jahre 1971 von Ray Tomlinson, einem Wissenschafter bei Raytheon BBN Technologies, die erste elektronische Post versandt - seit damals werden Username und Servername durch das Zeichen at - @ getrennt, wie wir es heute beim Versand jeder E-Mail kennen. (Bauer, 2016)

Alle Kommunikationswege auf unterschiedlichen Ebenen lassen sich als Netzwerke darstellen. Seit der Entstehung des World Wide Web am CERN ab 1989 und der Freigabe für die Öffentlichkeit im Jahre 1993 (CERN, 1993) hat sich somit die Anwendung und Auswirkung von Netzwerkprinzipien in Gesellschaft und Wirtschaft in einer rasant steigenden und sich steigernden Geschwindigkeit entwickelt. Damit einher gehen unzählige Veränderungen in der Medien- und Kommunikationslandschaft; schlussendlich auch in der Art und Weise sozialer Interaktion. Viele davon sind durch ein Phänomen gekennzeichnet, das in den vergangenen zwei Jahrzehnten mit Globalisierung und Digitalisierung einhergeht: dem Phänomen der Exponentialität. Eine Erscheinung, die sich auch in manchen netzwerktheoretischen Modellen im Zusammenhang mit der Entwicklung von Netzwerken finden lässt.

6.3 Netzwerke - von Mensch zu Mensch

Die Entwicklung der technischen Grundlagen unserer heute täglich genutzten Kommunikationswerkzeuge fällt in etwa in die gleiche Dekade, in der auch die Erforschung sozialer Zusammenhänge mittels netzwerkartiger Modelle begann. Eine in diesem Zusammenhang erstellte Studie stammt von dem amerikanischen Psychologen Stanley Milgram, der sich im Jahre 1967 mit der Erforschung sozialer Verbindungen zwischen Menschen auseinandergesetzt hatte.

Er wollte damit den *Abstand* zwischen zwei beliebigen Menschen in den USA messen. Milgram hatte zu diesem Zweck 160 Postkarten mit vorgegebenen Adressen verteilt. Dies mit der Auflage, diese Postkarten so oft an Bekannte weiterzugeben, bis die Adressaten diese erhalten hätten. Nach kurzer Zeit waren 42 Karten an den Bestimmungsorten angekommen, manche über zwei Stationen, manche über zwölf. Dies reichte aus, um dass Prinzip der *Small Worlds = „six degrees of separation“* zu definieren, denn durchschnittlich hatten die Karten über 5,5 Stationen das Ziel erreicht. (Barabasi, 2003, S 28f)

Aus mathematisch, statistischer Sicht im Zeitalter von Big Data scheint die Begründung dieser Aussage wegen der geringen Größe des Samples heute nicht sehr werthaltig zu sein. Der Soziologe Duncan J. Watts ging dieser Frage nach und startete mit Kollegen ein Projekt, das die Annahmen von Stanley Milgram evaluieren sollte. Das Internet sollte die Grundlage sein, um ein ähnliches Unterfangen mit ca. 50.000 Nachrichten aus 163 Ländern durchzuführen. Diese Nachrichten sollten insgesamt 18 Adressaten erreichen. (Watts, 2003, S 37f) Das Ergebnis der Untersuchung war wesentlich komplexer als die Darstellung von Milgram mehr als drei Jahrzehnte zuvor. Es bestätigte jedoch grundsätzlich die Annahme der *Small Worlds*.

„Obwohl Milgrams kleine-Welt Theorie seit dreißig Jahren fast unverändert gilt, bleibt sie bis heute überraschend." (Watts, 2003, S 41) Solche Untersuchungen mit wesentlich vergrößerten Datenerhebungen durchzuführen, war erst mit dem Aufkommen des Internets und der Erhöhung der Rechenleistung von Computern möglich geworden. Mit ein Grund, dass das Interesse an der Wissenschaft der Netzwerke gestiegen war.

In der Zwischenzeit werden Netzwerke in unterschiedlichem Kontext erforscht. Nicht nur die Verbindungen von Menschen, sondern auch Unternehmen, Computer, Finanzströme, Märkte etc. unterliegen ähnlichen Prinzipien. Es macht den Eindruck, als ob das Phänomen der kleinen Welt nicht nur im ausdrücklich sozialen Kontext gültig wäre.

Die Prinzipien der *„six degrees of separation"*, die für soziale Netzwerke gelten, scheinen auch für viele andere Arten von Netzwerken gültig zu sein. Dies weist auch mit aller Deutlichkeit darauf hin, dass der Mensch als Beobachter sich nicht aus dem Gesamtbild der Betrachtung ausnehmen kann. Ein Hinweis auf die Unmöglichkeit, absolute Objektivität zu verlangen.

Darüber hinaus scheint der Struktur der Netzwerke für Entwicklungen eine höhere Relevanz zuzuordnen sein, als den innerhalb der Netze transportierten Inhalten. Dies legt die Bestätigung der Aussagen des Medientheoretikers Marschall McLuhan nahe, der in den späten 1960er Jahren die These vertrat, dass Menschen sowohl Sprache und Schrift als auch Medien - in der Zeit von Radio, TV und digitalen Medien selbstverständlich auch diese - als Werkzeuge zur Erweiterung ihrer Sinnesorgane verwenden.

„Dies stört das bis dahin gewohnte Zusammenwirken der Sinne und erfordert einen Adaptionsschritt." (Karban, 2015, S 137) Dies mündete in dem Satz *„The Medium is the Message"* (McLuhan, 1964), das verwendete Medium entspricht somit der Struktur innerhalb des genutzten Netzwerks - die transportierte Information scheint zweitrangig.

Die angesprochenen Netzwerkstrukturen zeigen eine allgegenwärtige Clusterbildung. Das bedeutet im sozialen Kontext, dass viele Freunde - *meiner Freunde* - auch untereinander befreundet sind. Dasselbe gilt in Unternehmen, bei ökonomischen orientierten Partnerschaften, in der Wissenschaft und in vielen anderen thematisch abgegrenzten Bereichen.

Diese Cluster stellen somit eine Insel innerhalb eines weiter verzweigten Netzwerks dar, in denen gleichartige Informationsströme fließen. Vergleichbar mit Treffen am Stammtisch in einem laufend wiederkehrenden Kontext. Trotzdem ist das Prinzip der *Small World* allgegenwärtig - der Verbindung aller Menschen, egal an welchem Ort der Welt sie anzutreffen sind. Dies könnte zu der Annahme führen, diese beiden Sichtweisen würden einander widersprechen. Wenn da nicht einzelne Akteure in den Clustern wären, deren Verbindungen nach Innen nur relativ lose sind. Diese stellen jedoch die notwendige Verbindung zu anderen Clustern her. Eine Untersuchung, die dies bestätigte, hatte der Soziologe und Wirtschaftswissenschafter Mark

Granovetter bereits 1973 publiziert. Seine Forschung bestätigte, dass die starken Bindungen innerhalb von Clustern Verbindungen über die Grenzen der Cluster hinaus nicht herstellen. Es sind die sogenannten *Weak Ties* - schwache Links -, die den notwendigen Informationsfluss über die Grenzen der Cluster hinweg aufrechterhalten. (Granovetter, 1973) Gibt es diese schwachen Links zwischen unterschiedlichen Clustern nicht, ist dies einer der Aspekte, die an der Diskussion betreffend Fake-News und Desinformation maßgeblichen Anteil haben, weil sie verstärkend wirken.

The Strength of Weak Ties

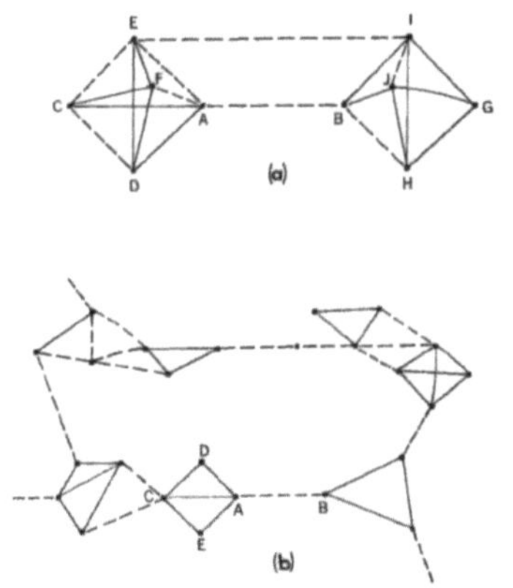

FIG. 2.—Local bridges. *a*, Degree 3; *b*, Degree 13. ——— = strong tie; – – – – = weak tie.

Abbildung 9: Mark Granovetter *Weak Ties* 1973

Ein weiterer Aspekt, der durch das Vorhandensein unterschiedlicher Cluster verdeutlicht wird, ist die Feststellung, dass es scheinbar eine sehr komplexe Landschaft von Netzwerken gibt, die miteinander in unterschiedlichster Art und Weise in Relation stehen. So werden einzelne Knoten innerhalb von

Netzwerken selbst wieder als eigenständige Netzwerke betrachtet - ineinander verschachtelte Netzwerke (Nestedness). (Csermely, 2006, S 43f)

Die unterschiedlichen Wertigkeiten von Links und Knoten, die sich aus der Definition von *Strong Ties* und *Weak Ties* ergeben, werfen die Frage nach der Entwicklung solcher Netzwerke auf. Hier tritt ein Effekt zutage, dem, mit zunehmender Größe der beobachteten Netzwerke, eine wachsende Bedeutung beigemessen werden kann.

6.4 Skalenfreie Netzwerke

Die Überlegungen, die Paul Baran in den 1960er-Jahren bezüglich Sicherheit und Verfügbarkeit der Netze angestellt hatte, waren die Grundlage für den Aufbau des Internets, wie wir es heute kennen. Die Bevorzugung der sogenannten *Distribuierten Netzwerke* wurde bereits thematisiert. Es ist aus dem schematischen Aufbau dieses Netzwerktypus ersichtlich, dass die Wertigkeit einzelner Knoten annähernd gleich ist. Annähernd deshalb, weil dies sich mittels einer Skalenverteilung visualisieren lässt.

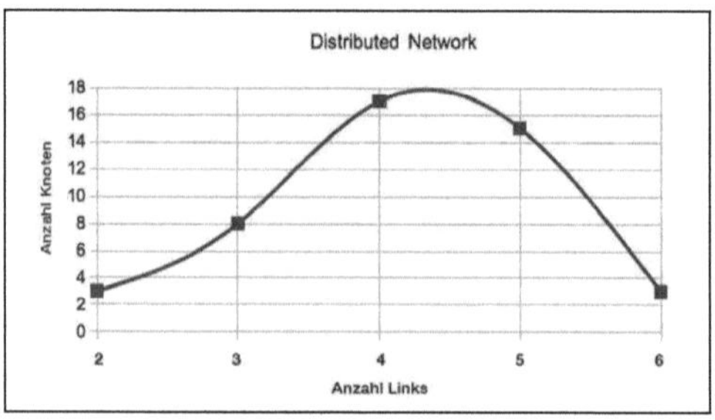

Abbildung 10: Verteilung der Häufigkeiten in distribuierten Netzen

Es gibt einige mehr und einige weniger wichtige Knoten in solchen Netzwerken, die Verteilung der einzelnen Wertigkeiten lässt sich mittels einer skalenfreien Kurve darstellen und entspricht dem Kurvenmodell, das man von Poisson (Watts, 2003, S 104) kennt.

Schnell wachsende, emergente Phänomene, wie sie sich innerhalb der letzten 50 Jahre mit Fortgang von Globalisierung, Digitalisierung und den Auswirkungen in Wirtschaft und Gesellschaft dargestellt haben, resultieren in Netzwerkstrukturen, die dieser Art von Modellen nicht mehr entsprechen. Das konnten Albert Laszlo Barabasi und Eric Bonabeau mit ihrer Arbeit (Barabasi und Bonabeau, 2003) zeigen. Sie hatten festgestellt, dass in vielen natürlich entstandenen Netzwerkstrukturen - d.h. ohne bewusst planenden menschlichen Eingriff - eine Verteilung von Wertigkeiten auftritt, die als skalenfreie Verteilung bezeichnet wird.

Diese Art von Strukturen ist wesentlich weniger leicht überschaubar oder einzuschätzen. Im Gegensatz zu einer *normalen* Verteilung lässt sich in solchen Netzen mittels eines Durchschnittswerts keinerlei Aussage treffen. Bei einer skalenfreien Verteilung sind die vorhandenen Werte jeweils extrem hoch oder extrem nieder.

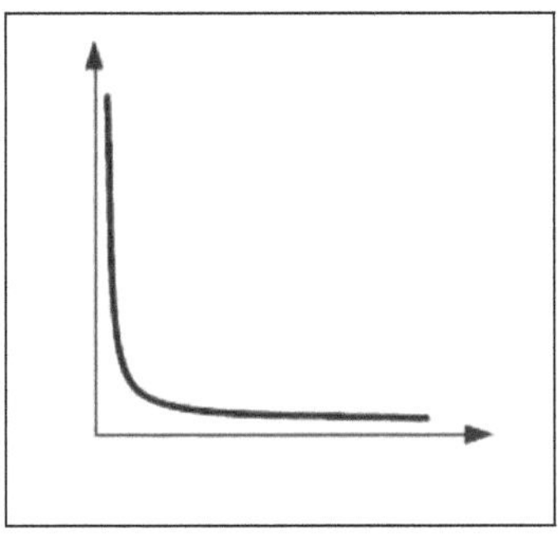

Abbildung 11: skalenfreie Verteilung

Umgelegt auf Knoten und Links bedeutet dies, dass es sehr wenige Knoten mit sehr vielen Links - und dem entsprechend mit einer sehr hohen Wertigkeit - und im Gegensatz dazu sehr viele Knoten mit sehr wenigen Links gibt - und damit einer geringen Wertigkeit. Eine Kurve dazu sieht in der Regel so aus wie die angezeigte Grafik.

Diese Art von Netzwerkstrukturen lassen sich in Gesellschaft, Wirtschaft, im Internet, in der Biologie und in anderen Kontexten feststellen. Zieht man die Überlegungen in Betracht, die in den 1960er Jahren angestellt wurden, um eine Netzwerkstruktur zu schaffen, die möglichst ausfallsicher sein sollte, so scheinen die Netzwerkstrukturen mit skalenfreier Verteilung andere Aspekte in Sachen Sicherheit zu benötigen. In einem skalenfreien Netz müsste einer der besonders wichtigen Knoten - einer der Hubs - betroffen sein, sollte das Netzwerk durch einen Ausfall oder einen Angriff gestört werden. Ein Aspekt, der die Wertigkeit der Hubs zusätzlich erhöht.

Weiters sind besonders Effekte im Zusammenhang mit der Größe der beobachteten Systeme bemerkenswert und daher zu berücksichtigen. Das Prinzip der Skalenfreiheit - der sogenannten *power law distribution* - bleibt gleich, die Differenz zwischen den bestens verlinkten Knoten und den weniger gut verlinkten Knoten wird innerhalb größerer Systeme dementsprechend größer und signifikanter. Damit rückt die Entwicklung skalenfreier Netzwerke ins Blickfeld und die dabei beobachtbaren Prinzipien.

Die Tatsache, dass bereits gut vernetzte Knoten bei der Evolution skalenfreier Netzwerke mehr Links erhalten als bis dahin weniger gut vernetzte Knoten, widerspricht der Vorstellung, dass sich mit der Zeit Wertigkeiten ausgleichen würden. Diese Art von Fairness kann aus dem realen globalen Kontext nicht abgeleitet werden.

Besonders dann nicht, wenn es um Reichtum und Erfolg geht. (Watts, 2003, S 108) Diesen Effekt hat der Soziologe Robert K. Merton als Matthäus Effekt (Merton, 1968) in Anlehnung an das Matthäus Evangelium bezeichnet. (Matthäus 25,29 - Wer hat, dem wird gegeben . . .). Man findet dieses Prinzip in der Gesellschaft bei den Feststellungen, dass *„die Reichen immer reicher würden“* -*„the Rich get richer“* (Watts, 2003, S 108) und bei der Feststellung, dass *„die erste Million die schwerste sei“*. [8]

Bemerkenswert dabei, dass Merton dieses Paper 1968 publiziert hatte, also im selben Jahrzehnt, in dem die Theorien und Modelle der Netzwerke zum Start des ArpaNets führten und der Medientheoretiker McLuhan seine Medientheorie mit der Aussage *„The Medium is the Message“* (McLuhan, 1964) veröffentlichte. Der Rummel um Stars und Sternchen, das Streben zum Mainstream war damals Thema, gerade auch mit dem Aufkommen von Fernsehen und später elektronischer Medien. McLuhan formulierte bereits zu dieser Zeit die Idee eines globalen Dorfs und begründete dies mit einer elektronischen Interdependenz (McLuhan, 1968, S 47). Im heutigen Sprachgebrauch und der Realisierung des globalen Dorfs mittels Internet und den darauf aufbauenden Medien findet man dies besonders in den sogenannten sozialen Medien - wobei diese dort auftretenden Interdependenzen dem Prinzip der skalenfreien Netze in mehrfacher Hinsicht unterliegen. Einerseits bei den Anbietern der - *sozialen* - Mediendienste, andererseits in dem Phänomen von *Influencern* und Social Media Stars.

Zurück zu dem Entwicklungsprinzip, das skalenfreie Netzwerke, wo immer sie beobachtet werden können, auszeichnet. Man kann feststellen, dass bei der Erweiterung eines skalenfreien Netzwerks neue Knoten sich vorzugsweise an einen bestimmten, bereits bestehenden Knoten anschließen. Nämlich

[8] Volksmund

an jenen Knoten, der in dem vorhandenen Netzwerk die meisten Verbindungen zu anderen Knoten aufweist und daher eine besonders hohe Wertigkeit aufweist.

Diese Art, sich bevorzugt an gut vernetzte Knoten anzuhängen, wird als *preferential attachment* (Barabasi und Albert, 1999) bezeichnet. Dies erhöht bevorzugt die Wertigkeit der Knoten mit bis dahin ohnehin bereits sehr hohen Wertigkeiten. Auf diese Weise führt das Wachstum eines Netzwerks im Zusammenhang mit dem *preferential attachment* zu einem von Hubs dominierten System.

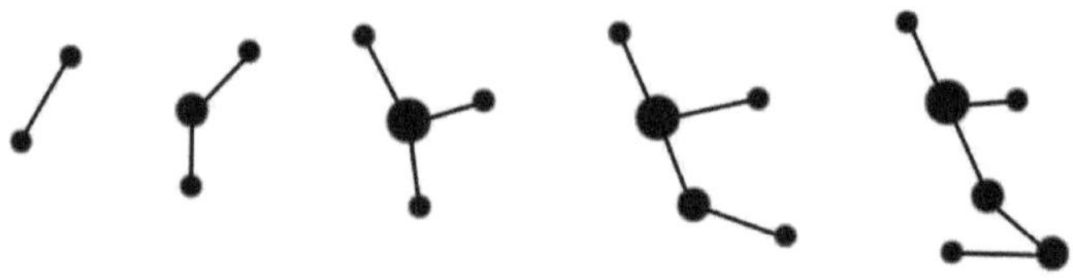

Abbildung 12: Entwicklung skalenfreies Netz 2 - 6 Knoten

Als Hubs bezeichnet man die Knoten mit einer enormen Anzahl von Links. Bei der Betrachtung der Entwicklung von Netzwerkmodellen nach dem Prinzip des *preferential attachments* stellt man fest, dass einzelne Knoten = Hubs von einer exponentiellen Wertsteigerung profitieren. Gleichzeitig korrelieren die Unterschiede der Wertigkeiten von Knoten innerhalb eines Netzes mit der Größe dieses spezifischen Netzwerks. Dies hat essenzielle Auswirkungen auf das System selbst, denn die auftretende exponentielle Entwicklung bewirkt, dass angesichts dieser Beobachtung eine Einschätzung der Zukunft auf Basis der Erkenntnis vergangener Ereignisse nicht schlüssig möglich ist - wie dies bei komplexen Systemen und exponentiellen

Entwicklungen der Fall ist. Somit legt die Netzwerkwissenschaft nahe, dass unsere Vorstellungen von Ursache und Wirkung in Bereichen, die den Prinzipien dieser Modelle folgen, nicht schlüssig angewandt werden können. (Watts, 2011)

Was die sozialen Komponenten anbelangt, finden sich interessante analoge Beobachtungen, die, ohne sich auf Theorien der Netze zu berufen, ein Phänomen beschreiben, das als Ökonomie der Aufmerksamkeit bekannt ist. Ein Prinzip, das als Analogie des *preferential attachment* interpretiert werden kann.

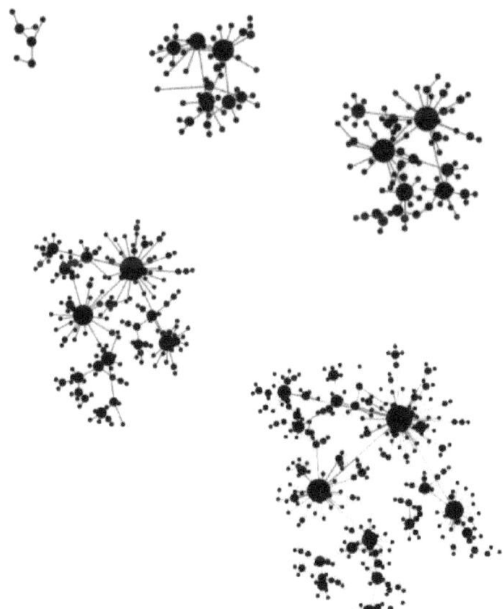

Abbildung 13: Entwicklung skalenfreies Netz 7 - 300 Knoten - je größer die Knoten, desto höher die Wertigkeit = Anzahl der Links - somit werden die größten Knoten = Hubs zu den bestimmenden Elementen des Netzwerks.

6.5 Ökonomie der Aufmerksamkeit

Es gibt viele Menschen, Objekte oder Situationen, die sowohl unsere, als auch die Aufmerksamkeit vieler anderer Menschen auf sich ziehen. Warum dies so ist, wird in der Regel nicht weiter hinterfragt, denn wir stellen oft fest, dass es einfach so ist. Meist wird diese Aufmerksamkeit auch mithilfe von Zahlen belegt - die Bekanntheit ist gleichsam messbar. Dies ist besonders leicht in Bereichen wie Kultur und Sport zu beobachten, wo Erfolg und die damit verbundene Bekanntheit sich leicht ausdrücken lassen. So wird bei außergewöhnlichen Büchern die Höhe der Auflage, bei Filmen die Anzahl der Besucher oder die Höhe der Einspielergebnisse und im Sport die schnellste Zeit oder der höchste Sieg in die Annalen eingehen. Sollte diese Art der Aufmerksamkeit mit einer gewissen Konstanz verbunden sein, so ist nicht daran zu zweifeln, dass dieser Erfolg mit einer ökonomischen Komponente gepaart wird. Selbstverständlich gibt es auch Fälle oder Objekte, deren Bekanntheit sich nicht auf die eben beschriebene Art messen lässt. In einem derartigen Fall wird immer wieder auf die Expertise von Fachleuten verwiesen.

Duncan J. Watt beschreibt in diesem Zusammenhang den Status des offensichtlich berühmtesten Gemäldes der Welt - der Mona Lisa von Leonardo da Vinci. (Watts, 2011, S 54ff) Das Bildnis der Mona Lisa wird von Fachleuten als außergewöhnliches Meisterwerk bezeichnet. Der Wert des Gemäldes wird als unermesslich hoch beschrieben, sodass man davon ausgehen kann, dass niemand eine solche Summe Geldes aufbringen würde um dieses Gemälde zu kaufen. Der Ausstellungsort des Gemäldes wird im Pariser Musée du Louvre von jeder Menge Touristen belagert. Steht man als Besucherin nach einem Gedränge endlich vor dem mit allen Regeln der heutigen Sicherungskunst geschützten Exponat, so ist es nicht verwunderlich wenn man sich fragt, was denn an diesem Gemälde so besonders und außergewöhnlich sei. Dieses Objekt ist ja auch nicht das einzige Bildnis seiner Art in dem Raum, sondern eines von vielen Bildern ähnlichen Stils und gleichartiger Provenienz. Dazu ist zu bemerken, dass die Aufmerksamkeit, die diesem Gemälde zuteil wurde, mehr als vier Jahrhunderte nach der Entstehung eine besondere Steigerung erfuhr. Im Jahre 1911 wurde die „Mona Lisa" gestohlen und war danach zwei Jahre verschwunden. Ein Angestellter des Louvre italienischer Herkunft wollte das Bildnis gleichsam in seine Heimat repatriieren.

Die erhöhte Aufmerksamkeit, die dieses Gemälde mit diesem Diebstahl und dessen Aufklärung erfuhr, war nicht mit der zu vergleichen, die dem Bildnis der Mona Lisa bis zu diesem Zeitpunkt zuteil geworden war. Es geht in diesem Zusammenhang also nicht ausschließlich um eine, wodurch auch immer, feststellbare und mittels Expertise gesicherte Qualität, sondern um die außergewöhnliche Geschichte und die damit durch beobachtende und bewertende Menschen verbundenen Interpretation und die damit verbundenen Erwartungen - eine Auswirkung der Path Dependence. *„Die Mona Lisa ist also deshalb berühmt, weil sie für mehr steht als ein Gemälde"*. (Watts, 2011, S 59) Das Gemälde der Mona Lisa ist das bekannteste Gemälde der Welt, weil es, zusätzlich zu der Tatsache der Bekanntheit, gestohlen und durch den anschließenden Medienrummel noch bekannter und vielfach kopiert wurde. Das Gemälde wäre allerdings nicht gestohlen worden, wäre es zuvor noch nicht bekannt gewesen. Eine Feststellung, die frappant an einen Zirkelschluss (Watts, 2011, S 59) erinnert.

Mit dem Blick auf das Prinzip des *preferential attachment* wird diese Tatsache erklärbar, denn Aktionen, die zu vermehrter Aufmerksamkeit führen, werden hauptsächlich Situationen, Objekten oder Personen zuteil, die bereits in der Vergangenheit ein gewisses Maß an Aufmerksamkeit erhalten haben. Besonders im Themenbereich digitaler Technologien, der durch die Steuerung von Information geprägt ist, sind die auftretenden Netzwerkeffekte und die damit in Verbindung stehenden Wertigkeiten von Aufmerksamkeit als Grundlage struktureller Prägungen zu betrachten.

Das Ausmaß an Aufmerksamkeit manifestiert sich im ökonomischen Bereich als Teilhabe am Markt, im politischen Bereich führt es zu vermehrter Dominanz wenig komplexer Ideologien und der Minimierung des Diskurses. Sogenannte soziale Netze bieten der Allgemeinheit Werkzeuge, mit denen jeder und jede Einzelne die Prinzipien dieses Spiels um Aufmerksamkeit in der eigenen Umgebung und darüber hinaus anwenden kann. Dabei geht es weniger um ökonomische, macht- oder marktpolitische Aspekte. Die Währung, in der hier bezahlt wird, nennt sich Follower, Friends, Likes, Retweets ...

In allen Bereichen, in denen die Messung der Aufmerksamkeit zum Maßstab für Erfolg und Anerkennung wird, dient dies im Sinne der Netzwerktheorie der Stabilisierung von Strukturen und einer damit verbundenen Reduktion von Komplexität. Dies mag bis zu einem gewissen Grad vorteilhaft sein. Bei fortschreitender Stärkung der Hubs wird die Adaptionsfähigkeit des Systems jedoch reduziert, da die Ressource Aufmerksamkeit sich zu sehr auf die bereits bestehenden Hubs innerhalb des Netzwerks konzentriert. Mit der Globalisierung der Netzwerke wird diese Tatsache zusätzlich zu einer Frage des Einkommens. Denn *„bemerkenswert ist, dass die Aufmerksamkeit ... eine Rolle nicht nur als knappe Ressource, sondern auch als Form des Einkommens spielt. In der Informationsökonomie ... macht die Aufmerksamkeit dem Geld Konkurrenz.“* (Franck, 2014)

Aufmerksamkeit und Selbstreferenz

Der zuvor für die Berühmtheit der Mona Lisa als maßgeblich bezeichnete Zirkelschluss spiegelt sich auch in Tätigkeiten von Menschen als Selbstreferenz. Beobachtet man die Abläufe innerhalb von Netzwerken, so zeigt sich dabei, dass Hubs so lange mit einer vermehrten Aufmerksamkeit rechnen können, solange die Verbindung mit ihnen, anderen = weniger hochwertigen Knoten, Vorteile verspricht. Im Zusammenhang mit der Wertigkeit von Information ist dies nachweislich mit ökonomischen Aspekten verbunden. Bezogen auf das Internet, die Verlinkung von Webseiten, die Nutzung sozialer Netzwerke, Cloud Computing, der Anwendung künstlicher Intelligenz etc. kommt es dabei zu einem Lock-in Effekt, der es erschwert, diese Mechanismen zu vermeiden oder ihnen zu widerstehen. Dies führt dazu, dass bei der Suche nach Information hauptsächlich die eine Suchmaschine genutzt wird, auch wenn mehrere Mitbewerber am Markt sind. Dies erklärt, warum Milliarden von Nutzern die Dienste von Facebook, Instagram und Whatsapp nutzen, auch wenn datenschutzrechtliche Bedenken auftreten sollten. Die kurzfristig sichtbaren Vorteile durch die Nutzung dieser Dienste ist offensichtlich - ein mögliches Risiko einfach zu weit weg.

Es ist dies mit einem *faustischen Pakt* vergleichbar, einem Pakt mit dem Teufel, der sofort Erfolg, Reichtum und Glück verspricht. Der Preis dafür wird so weit in die Zukunft oder ins Ungewisse verschoben, dass der notwendigen Bezahlung keine Aufmerksamkeit gewidmet wird.

Gleiches ist bei der Entwicklung der online Auftritte von Zeitungen, Fernsehsendern, Online-Shops u.a. zu beobachten. Die meisten dieser Dienste greifen auf Programme und Werkzeuge der Hubs zurück, um ihre eigenen Angebote zu optimieren - wie sie selbst, ihre IT-Abteilungen oder ihre IT-Dienstleister meinen. Dies bedeutet, dass lokale Anbieter mit der Einbindung von Diensten der Hubs die Dominanz dieser Hubs in dem global organisierten Netz weiter stärken. Die meisten Medienvertreter argumentieren dies mit *„... es bleibt uns nichts übrig"*, (Karban, 2019b) obwohl diese Tatsache eher einer ökonomischen Argumentation geschuldet ist. Es gäbe eine Vielzahl von Lösungen, die Hubs nicht in solchen Ausmaß zuarbeiten und sie damit stärken würden. Der Aufwand, diese meist als *Open Source* verfügbaren Lösungen zu nutzen, wäre aber etwas höher und wird somit aus ökonomischen Gründen ausgeschlossen. Es wird nicht wahrgenommen, dass sich bei diesen Anwendungen Analogien zu einem *faustischen Pakt* erkennen lassen.

Die eben skizzierte Vorgangsweise wird zum Teil im Kontext von Datenschutzinitiativen kritisiert. Die auf solche Art entstehenden Daten- und Informationsflüsse sind ohne detailliertes Wissen um die Abläufe nicht erkennbar. Somit werden Initiativen zum Schutz der eigenen Daten in mancher Hinsicht als Behinderung eines möglichen ökonomischen oder informationstechnischen Vorteils betrachtet.

Die folgende Grafik zeigt beispielhaft das Netzwerk der Website eines österreichischen Mediums. Jeder Kreis symbolisiert eine IP-Adresse, die einem Rechner = Dienst zugeordnet ist. Diese Rechner werden bei der Anfrage an die Home Page dieser Website kontaktiert und sind so mit technischer Notwendigkeit in den Informations- und Datenfluss eingebunden.

Diese Daten sind Teil der anfallenden Big Data, wie es vorab beschrieben wurde. Viele dieser bei solchen Vorgängen kontaktierten Rechner gehören zu den Verbänden der jeweils genutzten Hubs, die auf diese Art und Weise ihre Bestände an Big Data laufend erweitern.

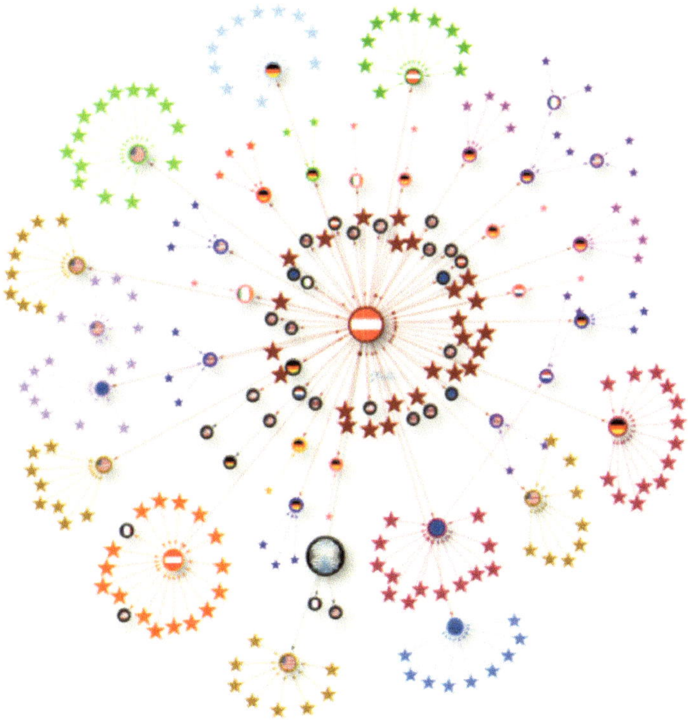

Abbildung 14: beispielhafte österreichische Medienwebsite mit eingebundenen Diensten - jeder Kreis symbolisiert einen Netzwerkknoten (Rechner) - jeder Stern ein auf dem Gerät von Besuchern gesetztes Cookie - Analyse aus 02/2019 (Karban, 2019b)

Diese nächste Grafik zeigt die Relation der Nutzung von Hubs von insgesamt 300.000 gescannten Webseiten weltweit.

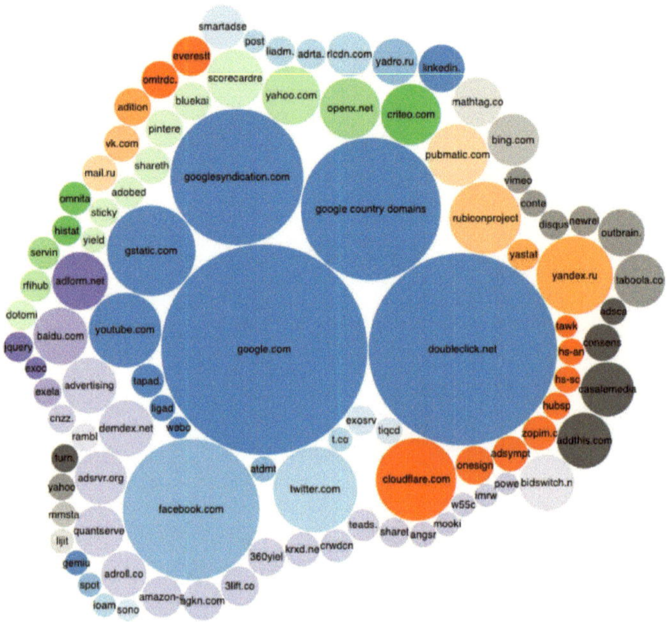

Abbildung 15: Top 100 genutzte Hubs von 300.000 Websites - 02/2019 (Karban, 2019b)

Wirklich dominierende Hubs der globalen Netzwerke sind klar ersichtlich, obwohl es sich hier bei allen Symbolen um Unternehmen und Dienste handelt, die als äußerst erfolgreich in der aktuellen Internetszene angesehen werden, da ihnen jede Menge Aufmerksamkeit zukommt.

Die Größe eines Symbols für einen Rechner oder ein Smartphone, mit dem das Netz genutzt wird, würde in dieser Grafik auch mit einem Mikroskop nicht erkennbar sein. Schlussfolgerungen aus dieser Betrachtung legen nahe, dass der Unterschied zwischen der Wertigkeit der Hubs und der an dem

Netzwerk teilnehmenden Knoten maßgeblich von der Größe des Netzwerks abhängig ist. Dies bedeutet, je regionaler, lokaler, tatsächlich kleiner das Netzwerk organisiert wird, desto geringer die Unterschiede zwischen den dominierenden und den partizipierenden Knoten. Das in jedem Netzwerk mit menschlicher Beteiligung vorhandene Streben nach Aufmerksamkeit bringt ein Phänomen mit sich, das einst vor einigen Jahren mit einer etwas provokanten Feststellung auf einer Plakatwand einer Baustelle in der Wiener Rotenturmstraße Niederschlag fand.

> *„Die besten Sklaven sind die, die sich welche halten dürfen".*
> oder wie man zuweilen hört:
> *„Nach oben buckeln, nach unten treten".* (Mann, 2012)

Eine Verhaltensweise, die Heinrich Mann in seinem 1914 erschienen Roman *Der Untertan* in der Person eines obrigkeitshörigen Mitläufers und Konformisten in der wilhelminischen Gesellschaft beschreibt.

Im Zusammenhang mit Netzwerken von Sklaven zu sprechen ist wohl maßlos überzogen. Es wird auch jeder Akteur darauf achten, für sich eine aus seiner Sicht optimale Lösung für seine Probleme zu finden. Dies führt aus Sicht der Theorien der Netze zu paradoxen und ursprünglich nicht gewünschten Effekten. Es ist jedoch nicht von der Hand zu weisen, dass Menschen in Anbetracht ihrer eigenen Sicherheit dazu tendieren, sich für die Variante zu entscheiden, welche insgesamt die höchste Aufmerksamkeit erfährt - Aufmerksamkeit in der gesamten Gesellschaft und auch in der je eigenen Peer-Group. In der Realität wirkt sich dies so aus, dass sowohl aus ökonomischer, als auch aus Sicht der eigenen Verantwortung gegenüber höhergestellten Organisationen oder Personen, Entscheidungen zugunsten bereits bestens etablierter Einrichtungen oder Anbieter getroffen werden. In der Sprache der Netzwerke bedeutet dies, bereits dominante Knoten werden bevorzugt. Somit lässt sich die Aussage dieser Sprüche auf die Entwicklung der ökonomischen Abläufe und Ideen übertragen, die sich mit der Entwicklung des Internets innerhalb der letzten Jahrzehnte etabliert haben. Gleichzeitig bildet diese Tatsache einen Aspekt der Netzwerktheorien in allen Gesellschaftsbereichen, täglich und immer wiederkehrend ab, gleichbedeutend mit:

„The Rich get Richer"
(Barabasi, 2003, S 79)

7 Komplexität

Das gleichzeitige Auftreten unterschiedlichster Netzwerke auf verschiedenen miteinander verwobenen Ebenen zeichnet ein Bild überbordender Komplexität. Dazu tragen asynchrone Entwicklungen bei, welche die Relationen einander beeinflussender Aspekte laufend verändern. Die menschliche Wahrnehmung ist gefordert, so etwas wie Ordnung in dieses chaotische Wirrwarr zu bringen - daher suchen wir nach mathematisch definierbaren Regeln, nach Naturgesetzen oder nach einer göttlichen Ordnung. Diese Ordnung aus dem Chaos beschreibt in der Antike der Grieche Hesiod vor ca. 2700 Jahren in Vers 116 seiner Theogonie als den Anfang alles Seins. Damals war die Herstellung der Ordnung alleine die Aufgabe der Götter. (Karban, 2015, S 118)

Manche Ordnungssysteme behaupten dies noch heute so. Im Kontext der Naturwissenschaften ist im Spannungsfeld zwischen Chaos und Ordnung die Auseinandersetzung mit den Abläufen in nichtlinearen dynamischen Systemen maßgeblich. Diese sich entwickelnde Ordnung erweckt den Anschein, als würde sie von selbst entstehen und wir Menschen brauchen sie in Form naturgesetzlicher Prinzipien nur zu entdecken. Zu dieser Art von Ordnung zählen Lock-in Effekte und die mittels Selbstreferenzialität auftretenden stabilen Zustände, die schon thematisiert wurden. Um dies feststellen zu können, braucht es einen Beobachter, der in der Lage ist, diese Stabilitäten zu beschreiben und damit die Komplexität des jeweiligen Systems zu reduzieren. Erst diese Reduktion von Komplexität macht es möglich, von Gesetzen und Mustern zu sprechen, die unter gegebenen Umständen anzuwenden sind. Die Prozesshaftigkeit dieses Vorgangs bringt mit sich, dass sich Bedingungen und Relationen auch bei offensichtlich stabilen Zuständen verändern und somit die beobachtete Stabilität zeitlich begrenzt ist. Diese

Situation fordert das vernunftbegabte Wesen Mensch in besonderem Maße heraus. Einerseits erscheint es wünschenswert, die bisher erkannte Ordnung aufrechtzuerhalten, andererseits ist klar ersichtlich, dass die Zukunft eine Veränderung mit sich bringt. Dieser Umgang mit zukünftiger Veränderung ist wohl die Grundlage von Wissenschaft. Bezeichnend dafür der Satz von Leonard Susskind, einem US-Physiker, Professor an der Stanford-University und Mitbegründer der String-Theorie:

> „*What physics is about is prediction. Basically to predict the future from the present or the future from the past*“ (Udacity, 2013)

Diese Aussage lässt vermuten, dass mit einer Vorhersage, oder zumindest mit einer Einschätzung der Wahrscheinlichkeit zukünftiger Ereignisse, die Adaption an veränderte Umweltbedingungen leichter sein könnte und steht so mit der von Karl Popper formulierten Feststellung „*Alles Leben ist Problemlösen*“ im Einklang.

Aus der Fähigkeit, Abläufe in der Welt, die sich für uns als Realität darstellen, wahrzunehmen, etwaige Regeln abzuleiten und daraus Schlüsse für Handlungen zu ziehen, die sich in der Zukunft als erfolgreich herausstellen, lässt sich ein Begriff entwickeln, der als Problemlösungskompetenz bezeichnet wird.

Als Synonym dafür mag der Begriff Intelligenz gelten, wiewohl man sich für den Begriff der Intelligenz bis dato auf keine einheitliche Definition einigen konnte.

Zur Wahrnehmung bedarf es laufender Unterscheidungen, die in der Lage sind, auftretende komplexe Phänomene zur beschreiben und damit erklärbar zu machen, d.h. Regeln für den beschriebenen Ablauf zu finden, besser noch zu konstruieren. Dies bedeutet, komplexe Situationen, Systeme, Probleme im Detail analysieren zu können und Komplexität sowie den Begriff *„kompliziert"* in ihrer unterschiedlichen Konzeption zu verstehen

7.1 Kompliziert versus komplex

Die Suche nach Regelmäßigkeiten und daraus ableitbaren Regeln bestimmen seit mehreren Jahrhunderten das naturwissenschaftliche Weltbild. Basis dieser Idee ist die Vorstellung, man könne möglichst viele Bedingungen erkennen und mittels Ursache und Wirkung alle vergangenen, gegenwärtigen und zukünftigen Zustände der Welt berechnen. Das Sinnbild für diese Betrachtung der Welt war der Dämon des Mathematikers und Physikers Pierre-Simon Laplace im 18. Jahrhundert. (Karban, 2015, S 65)

Mit dieser Sicht der Welt würde die Ursache für nicht erkannte physische Zustände daher in der Unkenntnis von Bedingungen oder Gesetzen liegen. Die Physik befasste sich bis zum Beginn des 20. Jahrhunderts ausschließlich mit solchen linearen und daher vorhersehbaren Phänomenen. Daraus ließe sich schließen, dass man es mit einer Welt zu tun hätte, die einer sehr komplizierten Maschine ähneln würde. Eine komplizierte Maschine könnte man in einzelne Teile zerlegen und ohne Verlust einer Funktion wieder zusammenbauen. Diese Maschine wäre also mit der Summe ihrer Teile gleichzusetzen. Dies hat schon Aristoteles in seinen Schriften zur Metaphysik infrage gestellt - woraus der Satz *„das Ganze ist mehr als die Summe seiner Teile"* abgeleitet wurde. (Aristoteles, 1904, VII 1041b)

Seit fast einhundert Jahren hat die Wissenschaft akzeptiert, dass es Bereiche gibt, in denen die Linearität von Prozessen nicht als gegeben angenommen werden kann. Die Kopenhagener Interpretation der Quantenmechanik hat gezeigt, dass es anderer Erklärungen bedarf, um den Einfluss des Beobachters = des Messprozesses auf die Ergebnisse der Beobachtung darstellen zu können. Daraus ergibt sich die Annahme, dass es sowohl komplizierte = linearen Abläufen folgende, als auch komplexe = nichtlinearen Abläufen folgende Prozesse gibt. Heinz von Förster hat sich damit intensiv auseinander gesetzt und den Unterschied zwischen trivialen = komplizierten und nicht-trivialen = komplexen Abläufen dargestellt. (Förster, 1993b)

Maßgeblich bei diesen Betrachtungen ist die Feststellung, dass sich kein Beobachter als Subjekt von dem beobachteten Objekt trennen kann. Somit ist die Einheit von Subjekt und Objekt in Betracht zu ziehen und die Tatsache, dass Beobachter und Objekt zu *einem* System werden, macht dieses System zwingend zu einem nicht-trivialen = komplexen.

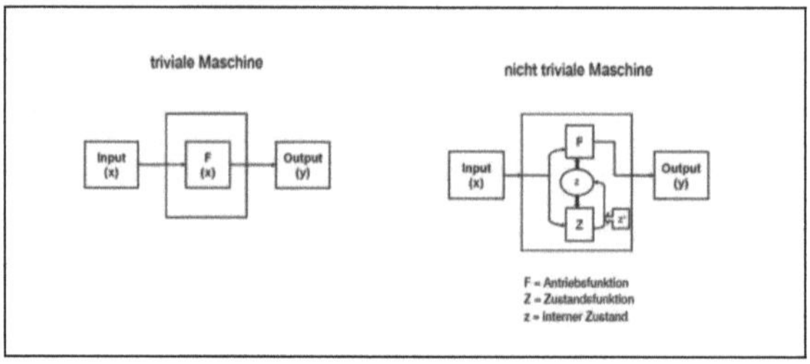

Abbildung 16: triviale und nicht triviale Maschine nach Heinz von Förster (Förster, 1993b)

Denn ein System mit einem einzigen nicht trivialen Element kann unter keinen Umständen als triviale Maschine = als berechenbarer Prozess dargestellt werden. (Förster, 1997, S 52)

Bei der trivialen Maschine bestimmen der Input (X) und die Funktion f(x) den Output (Y). Dieser Output ist daher bei Bekanntheit von X und f(x) im Voraus berechenbar. Bei der nicht trivialen Maschine gibt es zusätzlich einen inneren Zustand Z, der nicht bekannt ist und auch nicht vorhergesagt werden kann - daher ist auch der Output (Y) nicht bestimmbar und pfadabhängig. (Förster, 1993b, S 360)

Nachdem ein menschlicher Beobachter jedenfalls mit seinem inneren Zustand an einer Beobachtung teilnimmt, ist eine Berechnung im Voraus nur dann möglich, wenn dieser Beobachter in strikt reduktionistischer Setzung innerhalb eines zuvor begrenzten Systems eine Beschreibung anstrebt. Das simple Beispiel einer Rechnung wie 1+1 = 2 erfordert die Setzung des Dezimalsystems als Grundlage. Würde ein binäres System als Basis der Berechnung dienen, wäre das Ergebnis 1+1=10. Eine Rechnung, die ohne das Wissen um die Berechnungsbasis in der Regel als falsch dargestellt werden könnte. Genau genommen kann diese Feststellung zugleich als wahr und als falsch dargestellt werden, solange das grundlegende System nicht festgelegt wird. Diese Aussage kann jedoch nie eine Aussage über die Welt sein, sondern ausschließlich in dem zuvor begrenzten Raum Gültigkeit haben. Denn falls nicht das Dezimal- oder Binärsystem als Grundlage für diese Rechnung definiert wurde, handelt es sich trotzdem um eine Frage, die der Mathematik zugeordnet werden kann. Jede Aussage über ein komplexes System oder Komplexität ist als Beschreibung von Beobachtern zu werten, die bereits mittels Reduktion versucht haben, Phänomene der Welt zu erklären, obwohl sie die Welt nicht im Detail erfassen können.

Unter dieser Annahme trifft im Gegensatz zu komplex der Begriff kompliziert auf physisch entworfene Systeme von Menschen zu. Systeme, die auf erprobten oder zu erprobenden Ursache-Wirkungs-Abläufen bestehen.

Diese Maschinen machen meist das, wofür sie geplant sind. Wie oben dargestellt, liefert eine triviale Maschine eine erwartbare Ausgabe bei bekannter Eingabe. Der Begriff kompliziert repräsentiert etwas Konstruiertes, eine künstliche, zusammengesetzte Maschine, ein Ding oder ein System. Auch wenn dieses Ding sehr komplex erscheinen mag, bleibt es ein kompliziertes Ding. Im Falle eines Defekts muss es nicht unbedingt seine gesamte Funktionalität verlieren und kann durch den Austausch eines Teils wiederhergestellt werden kann. Ein solcher Defekt kann durchaus mit komplexen Situationen oder einem menschlichen Fehler korrelieren. Die Maschine selbst bleibt kompliziert. Eine Einheit / ein System Mensch-Maschine ist jedoch auf Basis der Komplexität des Menschen eine komplexe Angelegenheit. *„Jede Art von Leben ist daher als komplex zu betrachten"*. (Karban, 2015, S 67)

Nach Heinz von Försters oben gezeigter Darstellung eines komplexen Systems wird jedes System mit menschlicher Beteiligung immer komplex bleiben. Solcherart komplexe Beziehungen können zur gleichen Zeit räumliche und zeitbezogene Effekte bewirken. Diese beinhaltet den Effekt von Erwartungen in der Zukunft, die auf die Gegenwart wirken, und so aus der Gegenwart wieder Einfluss auf die Zukunft haben. Ein Aspekt, der wieder das Phänomen von Selbstreferenz und Zirkelschluss beinhaltet.

Ein typisches Beispiel in unserer von Ökonomie getriebenen Welt ist der Begriff des Marktes / der Märkte. Märkte können als komplexe Systeme gesehen werden, nicht wirklich berechenbar und von Erwartungen und aktueller Information geprägt. Erwartungen und tägliche Meldungen veranlassen Investoren und Unternehmer, sich zu engagieren, zu investieren oder zu verkaufen. Unterschiedliche Marktteilnehmer agieren auf Basis unterschiedlicher Interessen und Erwartungen, die noch dazu auf kulturellen und gesellschaftlichen Unterschieden beruhen. Man spricht gerne von der Unvorhersehbarkeit des Marktes bei gleichzeitiger Selbstregulierung, wobei die Selbstregulierung nicht unbedingt den Bestand garantieren kann.

Im Sprachgebrauch wird der Begriff Komplexität oft verwendet, um darauf zu verweisen, dass man etwas nicht zur Gänze überblicken könne. Dies kann einen komplexen Prozess beschreiben oder auch eine räumlich große Ausdehnung im Sinne eines Gebäudekomplexes. Hier trifft man auf eine gemeinsame Eigenschaft mit Netzwerken - je mehr Elemente - Knoten in Relationen zusammenwirken, desto geringer ist die Chance, diese komplexen Situationen zu überblicken.

Umso wichtiger ist in diesem Zusammenhang das Bewusstsein, dass beobachtbare Prozesse innerhalb eines nicht trivialen Systems von einem Beobachter getätigt werden, der selbst ein nicht triviales System ist. Auch wenn zur Beobachtung Messinstrumente, Computersysteme, mathematische Funktionen etc. herangezogen werden, so obliegt die Interpretation der so erhaltenen Ergebnisse im letzten Schritt der menschlichen Beobachtung.

So entstehen mittels Selbstreferenz Rückkopplungsschleifen, welche essenzielle Auswirkungen auf komplexe Systeme haben und die Bildung von Strukturen und Netzwerken maßgeblich beeinflussen. Es entstehen so Abläufe und Muster, deren Beobachtung und Interpretation bei der Anwendung von künstlicher Intelligenz und maschinellem Lernen großen Anteil hat. Eine Tatsache, die schließlich wieder auf das Ganze zurück wirkt.

7.2 komplexe - lebende - Systeme und Technologie

Maßgeblich verantwortlich für die Definition von Komplexität und die damit einhergehende Reduktion derselben - in erster Linie um die getroffenen Beobachtung kommunizieren zu können - ist also die Funktion des Beobachters. Diese Beobachter sind - ohne Ausnahme - Menschen. Somit ist für eine Analyse bezüglich Komplexität, Systemen und Digitalisierung das Augenmerk auf das Verhalten von lebenden Systemen = Leben zu lenken, um Beobachtungen korrekt beschreiben und einordnen zu können. Die Beschreibung von Leben als biologisches System geht mit Begriffen einher, die als Autopoiesis und operationale Geschlossenheit in die Literatur eingegangen sind. (Maturana und Varela, 1987)(*diese operationale Geschlossenheit ist nicht zu verwechseln mit der Tatsache, dass lebende Organismen offene Systeme in Bezug auf den Umgang mit und die Wandlung von Energie sind.*)

Der Begriff der Autopoiesis besagt, dass sich Lebewesen auf Basis der eigenen Strukturen und der inneren Organisation entwickeln. Dies bedeutet einen laufenden, selbstreferenziellen Rückgriff auf die eigenen Strukturen (somit auch auf Erfahrungen und Erlebnisse) im Umgang mit der Umwelt. Es ist dabei nicht möglich, zwischen Sein und Handeln zu unterscheiden. Eine Operation, die zwingend für die Reproduktion und die Aufrechterhaltung des Systems notwendig ist. Der Begriff der operationalen Geschlossenheit wird aus dieser Selbstreferenzialität abgeleitet und mündet in der Aussage, dass jedes lebende System auf Störungen aus der Umwelt mit eben solchen Rückgriffen auf die eigenen Strukturen antwortet. Daraus ergibt sich, dass ein lebendes System immer darauf ausgerichtet ist, sich selbst zu erhalten (Maturana und Varela, 1987, S 55ff). Dies betrifft alle Lebewesen.

Angesichts der Tatsache, dass Menschen sich seit jeher in Gruppen zusammengefunden haben, vorab um natürlichen Widrigkeiten widerstehen zu können, in späteren Zeiten um das Zusammenleben machtpolitisch und ökonomisch organisieren zu können, stellen die Verhältnisse, in denen Menschen zueinander stehen, ein ungemein komplexes Konstrukt dar. Als Adaptionsschritt zur Anpassung an die sich verändernde Umwelt haben Menschen Gruppen gebildet, gemeinsame Ziele definiert und diese versucht in organisierter Kooperation umzusetzen.

Betrachtet man so entstandene soziale Strukturen, so stellt man fest, dass innerhalb dieser Systeme ein durchaus analoges Verhalten zu einzelnen Lebewesen festzustellen ist. Im Falle einer Störung aus der Umwelt, greifen auch Gruppen von Menschen auf die Strukturen innerhalb der Gruppe zurück und suchen so nach möglichen Lösungen. Sowohl Einzelne als auch Gruppen kennen dabei den Status des Beobachters. Dieser wird durch ein auftretendes Ordnungsinteresse begründet, das einem Kontroll- und Lerninteresse folgt. (Luhmann, 1984, S 246)

Mit der immer größer werdenden Anzahl unterschiedlicher Formen von Organisationen entstand eine komplexe, global organisierte und teilweise global strukturierte digitale Welt. Mit dem Blick auf diese Welt erscheint es verständlich, dass sowohl Individuen als auch Gruppen einen großen Teil ihrer Aufmerksamkeit darauf richten, mit immer mehr und schneller auftretenden Veränderungen umzugehen - was mit dem Wunsch nach Reduktion von Komplexität einhergeht. Im Unterschied zu Lösungen, wie sie aus der Geschichte der Menschheit bekannt sind, lassen sich in globalisierten Systemen solche Ansätze heute nicht lokal, regional, sprachlich oder kulturell eingrenzen. Dies verleiht dem Ansinnen der Reduktion von Komplexität zusätzliche Schwierigkeiten.

Ein einer global organisierten, kybernetisch orientierten und mittels Daten getriebenen Welt, die mathematischen Axiomen folgt, wird der technologischen Entwicklung große Aufmerksamkeit gewidmet. Somit haben sich viele Aspekte der Digitalisierung zu strukturellen Organisationsformen der heutigen Gesellschaft über kulturelle und sprachlich bedingte Grenzen hinweg entwickelt. Gleichzeitig bleibt die autopoietisch bedingte Selbstorganisation von Menschen mit ihren kulturellen, moralischen und sprachlich bedingten Strukturen bestehen. Es tut sich damit ein Spannungsfeld zwischen autopoietisch bedingter Eigenbeobachtung und der Einschätzung der neuerdings vorhandenen digitalen, kybernetischen und technisch dominierten Strukturen auf.

Menschen sind durch die beschriebene Autopoiesis, fachlich, kulturell und individuell an die eigenen Strukturen gebunden. So entwickeln Gruppen, die sich im Umfeld der innerhalb der letzten Jahrzehnte neu gebildeten Strukturen der Digitalisierung bewegen, eigene Probleme und dafür passende Lösungsansätze aufgrund der Beobachtungen, die sie anstellen. Es scheint nachvollziehbar, dass eine Beobachtung, die von einer Gruppe in einem Teil der Welt gemacht wird, nicht zwingend für alle anderen Gruppen auf der Welt gültig sein muss. Außer es entsteht auf Basis wirtschaftlicher oder netzwerktheoretischer Überlegungen ein gewisses Verlangen nach Konformität. Um eine solche Konformität zu erreichen, könnte man im Zusammenhang mit Digitalisierung und der Anwendung von künstlicher Intelligenz die Ideen verfolgen, die notwendigen Beobachtungen in erster Linie von Automaten, Computern und Robots durchführen zu lassen, doch dies ist zu kurz gedacht. Die Zielsetzung, der maßgeblichen Bestimmung gerade beim Einsatz von künstlicher Intelligenz, wird im ersten Schritt immer durch Initiativen gesetzt, die Interessen und Zielen von - manchmal einigen wenigen - Menschen folgen.

Ein Phänomen, das mit der Schaffung neuer Technologien und Werkzeuge auftritt, zeigt, dass sich die Kreativität und mögliche Probleme auf die Themenbereiche konzentrieren, die mittels dieser neuen Technologie zu lösen sind. Dies ist nicht neu, sondern zieht sich durch die Geschichte der Menschheit. Werkzeuge - es kann nicht oft genug betont werden, dass Computer und Algorithmen als Werkzeuge zur Lösung von Problemen gesehen werden sollten - haben es an sich, dass sie Wahrscheinlichkeiten im Zusammenhang mit der Kompetenz Probleme zu lösen, verändern.

Als Beispiel sei auf ein Werkzeug verwiesen, dass sonst wohl kaum im Zusammenhang mit Technologie und Digitalisierung erwähnt wird. Es geht um einen Hammer. Stellt man sich vor, dass vor der Erfindung des Hammers diverse Stifte mit Steinen oder anderen harten Gegenständen eingeschlagen wurden, so war diese Tätigkeit wohl ziemlich mühsam. Mit einem Hammer als Werkzeug war das Einschlagen von Stiften und Nägeln zu einer Tätigkeit ohne die bis dahin erforderliche, aber doch erhebliche Mühsal geworden. Die Wahrscheinlichkeit, weiter einen Stein für diese Arbeit zu nutzen, tendierte zu null. Gleichzeitig war die menschliche Kreativität darauf ausgerichtet, diesen Hammer, dessen Produktion mit Aufwand verbunden gewesen war, möglichst oft zur Lösung von Problemen einzusetzen. Manchmal wurde ein Hammer wohl auch zu Dingen genutzt, die nicht im Sinne der ursprünglichen Erfindung waren. (Füllsack, 2007) Dieses Prinzip lässt sich durchaus auf sämtliche technologischen Entwicklungen, wenn auch in leicht abgewandelter Form, anwenden. Mit der Erfindung des Computers war Mensch in der Lage in bestimmten Bereichen Aufgaben mit diesem Werkzeug besser und schneller zu erledigen als zuvor. In ökonomischem Sinne mit weniger Aufwand und somit auf lange Sicht kostengünstiger. Gleichzeitig veränderte sich die Situation der Abläufe, da mit dem Einsatz dieses Werkzeugs nicht nur bestehende Aufgaben gelöst werden konnten, sondern auch neue

Probleme entstanden. Diese neuen Probleme, basierend auf dem Einsatz gerade erst entwickelter Techniken, fordern geradezu dazu auf, den Funktionsumfang dieser Techniken zu erweitern. Damit eröffnen sich auch Möglichkeiten, diese spezifischen Werkzeuge in Kontexten einzusetzen, an die bis dahin niemand gedacht hatte.

Diese erhöhte Wahrscheinlichkeit und die damit vermehrte Anwendung der neuesten Technologien führt zu einer Art Lock-in, in dem die Diskussion heute sich hauptsächlich daran orientiert, was mittels digitaler Technik und künstlicher Intelligenz möglich scheint, und weniger daran, welche gesellschaftspolitischen und ethischen Aspekte in diesem Zusammenhang berücksichtigt werden sollten. Im Rahmen der derzeitigen meist transportierten Einschätzung von Digitalisierung bedeutet dies, kybernetisch basierte Lösungen für fast alle Probleme in vielen unterschiedlichen Bereichen einzusetzen. So findet man heute im gesellschaftlichen, wissenschaftlichen, technologischen und auch ökonomischen Kontext die Anwendung von Steuerungstechnik (Kybernetik) und Algorithmen zur Reduktion von Komplexität = Problemlösung. Einher mit dieser Entwicklung geht gleichzeitig und paradoxerweise eine Erhöhung der Komplexität. Bedingt ist dies durch systembedingte Feedbacks, Iterationen und Rekursionen, die dem Beobachter trotzdem ermöglichen, mittels mathematischer Modelle Strukturen und Ordnungsmuster und damit den Zustand von Stabilität zu erkennen.

Ein Phänomen, das mit diesem andauernden Wechsel zwischen Komplexitätsreduktion und Erhöhung von Komplexität einhergeht, zeigt sich in dem Auftreten von nichtlinearen Entwicklungen, wie sie auch schon bei der Entstehung skalenfreier Netzwerke beschrieben wurden. Die laufende Steigerung der Anzahl von Elementen in den von Selbstorganisation geprägten Systemen ist zwingend von Nichtlinearität geprägt. (Mainzer, 1999, S 6)

Ob dies in der Entwicklung von Netzwerken, den Veränderungen bei Klima und Umwelt, der Verteilung von ökonomischem Erfolg oder Misserfolg zu beobachten ist, bestimmt wieder der Standpunkt des Beobachters. Nichtlinearität = Exponentialität, ein Effekt, den ein menschlicher Verstand, der versucht, die Zukunft einzuschätzen, nicht erfassen kann. Einerseits kann damit Neues in die Welt eintreten - das Neue als emergentes Phänomen - andererseits ist das Neue nicht immer wünschenswert, wie die Pandemie des Covid-19 Virus im Augenblick der Welt gerade zeigt und dabei den Begriff der Exponentialität im allgemeinen Sprachgebrauch etabliert.

7.3 Emergenz berechnen?

Im Zusammenhang mit Aktien und Börsen kennt man den Begriff der Emergenz in der Bezeichnung von *Emerging Markets* - aufstrebende Märkte von Schwellenländern, die sowohl hohe Chancen als auch hohe Risiken für Investments bieten. Damit hat man bereits einen Aspekt der Definition von Emergenz abgedeckt. Nämlich die prinzipielle Unvorhersehbarkeit emergenter Phänomene. Man ist zwar in der Lage, mittels Algorithmen innerhalb eines Beobachtersystems bestimmte Tendenzen zu erkennen, eine konkrete Vorhersage für das Entstehen neuer Strukturen und Eigenschaften ist jedoch nicht möglich. Die tägliche Beobachtung der Wettervorhersage bestätigt diese Sichtweise.

Der Begriff der Emergenz wird mit der Entstehung von Neuem gleichgesetzt, bestimmt durch eine Beobachtung, die bis dahin so nicht gemacht werden konnte. Dies kennzeichnet den Zeitpunkt eines Prozesses, der Verhaltensänderungen, neue Eigenschaften und Strukturen innerhalb des Beobachtungssystems ersichtlich macht. *„Das Neue ist“* - für Beobachter -

„interessant, vorher nicht ersichtlich, teilweise kontra-intuitiv und Konsequenz der Interaktion von Eigenschaften des Systems“ (Karban, 2015, S 78). Eine Voraussetzung für die Beschreibung eines emergenten Vorgangs ist auch die Feststellung, dass keines der Elemente innerhalb des beobachteten Prozesses die gleiche Eigenschaft wie das Ganze aufweist. Bei einem derart evolutionären Prozess ist somit eine Art von hierarchischer Ordnungsstruktur auf unterschiedlich vielen Organisationsebenen zu beobachten. (Stephan, 2007, S 14ff)

Die zuvor erwähnte Unvorhersehbarkeit stellt nicht nur für die beschriebenen Märkte eine Herausforderung dar. Doch die Möglichkeit, aus vorhandenen Regeln innerhalb eines begrenzten Beobachtungssystems gewisse Einschätzungen für zukünftige Ereignisse vorherzusagen, beflügelt im Augenblick den Bereich der Data Science.

Es wird auch der Eindruck vermittelt, dass mithilfe von Data Science und KI-Technologien gesteuerte Systeme in der Lage seien, bei Eintritt unvorhergesehener Ereignisse unverzüglich die richtigen Schritte zu setzen - und dies wesentlich besser und sicherer als der Mensch. Wir sind somit damit konfrontiert, das Auftreten emergenter Phänomene möglichst nur in positiver Konnotation zulassen zu wollen.

Die Anwendung von Simulationen solcher Vorgänge mittels Abfolge der gleichen Regeln in rekursiven oder iterativen Schleifen zeigen immer wieder emergente Entwicklungen, auch wenn Regeln und Rahmenbedingungen determiniert sein sollten. Das heißt, dass trotz unveränderbarer Algorithmen emergente Phänomene beobachtbar sind.

Die dabei angewandten unveränderbaren Regeln und systemischen Bedingungen lassen sich zusätzlich nicht auf die Lebenswelt, d.h. auf alltagstaugliche Bedingungen umlegen. Der Umgang mit sich laufend wandelnden Prozessen erfordert mehr, als die Anwendung der immer gleichen Algorithmen.

Dies bedeutet, dass eine Vorhersage auch innerhalb sehr eng definierter Beobachtungssysteme die Notwendigkeit adaptierbarer Algorithmen verlangt - was besagt, dass auch die Anwendungsregeln von Fall zu Fall zu verändern sind. Ein Aspekt, der daran erinnert, dass die Evolution uns Menschen mit einer Eigenschaft ausgestattet hat, die es möglich macht, ziemlich gut mit Veränderungen umzugehen - einer Eigenschaft, die wir als Intelligenz bezeichnen.

8 Intelligent

Dem Begriff der Intelligenz wird seit der Auseinandersetzung mit künstlicher Intelligenz und den damit verbundenen Diskussionen im technischen und ökonomischen Kontext wesentlich größere Aufmerksamkeit zuteil als früher. Eigentlich gibt es bis heute keine klare Definition dafür. Allgemein geht man davon aus, dass ein gewisses Maß an Fähigkeit zur Lösung von Aufgaben mit Intelligenz verbunden wird.

Diese Art der Fähigkeit wird vor allem im Umfeld der Psychologie erforscht. Intelligenz selbst lässt sich nicht beobachten, allerdings ist es möglich, kognitives und auf Wissen begründetes Verhalten zu einem gegebenen Zeitpunkt in der Form von Tests abzufragen.

Wirft man einen Blick auf sprachliche Wendungen, in denen Tiere als Synonyme für Dummheit verwendet werden, könnte man davon ausgehen, dass Mensch der Ansicht ist, das einzig intelligente Wesen auf diesem Planeten zu sein. Die an anderer Stelle bereits erwähnte Evolutionstheorie Darwins war wohl Anlass, dass in den ersten Jahrzehnten des vorigen Jahrhunderts viele Naturforscher die Klugheit von Tieren zu untersuchen begannen, um eine mögliche Verwandtschaft von Tier und Mensch feststellen zu können.

So berichtet Vance Packard in seinem Buch *„Der Mensch im Affen"* über psychologische Tests, in denen eine Gruppe von Studenten gegen eine Gruppe weißer Mäuse anzutreten hatte. Aufgabe dieses Tests war es, den Weg durch ein gleichartiges Labyrinth möglichst schnell zu finden. (Packard, 1963, S 5) Diese Tatsache wäre wohl nicht erwähnenswert, hätten die Studenten diese Aufgabe rascher erledigt, als die weißen Mäuse.

Der Mensch sieht sich also damit konfrontiert, nicht die einzige intelligente

Spezies auf diesem Planeten zu sein. Die Ausprägung von Intelligenz bei Tieren wird seit damals schließlich in drei Arten von Verhalten unterteilt.

Einerseits Handlungen vom Instinkt gesteuert, weiters erlernte Verhaltensweisen (Dressur - diese Art des Lernens begegnet uns wieder in Form des *Reinforcement Learnings*) und schließlich durch Vernunft bedingte Handlungen. (Packard, 1963, S 15)

8.1 Intelligenz - Problemlösungskompetenz

In der Psychologie unterscheidet man heute verschiedene Formen von Intelligenz, wobei jede Form eine spezifische Fähigkeit in den Vordergrund stellt. Häufig findet man die Ansicht, dass mittels einer Anzahl von sieben unterschiedlichen Faktoren ein Gesamtbild von Intelligenz dargestellt werden kann: (Süß, 2003)

- Raumvorstellung - räumlich-visuelle Aufgaben
- Erkennen der Relationen von Objekten
- mathematisch - rechnerische Fähigkeiten
- mechanische Gedächtnisleistung
- logisches Denken - Fähigkeit vom Einzelfall auf Allgemeines zu schließen
- Sprachverständnis - richtig verstehen und interpretieren
- Wortflüssigkeit - verwenden von Umschreibungen, Synonymen

Bei psychologischen Tests wird eine Kombination dieser sieben Faktoren geprüft, wobei sich die Fragen in der Regel an Problemlösungen orientieren. Abhängig von der Testumgebung und der beabsichtigten Diagnostik werden die Wertigkeiten einzelner Ergebnisse in ein Gesamtbild eingebunden.

Da auch in diesem Zusammenhang die Auswirkung von struktureller Selbstreferenz und Path Dependence zutage tritt, ist verständlich, dass sich aus solchen Tests eine Korrelation zwischen Intelligenz, Ausbildung und Herkunft der Testpersonen ablesen lässt.

Dies kann auch bedeuten, dass spezifische Intelligenzfaktoren besonders ausgeprägt sein können. Oft damit einher geht die Vorstellung, dass andere Fähigkeiten, wie zum Beispiel soziale Kommunikation in verminderter Form auftreten. Als Synonym dafür kann der Begriff des *Nerds* gelten, der einen sehr intelligenten, mit hohen Fachkenntnissen ausgestatteten, allerdings sozial isolierten Computerfachmann beschreibt. Bei Frauen findet man diese Zuschreibung weniger oft, was in diesem Fall erfreulicherweise nicht als Diskriminierung interpretiert wird.

Interessant im Kontext der Organisation von Arbeit, der Digitalisierung und Automatisierung vieler ökonomischer Abläufe ist eine Bemerkung von Karl Marx in seinem Werk *„Das Elend der Philosophie"* im Abschluss des 2. Kapitels *„Arbeitsteilung und Maschinen"*. Bezogen auf die Spezialisierung meint Marx:

„Was die Arbeitsteilung in der modernen Gesellschaft charakterisiert, ist die Tatsache, daß sie die Spezialitäten, die Fachleute und mit ihnen den Fachidiotismus erzeugt."

Um gleich anschließend über den Vorteil der Automatisierung zu spekulieren:

„Was die Teilung der Arbeit in der mechanischen Fabrik kennzeichnet, ist, daß sie jeden Spezialcharakter verloren hat. Aber von dem Augenblick an, wo jede besondere Entwicklung aufhört, macht sich das Bedürfnis nach Universalität, das Bestreben nach einer allseitigen Entwicklung des Individuums fühlbar. Die automatische Fabrik beseitigt die Spezialisten und den Fachidiotismus.“ (Marx, 1972)

Aus heutiger Sicht kann man Marx wohl nur zum Teil zustimmen, denn zur Schaffung der automatischen Fabrik benötigt man diesen, in seiner Diktion *„Fachidiotismus“*. Ohne diese Art von Spezialisten wäre die Digitalisierung und damit die von vielen Zukunftsforschern als disruptiv beschriebene Veränderung der Arbeitswelt nicht zu bewältigen. Wiewohl die Art von Intelligenz die sich ausschließlich auf Faktoren stützt, die es ermöglichen weitere Digitalisierungsschritte zu entwerfen und auch umzusetzen, aller Voraussicht nach nicht reichen wird um in Zukunft eine lebenswerte Gesellschaft zu gestalten.

Eine weitere Frage im Rahmen einer auf Ökonomie aufbauenden Gesellschaft wird dabei noch gar nicht berührt. Nämlich die Frage nach den Lebensgrundlagen der Menschen, die durch eine allgegenwärtige Automatisierung keine Arbeitsplätze mehr finden. Es wird wohl nicht die Lösung sein, all jene zu KI-Spezialisten oder Daten-Wissenschaftern auszubilden, auch wenn Beobachtungen der Natur vermuten lassen, dass die Intelligenz der Vielen eine gewisse Bedeutung für die Lösung von Problemen haben könnte.

8.2 Die Intelligenz der Vielen - ein Schwarm - intelligent oder?

Die Beobachtungen von Vogel- oder Fischschwärmen, die Eigenschaften von Bienen- und Ameisenvölkern, ihre Art, miteinander und offensichtlich kooperativ zu agieren und ihre Lebens- und Arbeitswelt zu organisieren, lässt so etwas wie Intelligenz vermuten.

Das Verhalten eines Schwarm lässt eine Art von Kompetenz in Sachen Problemlösung annehmen, die mittels Kommunikation und Kooperation die Fähigkeit des sozialen Lernens zeigt. So zeigt dieses Verhalten den Umgang mit der Komplexität der Umwelt und lässt eine daraus entstehende Dynamik erkennen. Es ergibt sich eine gemeinsame, kooperative Bewältigung von Unsicherheit mittels der Bündelung von Aktivitäten. (Miller, 2010, S 15)

Am Beispiel einer Population Ameisen lässt sich diese Art von gemeinsamer Problemlösung leicht nachvollziehen. Bei der Futtersuche von Ameisen könnte man das Gesetz der großen Zahl und den Matthäus Effekt als grundsätzliche Regeln betrachten - wohlgemerkt: beide Aspekte sind Ergebnisse menschlicher Beobachtungen und als Interpretationen zu werten. Dies bedeutet, je mehr Ameisen sich auf Futtersuche begeben, desto größer wird die Wahrscheinlichkeit, Futter auch zu finden. Der Eintritt eines weiteren Effekts - eines positiven Feedbacks - ist die Möglichkeit, die Größe der Population zu steigern. (Füllsack, 2011, S 250) Es geht dabei vor allem darum, unter einer enormen Anzahl von Möglichkeiten, die zu finden, welche optimale Ergebnisse bringen.

Es schwärmt eine große Anzahl von Ameisen aus. Jede begibt sich auf einem anderen, zufälligen Weg auf die Suche nach Futter. Ist sie erfolgreich, so kehrt sie zum Ausgangspunkt zurück. Dabei werden Pheromone = Botenstoffe mit Signalcharakter auf der Spur jeder Ameise verteilt. Je kürzer der Weg, und damit die mit der erfolgreichen Futtersuche verbrachte Zeit, desto intensiver ist das Signal für andere Ameisen zu erkennen. Dauert der Weg einer Ameise länger, so ist der Duft der Pheromone weniger intensiv wahrzunehmen. Dies bewirkt, dass nachfolgende Ameisen dem kurzen Weg eher folgen und damit auf dem kürzest möglichen Weg selbst auch die Futterquelle erreichen. Ein Vorgang, der sich mit jeder Ameise zusätzlich verstärkt. Wir haben es also in diesem Fall mit einem dezentralen Ablauf zu tun, der mittels vielfacher Interaktion zwischen den beteiligten Akteuren in der Lage ist, die Problemlösung auf alle Beteiligten zu verteilen. (Miller, 2010, S 35ff) Die Frage nach einem Plan stellt sich als obsolet heraus. Denn die einzige Intention der Ameisen ist das Ziel zu überleben - dies wird mittels des beschriebenen Vorgangs optimiert und garantiert eine effiziente Strategie am Rande des Chaos. (Miller, 2010, S 46)

Bienenschwärme zeigen ein differenziertes Verhalten, denn die Sammlerinnen, die nach der erfolgreichen Futtersuche heimkehren, führen eine Art Tanz - den sogenannten Schwänzeltanz - auf, der alle Informationen zur entdeckten Futterstelle vermitteln soll. Kundschafterinnen des Bienenvolkes wieder suchen bei Notwendigkeit nach neuen Plätzen für den Bienenstock. Auch sie zeigen mithilfe eines Tanzes mögliche neue Standorte für den Stock an. Nachdem verschiedene Kundschafterinnen unterschiedliche Standorte finden, werden mittels verschiedener Tänze die andersartigen Plätze angezeigt. Im Laufe des Tanzes werden immer weniger Standorte vorgeschlagen, so lange, bis alle Kundschafterinnen den gleichen Tanz zeigen. Damit ist die Suche nach einem neuen Zuhause für das Bienenvolk entschieden und die neue Wohnstatt wird danach besiedelt. (Miller, 2010, S 50)

Es gibt bei all diesen Vorgängen keine zentrale Steuerung. Diese wäre hoffnungslos überfordert. Das wichtigste Element bei diesem Ablauf ist das reibungslose und unmissverständliche Funktionieren der Kommunikation. Dies kann nicht oft genug betont werden.

Nur mittels Kommunikation ist friktionsfreie Kooperation möglich. Und diese ist Grundlage für gemeinsame Problemlösung. Scheitert die Kommunikation - indem sie entweder nicht stattfindet oder die ausgesandten Signale missverstanden werden - so kippt der effiziente Ablauf in Richtung Chaos. Je größer die Gruppe, desto eher können Probleme in der Kommunikation auftreten - die Folge sind Angst und Hysterie. Zu beobachten in der Natur bei der zerstörerischen Gewalt von Heuschreckenschwärmen. Und leider auch in Form von Massenpaniken bei zu großen Menschenansammlungen.

8.2.1 Schwarmverhalten - eine Simulation

Trotz dieser Beobachtungen in der Natur mag man dem Eindruck erliegen, Schwärme würden einem Anführer folgen. Dieser könnte für manche den Inbegriff von Kompetenz darstellen, war zur Annahme führt, dass alle Mitglieder des Schwarms sich an ihm orientieren. Bei der Beobachtung einer kleinen Gruppe scheint dies offensichtlich. Wird die Gruppe / der Schwarm zu groß, kann sich die Tendenz in Richtung chaotisches Verhalten steigern. Ein wesentlicher Aspekt für die Interpretation der Beobachtung von Schwärmen liegt in der Definition eines Schwarms - abhängig von der Anzahl der Elemente / Mitglieder der Gruppe. Ein Problem, mit dem sich schon Aristoteles bei seinen Überlegungen bezüglich der Bestimmung eines Mittelwegs auseinandergesetzt hat - wie wir später noch sehen werden.

Bezüglich des scheinbar intelligenten Verhaltens eines Schwarms soll hier beispielhaft eine mögliche Simulation des Verhaltens eines Schwarms Vögel beschrieben werden. Diese einfachen Regeln kommen ohne Anführer aus.

- Jeder Vogel orientiert sich im Flug am durchschnittlichen Aufenthaltsort der ihm nahen Vögel.
- Seine Geschwindigkeit orientiert sich an der Geschwindigkeit der Nachbarn.
- Kommt er einem Gegenstand oder einem anderen Vogel zu nahe, ändert er die Richtung.
- In der Nähe einer Starkstromleitung wird er langsamer.
- Kommt er der Leitung noch näher, wird er landen.
- Ein sitzender Vogel wird danach trachten, die Abstände zu den Nachbarn konstant zu halten.
- Ist dies nicht möglich, wird der Vogel wegfliegen.
- Ein sitzender Vogel wird wegfliegen, wenn eine Gruppe anderer Vögel in einer bestimmten Geschwindigkeit bei ihm vorbeifliegen.
- Ein sitzender Vogel wird wegfliegen, wenn ein fliegender Vogel zu nahe kommt.

Daraus entsteht das Bild eines Schwarms, der sich scheinbar zielgerichtet und einem Plan folgend verhält.
(siehe online Demo: https://schwarm.digitized.world/) Dies sind Regeln, die aus der Beobachtung eines Vogelschwarms ableitbar sind. Die Bezeichnung einer Menge Vögel als Schwarm obliegt den Beobachtenden. Manche

werden eine Anzahl vom kaum mehr als 20 Vögel wohl nicht als Schwarm bezeichnen. Wobei bei dieser Simulation der Fall eintreten kann, dass das definierte Ziel, das ist, einen Platz auf der Hochspannungsleitung zu finden, mit einer hohen Anzahl von Vögeln nicht erreicht wird.

8.3 Wissen aus Daten - Data Science

Die Generierung von Wissen aus Daten ist vielfältig und umfasst mehrere Teilbereiche, die einander zwar ergänzen, grundsätzlich jedoch unterschiedliche Themenfelder abdecken. Die einzelnen Vorgangsweisen werden in der aktuellen Situation oft vermischt, da die Begriffe Data Science, Machine Learning und KI/AI oft aus marketingtechnischen Überlegungen im ökonomischen Umfeld kommuniziert werden, ohne auf die spezifischen Bedeutungen näher einzugehen.

Datenwissenschaft (Data Science) versucht aus der großen Menge anfallender Daten möglichst viel an Information zu gewinnen. Diese Daten fallen in unterschiedlichsten Themenfeldern an, womit nur eine möglichst interdisziplinäre wissenschaftliche Ausrichtung geeignet erscheint, sich mit der Analyse der Daten zu befassen. Diese Analyse soll in der Lage sein, aktuelle Abläufe zu optimieren. Die Optimierung wieder zielt darauf ab, Effizienz zu steigern - was bedeutet, Kosten zu sparen. Offensichtlich ergibt sich daraus der immer wieder zitierte Satz, Daten seien das neue Gold oder Öl. Will man in der Lage sein, eine Analyse von Daten so zu gestalten, dass aussagekräftige Einsichten generiert werden können, so sind dazu einige Schritte zu definieren.

Dazu gehören:

- die Definition der Fragestellung
- die Definition und Auswahl von Daten
- eine explorative Datenanalyse
- Erstellung einer statistischen Auswertung
- Definition eines Modells
- Interpretation der Ergebnisse
- Ergebnisse prüfen und zusammenfassen
- Definition der anwendbaren Regeln
- reproduzierbare/n Code/Algorithmus erstellen (Leek, 2018)

Auf Grundlage von Statistik und Wahrscheinlichkeit werden Daten in Klassen eingeteilt (Cluster), auf Ähnlichkeit überprüft (Similarity Matching) und mittels Regressionsanalyse Beziehungen dargestellt, die ein Vorhersagemodell möglich machen sollen. Für diese Aufgaben stehen Software-Werkzeuge zur Verfügung, die im Zuge der Datenanalyse für statistische Auswertungen und Datenvisualisierungen genutzt werden. Die Mehrzahl der maßgeblichen Schritte dieser Abfolge - sie können sicher selbst herausfinden, welche - sind von Menschen zu entscheiden - und damit sind die Ergebnisse von Datenanalysen zwingend von Menschen abhängig. Einerseits von den Personen, die Daten auswerten, andererseits werden viele Daten von Menschen produziert.

8.4 Machine Learning

Die Grundlagen für maschinelles Lernen entstammen einer Zeit, in der man sich bereits mit Rechenmaschinen beschäftigte. So hatte schon Gottfried Wilhelm Leibnitz im 17. Jahrhundert eine solche Maschine konstruiert und in diesem Zusammenhang gemeint: *„Es ist unwürdig, die Zeit von hervorragenden Leuten mit knechtischen Rechenarbeiten zu verschwenden, weil mit dem Einsatz einer Maschine auch der Einfältigste die Ergebnisse sicher hinschreiben kann.“* (Poser, 2017)

Zudem hat der Mathematiker Pierre-Simon Laplace, der schon an anderer Stelle mit dem Hinweis auf den von ihm definierten Dämon erwähnt wurde, maßgeblichen Anteil an der Entwicklung dieser Art des Lernens. Laplace hatte nämlich zu Beginn des 19. Jahrhunderts den sogenannten Satz von Bayes formuliert.

Benannt nach dem englischen Theologen und Mathematiker Thomas Bayes (1701 - 1761), der sich intensiv mit der Berechnung von Wahrscheinlichkeiten auseinandergesetzt hat. Dieser Satz von Bayes, auch Bayes-Theorem genannt, ist eine der Grundlagen des Fachbereichs der Statistik und findet besonders dort Anwendung, wo bedingte Wahrscheinlichkeiten zu berechnen sind. Von bedingter Wahrscheinlichkeit spricht man, sobald eine zu berechnende Wahrscheinlichkeit von dem Eintritt eines bestimmten Ereignisses abhängig ist.

Diese Funktionen, gemeinsam mit der Methode der kleinsten Quadrate des französischen Mathematikers Adrien-Marie Legendre (1752-1833) - dies ermöglicht die Definition einer Funktion möglichst nahe an vorhandenen Datenpunkten - und den Markow-Ketten - benannt nach dem russischen Mathematiker Andrei Andrejewitsch Markow (1856-1922) - eine Berechnungsvariante von Wahrscheinlichkeiten zukünftiger Ereignisse - stellen heute die Grundlagen für Machine Learning und den daraus abzuleitenden Vorhersagen dar.

Maschinelles Lernen und Data Science überschneiden sich in einigen Bereichen und auch in den häufig angewandten mathematischen Funktionen. So kann man mittels der Funktion einer logistischen Regression einerseits Einsichten gewinnen - z. B. feststellen, dass Menschen mit einem gewissen Einkommen eher geneigt sind, ein bestimmtes Produkt zu kaufen und danach seine Marketingstrategie ausrichten - das wäre der Data Science zuzuordnen - als auch Voraussagen zu machen, mit welcher Wahrscheinlichkeit bestimmte Kunden Produkte kaufen würden - dies könnte zu Machine Learning gezählt werden.

Riesige Datensammlungen (Big Data) stellen auch die Grundlage für maschinelles Lernen dar, d.h. die Auswahl und Menge der Daten spielt sowohl für die Art und Weise des Lernens, die Trainings, als auch für die Ergebnisse eine essenzielle Rolle. Je größer die Menge der auszuwertenden Daten ist, desto größer die Wahrscheinlichkeit, zu validen Aussagen zu gelangen. In Anlehnung an das *„Gesetz der großen Zahl"* (Füllsack, 2011, S 247) wird dabei genutzt, dass mit der Anzahl von Wiederholungen das Vorkommen eines bestimmten Ereignisses höher wird. Dieser sogenannte Streuungseffekt ist vergleichbar mit dem Einsatz einer Schrotflinte bei der Jagd - die Streuung der Kugeln erhöht die Wahrscheinlichkeit eines Treffers, auch wenn viele Kugeln nicht treffen = verschwendet werden. Dieses Prinzip findet seine Anwendung in der sogenannten Monte-Carlo-Simulation. Diese Idee geht auf Forschungen der Los Alamos Gruppe um Stanislaw Ulam und John von Neumann zurück, die mittels Zufallsprinzip versuchten, Fragen der Teilchenphysik zu lösen, die sich analytisch nicht lösen ließen. Dies hat dazu beigetragen, dass Zufallsgeneratoren heute in allen Computern vorhanden sind. (Füllsack, 2011, S 248) Somit spielt auch der Zufall eine Rolle bei Machine Learning.

Wie vorhandene Daten ausgewertet werden, bestimmt die Vorgangsweise beim Machine Learning. Die prinzipielle Abfolge der Schritte beim Machine Learning setzt sich aus folgenden Schritten zusammen:

1. Dateneingabe / Information und Beispiele

2. Erkennung von Mustern, Strukturen, Relationen mittels vorhandener Algorithmen / Methoden

3. als Ausgabe wird ein optimales Vorhersagemodell erwartet

Die Darstellung von Eingabe / Operation / Ausgabe ist bereits bei der Beschreibung komplexer und komplizierter Systeme Heinz von Försters so zu finden. Es ist daraus ersichtlich, dass die Ausgabe (Output) maßgeblich von Eingabe (Input) und den angewandten Algorithmen / Regeln abhängig ist. Dabei sei - ein wenig scherzhaft - darauf verwiesen, dass bereits vor fünf Jahrzehnten ein Spruch durch die IT-Szene geisterte, der auf diese Tatsache Bezug nimmt.

GIGO - Garbage In / Garbage Out sollte darauf hinweisen, dass der Input den Output bestimmt, also die Qualität des Inputs die einzig wirklich wichtige Komponente in diesem Zusammenspiel bedeuten würde.

Im Bereich des Machine Learnings und der Big Data Analysen hofft man allerdings, auch aus unstrukturierten Daten Erkenntnisse und Vorhersagemodelle gewinnen zu können, die bisher nicht möglich erschienen. Dies hat hauptsächlich mit der Fähigkeit der Muster- und Strukturerkennung zu tun, die unter Punkt 2 zuvor genannt wurde. Die drei genannten Schritte des Machine Learnings werden in verschiedenen Vorgangsweisen umgesetzt:

- Supervised (Machine) Learning (überwachtes Lernen)
- Unsupervised (Machine) Learning (nicht überwachtes Lernen)
- Semi-supervised (Machine) Learning (teil-überwachtes Lernen)
- Reinforcement (Machine) Learning (bestärkendes Lernen)

Schließlich unterscheidet man noch auf Basis der angewandten Algorithmen und Modelle zwischen *herkömmlichem* Machine Learning, d.h. mathematischer Logik folgenden Methoden und dem sogenannten Deep Learning - der Anwendung künstlicher neuronaler Netze - einer Lernmethode die nach dem Vorbild biologischer neuronaler Netze aufgebaut ist.

8.4.1 Supervised Learning

Diese Art des maschinellen Lernens nutzt Daten, die bekannte und bestimmte Muster zeigen. Zum Lernen selbst werden Trainingsdaten genutzt, die ermöglichen, ein im Voraus bestimmtes Ziel zu erkennen und in der Folge richtig vorherzusagen. Als Ziel kann das Erkennen einer Klasse oder eine Vorhersage für zukünftige Zahlenwerte betrachtet werden. Mögliche Beispiele in der Praxis:

- Bewilligung von Krediten, abhängig von Kredithöhe und Bonität
- Berechnung von Immobilienwerten in bestimmte Gegenden

- Empfehlungen auf Basis der bisherigen Information zu Kaufverhalten und Interessen
- Klassifizierung von Texten (Themenzuordnung) und Beschlagwortung von Bildern (Hund / Haus / Tisch)

8.4.2 Unsupervised Learning

Aus der Bezeichnung dieser Art des maschinellen Lernens ergibt sich - im Gegensatz zum supervised learning mit Trainingsdaten - dass der hier angewandte Algorithmus mit unbekannten Datenstrukturen konfrontiert wird. Der Algorithmus soll innerhalb dieser Daten selbstständig Strukturen erkennen und ohne Definition eines Zieles die vorhandenen Daten gruppieren und Cluster definieren. Damit verbunden ist der Aufbau eines Modells, das aus den vorhandenen Daten ableitbar ist. Daher ist es notwendig, eine möglichst große Menge an Daten zur Verfügung zu haben, um überhaupt ein Modell extrahieren zu können. In der Folge werden neue Daten in dieses Modell mit übernommen. Zu diesem Zweck werden beim unsupervised learning andere Algorithmen als beim supervised learning verwendet und auch bereits auf neuronale Netzwerke zurückgegriffen.

Einsatzgebiete für unsupervised learning sind u.a.

- Textanalysen mit inhaltlichen und semantischen Informationen
- Sprachanalyse - auch in Form von Social Bots zur Simulation menschlicher Verhaltensmuster
- automatische Bilderkennung / Bildverarbeitung

8.4.3 Semi-supervised Learning

Dieses teil-überwachte maschinelle Lernen stellt eine Kombination der beiden zuvor genannten Lern- und Trainingsformen dar. Einerseits nutzt diese Art des maschinellen Lernens vorhandene Trainingsdaten mit einer Zieldefinition zum Aufbau eines Modells. Danach wird ein künstliches neuronales Netz zum Clustering trainiert und auf die Menge unstrukturierter Daten angewendet. Angewandt wird diese kombinierte Form in den gleichen Bereichen wie unsupervised learning - aufgrund der schnelleren Modellbildung mit Trainingsdaten, allerdings mit geringerem Zeitaufwand. Anwendung findet diese Art des maschinellen Lernens besonders in der Bild/Objekterkennung.

8.4.4 Reinforcement Learning

Reinforcement Learning (Michalski u. a., 1983) - oder verstärkendes Lernen ist analog zu der Art des Lernens aufgebaut, wie wir Menschen es kennen. Das lernende System wird bei Erfolg *belohnt*, anderenfalls, sollte das Ergebnis nicht der Erwartung entsprechen, *bestraft*.

Diese Art des Lernens erfordert die Definition einer Umwelt, innerhalb der ein Agent - Robot, Automat etc. - mittels seiner Aktionen und der darauf folgenden Reaktionen der Umwelt durch Belohnungen und Bestrafungen lernt, welche seiner Aktionen die gewünschten Ergebnisse erzielen. Der Agent passt damit so lange sein Verhalten an, bis ein optimales Verhalten erreicht ist.

Diese Art des Lernens kennt man aus der Dressur von Tieren. Hundebesitzer, die ihrem vierbeinigen Begleiter etwas beibringen wollen, haben gelernt, dies mit Belohnung und Bestrafung so lange zu trainieren, bis es klappt.

Man kennt auch die Konditionierung des Pawlowschen Hundes, dem beim Erklingen der Glocke so lange Futter gegeben wird, bis alleine der Glockenklang den Speichelfluss veranlasst. *„Die Reaktion wird induktiv - und damit iterativ - das heißt von Einzelereignis zu Einzelereignis - verstärkt."* (Füllsack, 2011, S 249)

Bei diesem Lernprozess werden Algorithmen eingesetzt, die auf dem Modell von Entscheidungsproblemen beruhen, wie der vorher erwähnte Andrei Andrejewitsch Markow sie mit seiner Lösung des sogenannten Markow Entscheidungsproblems (Markov decision process) entworfen hat. Der Agent lernt so lange, bis er die maximal erreichbare *Belohnung* erhalten hat.

Zum Einsatz kommt Reinforcement Learning in Bereichen, in denen selbstständig agierende Akteure ohne weitere menschliche Kontrolle gewünscht sind. Dies bedingt, dass solche Systeme ausschließlich in Umgebungen Einsatz finden, in denen alle möglichen Zustände und die daraus abzuleitenden Aktionen bekannt sind.

Kommt ein mittels Reinforcement Learning trainierter Roboter in der Lagerhaltung zum Einsatz, so ist dieser Robot zu keiner anderen Tätigkeit als zur Lagerhaltung in einem Lager, das seinem trainierten Zustand entspricht, zu gebrauchen.

8.5 Deep Learning

Deep Learning und *Neuronale Netze* - beides Begriffe die im Zusammenhang mit *Maschinellem Lernen* und *Künstlicher Intelligenz* immer wieder genannt werden und darauf verweisen sollen, dass selbstständiges Lernen möglich sei. Im Unterschied zu Algorithmen, die explizit von Menschen festgelegt werden, ist es möglich, mithilfe einer großen Menge Beispieldaten, ein sogenanntes (künstliches) neuronales Netz zu entwickeln, das selbst Regeln aus den Daten ableitet.

Die Forschung zu diesem Thema nahm bereits in den 1940er-Jahren ihren Anfang. Als einer der Pioniere gilt Marvin Minksy, der 1951 die erste Simulation eines neuronalen Netzwerks mit der Bezeichnung SNARC baute. (Minsky, 2006)

Diese Art des Machine Learning orientiert sich an Erkenntnissen der Neurowissenschaft, die davon ausgeht, dass mentale Vorgänge in Nervenzellen, den sogenannten Neuronen, stattfinden. Das menschliche Gehirn besteht aus (geschätzt) 86 Milliarden Neuronen, die mittels sogenannter Dendriten miteinander verbunden sind.

Diese Neuronen kommunizieren miteinander mittels elektrischer Signale und deren Übertragung durch Synapsen. Gelernt wird durch Verstärkung oder Abschwächung der Synapsen, wobei die in einem Neuron ankommenden Signale sich addieren und bei Überschreiten eines Schwellwertes das Neuron *feuert*. Dieser Vorgang führt zu dem, was als *synaptische Plastizität* bezeichnet wird. (Max-Planck-Gesellschaft, 2014)

„Stärkung und Schwächung, Auf- und Abbau - die Stärke, mit der Signale zwischen Nervenzellen übertragen werden, wird laufend angepasst. Etwas vereinfacht könnte man sich also vorstellen, dass die Signalübertragung verstärkt wird, wenn das Gehirn etwas speichert – und abgeschwächt wird, wenn es vergisst. Viele Neurowissenschaftler sind heute der Ansicht, dass synaptische Plastizität die Grundlage von Lernen und Gedächtnis ist." (Max-Planck-Gesellschaft, 2014)

Ein künstliches neuronales Netz besteht aus mehreren Einheiten = Neuronen oder Perzeptronen, die jeweils Eingaben übernehmen, diese verarbeiten, die Gewichtung überprüfen und den Output weitergeben. Am Ende der Ausgabekette wird die tatsächliche Ausgabe mit der optimalen Ausgabe verglichen. Danach über eine Fehlerfunktion ein eventuell notwendiger Optimierungsvorgang aufgerufen, der die Anpassung der Gewichtung veranlasst - so wird gelernt. Einfache Probleme, wie die Unterscheidung in zwei Klassen lassen sich mittels linearer Funktion lösen. In solchen Single-Layer-Perzeptronen findet die Gewichtung als Reaktion auf den Input statt, weshalb dieser Vorgang als forward-propagation bezeichnet wird.

Komplexere Problemstellungen, wie sie in der realen Welt vorzufinden sind, sind nur mittels nichtlinearer Funktionen erfassbar und erfordern damit die Anordnung von Neuronen auf mehreren Ebenen, sogenannten Multi-Layer-Perzeptronen, so dass man von einem künstlichen neuronalen Netz spricht.

Neuronen werden dazu in mehreren Schichten angeordnet. Die erste Ebene verarbeitet die Eingabedaten, die letzte Ebene liefert die Ausgabe, dazwischen können beliebig viele verdeckte Schichten von Neuronen liegen. Eine Anpassung der Gewichtung kann bei diesem Vorgang allerdings erst dann stattfinden, sobald die Informationen durch alle Layer mit den verdeckten Neuronen verarbeitet wurden. Dies erfolgt mit Hilfe der sogenannten back-propagation, eines Vorgangs bei dem in einer Art Rücklauf die Gewichtung der einzelnen Neuronen angepasst wird. (Füllsack, 2011, S 308ff)

Auch bei Multi-Layer-Perzeptronen werden zu Beginn der Aufgabe die Gewichtungen zufällig gewählt und erst im Laufe des Lernprozesses adaptiert. Das noch nicht trainierte = unkalibrierte Netzwerk wird mit Trainingsdaten konfrontiert und mittels Solldaten und Fehlerkorrektur werden die Gewichtungen optimiert. Mithilfe solcher neuronaler Netzwerke ist es möglich, in großen Datenmengen Muster zu finden, die bisher Menschen noch nicht aufgefallen sind. Der Begriff des *Deep Learnings* bezieht sich auf die Tiefe der Strukturen der vorhandenen Multi-Layer-Perzeptronen, d.h. auf die Anzahl der verwendeten verdeckten Schichten.

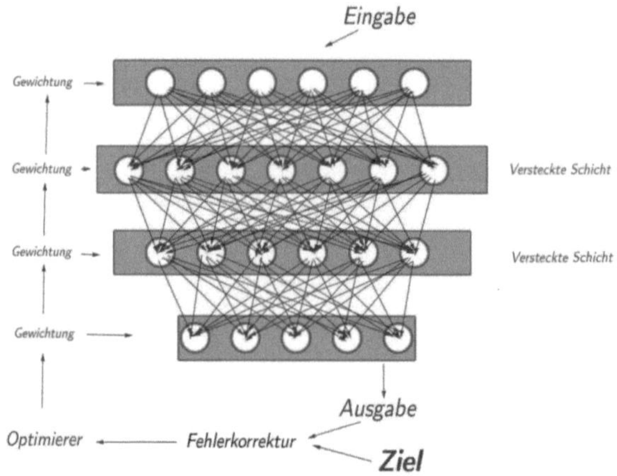

Abbildung 17: Neuronales Multi Layer Perzeptron mit back-propagation

Deep Learning mit Multi-Layer-Perzeptronen braucht sehr viel Rechenzeit, folgt man den Ausführungen von Song Han, einem Assistenzprofessor am MIT, der sich mit der Entwicklung neuer Algorithmen im Kontext dieser Art des maschinellen Lernens beschäftigt. Er bezeichnet dies als kritisches Problem. (Knight, 2020)

Noch ein Aspekt des *Deep Learnings* mit neuronalen Netzen sorgt für kritische Kommentare. Je tiefer und damit komplexer das Netzwerk, desto größer die Wahrscheinlichkeit, dass die dargestellten Zusammenhänge für Menschen keine Entsprechung in der Realität erkennen lassen. In diesem Kontext wird von neuronalen Netzen oft als *Black Boxes* gesprochen.

Dies wird zunehmend als Kritik an dieser Art von AI/KI formuliert und wirft Fragen auf, in welchen Zusammenhängen neuronale Netzwerke genutzt werden sollen. Nicht zuletzt ergeben sich in diesem Zusammenhang auch ethisch begründete Fragen.

8.6 KI / AI

Die Auseinandersetzung mit *Künstlicher Intelligenz* ist nicht unbedingt eine Angelegenheit des aktuellen Jahrhunderts. Seit es Ideen gibt, bestimmte Aufgaben von Computern erledigen zu lassen, wird daran gearbeitet, diese Art von Lösungen zu optimieren.

Mathematische Theoreme und die Entwicklung von Computern bewirkten, dass Ende der 1940er-Jahre neue Forschungsrichtungen entstanden, innerhalb derer Wissenschafter sich die Fragen stellten, ob Computer denken könnten. So veröffentlichte Alan Turing im Jahr 1950 einen Artikel, der sich mit der Frage der Intelligenz von Computern auseinandersetzte. (Turing, 1950) Der nach Alan Turing genannte Turing-Test war ein theoretisches Konstrukt, das ermöglichen sollte festzustellen, ob ein Computer das gleiche Denkvermögen wie ein Mensch haben könnte. Die Testanordnung wurde vielfach beschrieben. Ein Mensch sollte mittels einer Tastatur ohne Sichtkontakt Fragen stellen, die entweder von einem anderen Menschen oder von einem Computer beantwortet werden sollten. Der fragende Mensch sollte dann beurteilen, ob die Antworten von einem Menschen oder doch vom Computer gegeben worden waren. Sobald die fragende Person die Antworten des Computers als menschliche Antworten einschätzte, hätte der Computer den Test bestanden.

Turing selbst nannte diese Anordnung „*The Imitation Game*". Er hielt fest, dass man die Frage, ob „*Maschinen denken könnten*" eher durch die Frage „*Sind digitale Computer vorstellbar, die in diesem Spiel der Nachahmung erfolgreich sein könnten*" ersetzen sollte. (Turing, 1950, S 442) Das Bestehen des Tests - durch den Computer - ist somit von mehreren Faktoren abhängig. Einerseits von der fragenden Person, von den Antworten des menschlichen Widerparts und vom Computer selbst. Wobei die Fähigkeiten sowohl der fragenden als auch der antwortenden Person und die Intention in diesem Spiel zu täuschen, maßgeblichen Einfluss auf den Ausgang des Tests haben. Gleichwohl wurde dieser Test und die beschriebene Anordnung zur Grundlage der Forschung zu *Künstlicher Intelligenz*.

Das Gedankenexperiment des Chinesischen Zimmers sollte zeigen, dass menschliche Intelligenz nicht durch Computer simuliert werden kann. (Searle, 1980) Angenommen, eine Person, die weder chinesisch sprechen, noch schreiben oder lesen kann, säße in einem geschlossenen Raum. Diese Person hätte eine Anleitung in ihrer Muttersprache zur Verfügung, die es möglich macht, auf Basis erhaltener chinesischer Symbole, eine Antwort zu geben, die für einen fragenden Beobachter Sinn machen würde.

Dieser Vorgang erfordert kein Verständnis der Fragen und Antworten, denn der Algorithmus der Anleitung genügt. Personen außerhalb des Raumes schließen aus den Antworten, dass in dem Raum ein Mensch sitzt, der Chinesisch beherrscht.

Dieses Experiment sollte zeigen, dass ein Computer einen Algorithmus ausführen und Zeichen verändern kann, ohne diese Zeichen verstehen zu müssen. Bezogen auf den Turing-Test bedeutet dies, dass ein bestandener Turing-Test nicht zwangsläufig auf eine starke künstliche Intelligenz verweist.

Auch in den 80er-Jahren des vorigen Jahrhunderts hat sich unter anderen der aus Österreich stammende Wissenschafter Hans Moravec mit Robotik und künstlicher Intelligenz im Rahmen seiner Studien an der Carnegie Mellon Universität in Pittsburgh beschäftigt. Interessant daran ist, dass er bereits damals eine Formulierung fand, die als Moravecsches Paradoxon bekannt wurde. So hatte er festgestellt, dass es wenig aufwendig sei, regelkonformes Denken von Computern durchführen zu lassen. Im Gegensatz dazu wäre es mit immensem Aufwand verbunden, die sensomotorischen Fähigkeiten eines einjährigen Kindes mittels Computern nachzubilden. (Moravec, 1988, S 15) Dies macht es möglich, dass Computer Schach, Dame, Go besser spielen können als Menschen. Damit hat Moravec bereits vor mehr als dreißig Jahren definiert, was heute als *schwache KI* bezeichnet wird. Diese schwache künstliche Intelligenz übertrifft menschliche Fähigkeiten in abgegrenzten Bereichen an Genauigkeit und Effizienz.

Im Gegensatz dazu könnte starke künstliche Intelligenz in allen Lebensbereichen zumindest das gleiche Niveau wie das menschliche Gehirn erreichen. Auch das hat Hans Moravec als erreichbar und sogar wünschenswert angesehen, weil er meinte, dass diese Art von Intelligenz menschliche Unterschiede auf Basis von Kultur und überlebensnotwendige Eigenschaften, die sich in Machtbestrebungen und Aggressionen äußern, obsolet machen würde. Damit könnte gleichsam ein nächster Evolutionsschritt gesetzt werden.

Diese Art von *starker KI* meint er, würde bis zum Jahr 2050 möglich sein. (Moravec, 1999)

8.7 Schwache künstliche Intelligenz

Schwache künstliche Intelligenz (engl.: *weak AI* oder *artificial narrow intelligence ANI*) ist das, was heute bereits in vielen Anwendungen und Geräten als Lösung konkreter Probleme zu finden ist. Die zugrunde liegenden Methoden greifen auf Regeln aus Mathematik, Statistik und Informatik zurück. So sind diese Systeme in der Lage, eindeutig definierte Aufgaben sehr schnell zu lösen. Dazu ist allerdings im Vorfeld der Anwendung die Problemstellung im Detail zu definieren.

Alle heute bereits erfolgreich eingesetzten Anwendungen von KI sind dem Bereich der schwachen KI zuzuordnen. Hier einige Beispiele für Anwendungen, die sich schwacher künstlicher Intelligenz bedienen:

- Text- oder Schrifterkennung
- Bilderkennung und Analyse
- Spracherkennung
- personalisierte Werbung
- Systeme zur automatisierten Sprachübersetzung
- Navigationssysteme
- Chatbots und Steuerung von Telefondiensten
- Autokorrektur und Autovervollständigung von Texteingaben
- Sprachausgabe etc....

Schwache KI hat nicht die Aufgabe, die menschliche Intelligenz nachzuahmen oder zu ersetzen. Der Fokus liegt darauf, menschliches Verhalten zu simulieren. Schwache KI erreicht bei weitem nicht eine Art menschlicher Intelligenz und hat auch nicht den Anspruch, diese vorzutäuschen.

Reactive AI / reaktive KI

Zur einfachsten Art von KI-Systemen zählen die sogenannten *Reactive Machines*. Systeme, die keinesfalls auf eine Form von Erinnerung (Speicherung) von früheren Aktionen zurückgreifen können, um aktuell Aktionen zu setzen. Diese Maschinen zählen zu den ältesten KI-Systemen und sind nur in der Lage, die vorhandenen Regeln = Algorithmen abzuarbeiten. Dies bedeutet, dass diese Systeme nicht in der Lage sind, zu lernen. Das bekannteste Beispiel für eine reaktive KI-Maschine ist wohl Deep Blue von IBM. Ein System, das im Jahr 1997 den Schachgroßmeister Garri Kasparov besiegt hat.

Limited Memory AI / KI mit begrenzter Speicherung

Eine Weiterentwicklung der *Reactive Machines* sind Systeme, die mittels Speicherung von Daten in der Lage sind, aktuelle Aktionen aufgrund dieser bisher gemachten Erfahrungen zu adaptieren. Was so viel bedeutet, dass diese Maschinen aus Daten vergangener Aktionen lernen können.

Viele der heute bekannten Anwendungen sind in diese Kategorie von KI-Systemen einzuordnen. Die meisten aktuellen KI-Systeme werden mit einer riesigen Menge an Trainingsdaten *gefüttert*, woraus mittels mathematischer, statistischer Funktionen ein Modell für die Lösung zukünftiger Probleme erstellt wird. Solche Systeme werden z.B. zur Bilderkennung eingesetzt. Die Trainingsdaten enthalten in diesem Fall viele Bilder, die bereits beschlagwortet sind, um dem System die Klassifizierung von Objekten auf Basis dieser Bilder beizubringen. Wird in der Folge diesem KI-System ein neues Bild präsentiert, so werden die Trainingsbilder als Referenz genutzt, um den Inhalt dieses neuen Bildes einordnen zu können. Gleichzeitig wird diese erfolgte Klassifizierung des neuen Bildes wieder als Lernen betrachtet, sodass das System in der Lösung der Aufgaben mit jedem weiteren Schritt besser wird.

Fast alle heutigen KI-Anwendungen, von Chatbots und virtuellen Assistenten bis hin zu selbstfahrenden Fahrzeugen, sind Anwendungen von KI mit begrenzter Speicherung. Diese Systeme funktionieren nicht mittels Interaktion mit der Welt, sondern ausschließlich in den Umgebungen, für die sie gebaut wurden.

Entwickler, die Anwendungen mit schwacher *Künstlicher Intelligenz* anreichern wollen, können auf eine Anzahl von Systemen zurückgreifen, die mit unterschiedlichen Lernalgorithmen und -formen helfen, anfallende Probleme lösen.

Die meisten dieser Systeme und Programmbibliotheken werden von großen Anbietern (Google, Microsoft, Apple, Facebook, IBM ...) zur Verfügung gestellt[9]. So ist es möglich mit relativ wenig Aufwand aus vorbereiteten Funktionen gewünschte Anwendungen zu erstellen.

Ein Beispiel sei hier angeführt, um zu zeigen, wie einfach mithilfe von KI basierten Funktionen - in diesem Beispiel mittels der Google Übersetzungsservices - eine eigene Anwendung gestaltet werden kann. Dieses Beispiel erlaubt eine gesprochene Eingabe - auf deutsch - in die Sprachen englisch und spanisch zu übersetzen und danach auszugeben.

[9] ... was wieder zur Stärkung dieser Hubs beiträgt

Die Programmiersprache ist Python und nutzt vorhandene Softwarebibliotheken - durch die Kommentierung sollten diese Zeilen auch für Menschen ohne Kenntnis von Programmiersprachen verständlich sein:

Listing 8.1: Python Code für Spracherkennung, Übersetzung und Sprachausgabe

```
import speech_recognition as sr
from gtts import gTTS
import urllib
import time
import os

r = sr.Recognizer()
# record audio
with sr.Microphone() as source:
    print('Bitte␣sprechen!')
    audio = r.listen(source)
    print('Vielen␣Dank!')

from textblob import TextBlob
# recognize
lang='de DE'
text = r.recognize_google(audio, language=lang)
# Google erkennt das Gesagte
blob = TextBlob(text)
# und wandelt es in Text um

# english
worte = blob.translate(to='en')
# Google uebersetzt den Text ins Englische
worte = str(worte).decode("utf 8")
print (worte)
```

```
tts = gTTS(text=worte, lang='en')
# Google wandelt den englischen Text in Sprache
tts.save("audiofinal.mp3")
os.system('afplay␣"audiofinal.mp3"')

# espanol
worte1 = blob.translate(to='es')
# Google uebersetzt den Text ins Spanische
worte1 = str(worte1).decode("utf 8")
print (worte1)
tts = gTTS(text=worte1, lang='es')
# Google wandelt den spanischen Text in Sprache
tts.save("audiofina1.mp3")
os.system('afplay␣"audiofina1.mp3"')
```

Die Arbeit dahinter erledigt Google mittels Spracherkennung, Übersetzung und Sprachausgabe in zwei Sprachen. Drei Dienste, die auf schwacher KI und Machine Learning mittels laufender Big Data Sprachanalysen basieren.

8.8 Starke künstliche Intelligenz

Im Gegensatz zur schwachen künstlichen Intelligenz wird als starke künstliche Intelligenz (auch Superintelligenz, oder engl.: *strong AI* oder *Artificial General Intelligence AGI*) ein lernfähiges System bezeichnet, das die gleichen intellektuellen Fertigkeiten wie Menschen erreichen kann.

Theory of Mind

Während die zuvor beschrieben KI-Systeme bereits allgegenwärtig sind, auch wenn an weiteren Verbesserungen laufend gearbeitet wird, sind *Künstliche Intelligenzen*, die Bedürfnisse, Überzeugungen, Emotionen erkennen und damit in der Lage sind, sich in die Gedanken des Gegenübers hineinzuversetzen, der nächste Schritt, an dem geforscht wird. Deshalb auch die Konnotation mit *Theory of Mind*, denn darunter versteht man in der Psychologie die Fähigkeit, Gefühle, Wahrnehmungen und Gedanken anderer einzuordnen und deren Verhaltensweisen einzuschätzen. (Stangl, 2020).

Dabei geht es um die Integration von Systemen mit künstlicher Intelligenz in den sozialen Alltag, denn ohne Verständnis von menschlichen Gedanken, Emotionen und Erwartungen kann eine Kommunikation zwischen Mensch und Maschine nicht wie gewünscht funktionieren. Eine weitere Forderung dabei wäre, dass diese Systeme auch in der Lage sind, ihr Verhalten an veränderte Bedingungen anzupassen.

AI with Self-Awareness / Intelligenzen mit Selbstbewusstsein

Dies wäre wohl als letzter - von manchen gewünschter - Schritt in der Entwicklung von KI-Systemen zu betrachten. Doch diese Entwicklung fällt heute unter die Rubrik Science-Fiction. Der Begriff des Bewusstseins hat die Philosophie seit jeher als *Leib-Seele-Problem*, später als *Körper-Geist Problem* und damit als Frage nach dem Verhältnis von geistigen und körperlichen Zuständen begleitet und kann bis heute nicht zufriedenstellend beantwortet werden.

So eine starke künstliche Intelligenz würde nicht mehr ausschließlich reaktiv, sondern aus eigenem Antrieb handeln. Diese Gedanken lassen Vorstellungen hochkommen, die sich mit dystopischen Ideen einer Welt befassen, in der Menschen mit solchen Maschinen im Wettstreit stehen. Und diesen Kampf aller Voraussicht nach verlieren würden. Nicht umsonst werden solche Gedanken mit dem Frankenstein Mythos verglichen, einer Situation, in der ein technologisches Produkt außer Kontrolle gerät.

Noch ist es ein offensichtlich wissenschaftlicher Wunschtraum, solch eine künstliche Intelligenz zu entwickeln. Vertritt man die Position von Hans Moravec, der, wie bereits erwähnt, die Entwicklung einer *starken KI* bis zum Jahr 2050 für möglich hält - so ist man gefordert, über Regeln zu diskutieren, die für eine starke KI gelten sollten. Denn diese starke KI sollte die folgenden Eigenschaften aufweisen, um als wirklich intelligent gelten zu können.

1. Logisches Denkvermögen

2. Entscheidungsfähigkeit auch bei Unsicherheit

3. Planungs- und Lernfähigkeit

4. Fähigkeit zur Kommunikation in natürlicher Sprache

5. Kombinieren aller Fähigkeiten zur Erreichung eines übergeordneten Ziels

Dieser letzte Punkt scheint die essenzielle ethische Frage im Zusammenhang mit künstlicher Intelligenz, welcher Ausprägung auch immer, zu sein. Denn was oder wer immer das übergeordnete Ziel definiert, wird maßgeblich an den Aktionen dieses System teilhaben und dafür wohl auch Verantwortung zu übernehmen haben. Diese Fragen sind essenziell in die Entwicklung solcher intelligenter Systeme mit einzubinden.

„Die Geschichte hat gezeigt, dass Menschen in ihrem Wissensdrang gar nicht so gern an die ethischen Fragen denken und damit auch nicht an die ethischen Konsequenzen, weil es ihnen zuerst einmal darum geht, zu zeigen, dass das - was sie vorhaben -[10] *überhaupt funktioniert"*. (Metzinger, 2017, min 16:54)

In diesem Zusammenhang werden auch Fragen nach einem möglichen Bewusstsein intelligenter Systeme gestellt, wobei auch erörtert wird, ob es so etwas wie Empathie, Selbsterkenntnis, und /oder Gedächtnis geben könnte. Es gibt Zweifel daran, ob so etwas wie Selbstbewusstsein und Ich-Gefühl, das mit der Erfahrung von Vergangenheit einhergeht, bei intelligenten Systemen überhaupt entstehen kann. (Metzinger, 2017, min 29:00) Auch der Begriff der Intelligenz wird im Zusammenhang mit intelligenten Systemen kritisch hinterfragt, denn Lernen und Intelligenz wird als *„menschliches Gesamtpaket im Kopf"* (Bostrom, 2017, min 30:00) bezeichnet, das nicht einfach nachgebaut werden könne. Nochmals sei die Aufmerksamkeit auf das übergeordnete Ziel solch eines Systems und die Definition dieses Ziels

[10] vom Autor hinzugefügt

gelenkt. Wer immer dieses Ziel definiert, muss davon ausgehen, dass dieses Ziel von der künstlichen Intelligenz emotionslos und unter allen Umständen umgesetzt werden würde.

Im Falle, dass als Ziel die optimale Produktion von Büroklammern definiert würde, wird eine mit diesem Ziel ausgestattete Intelligenz sämtliche verfügbaren Ressourcen diesem Ziel unterordnen. Sollte der Mensch dies nicht wollen, so stünde er diesem Ziel im Weg - was könnte wohl die Konsequenz sein? *„Wenn wir schon einen Geist in der Flasche haben, würde er eines Tages herauskommen - also ist es nur vernünftig, dass es ein freundlicher Geist ist, den wir erschaffen"* (Bostrom, 2017, min 40:00)

Es ist also an der Zeit, vor der Entwicklung solch starker künstlicher Intelligenzen den Einsatz dieser Systeme zu reglementieren. Auch in dem Bewusstsein, es könnte sich ein Staat oder ein Unternehmen - und damit die in dieser Organisation maßgeblichen Menschen - über diese Regeln hinwegsetzen.

„Die großen Risiken liegen weit in der Zukunft, wir haben Zeit, darüber nachzudenken, wir sollten nur damit anfangen." (Metzinger, 2017, min 42:15)

Noch weiter in der Zukunft liegt die Idee der

Artificial Super Intelligence (ASI)

Manche sehen die Entwicklung einer *Künstlichen Super Intelligenz* als Höhepunkt der KI-Forschung. Vor allem die Entwicklung von immer schnelleren Prozessoren und immer größeren und schnelleren Speicherbausteinen lässt Ideen aufkommen, künstliche Intelligenzen könnten die Fähigkeiten von Menschen übertreffen und damit einen Prozess einleiten, der zu einem nächsten Schritt der Evolution führen würde. Diese Entwicklung würde den Menschen ermächtigen, seine biologischen und genetischen Beschränkungen zu überwinden. Allerdings wird dabei nicht darauf Bedacht genommen, dass eine künstliche Intelligenz nicht an unserer Stelle *atmen* kann. Sie kann auch nicht *„anstelle des Bewusstseins unserer selbst"* das Leben erleben. Aus diesem Blickwinkel ist festzuhalten, dass der Stellenwert von Künstlicher Intelligenz und Mensch sich als von Grund auf unterschiedlich darstellt. Eine Vermengung von beidem kann nicht als zielführend betrachtet werden. (Hashi, 2020)

Nicht zufällig nennt man die oben angesprochene Denkrichtung Transhumanismus, deren Protagonisten von Superintelligenz, Superlanglebigkeit und Superglücklichsein träumen.[11] Diese Entwicklungen führen aus Sicht der Anhänger zu einem Szenario, das als Singularität bezeichnet wird. (Kurzweil, 2005) Das Versprechen mit superintelligenten Maschinen eine bessere Welt für alle zu schaffen, klingt zwar verlockend. Der Blick in die Geschichte der Menschheit allerdings zeigt, dass solche Utopien schlicht nicht umsetzbar sind oder in einer Katastrophe zu enden drohen. Das wäre schließlich etwas, was man wirklich als Disruption bezeichnen könnte.

[11] https://www.transhumanist.com/

9 Exponentiell

Bei der Suche nach dem Begriff der Exponentialität kommt man sehr schnell in die Verlegenheit, sich mit mathematischen Formeln auseinandersetzen zu müssen. Das soll hier nicht gefordert werden. Es bleibt aber unerlässlich zu erklären, dass der Exponent den Wert symbolisiert, den man als Hochzahl bezeichnet.

Im Falle von 2^3 bezeichnet man 2 als die Basis und 3 als den Exponenten. Dieses Beispiel könnte auch 2 x 2 x 2 geschrieben werden und ergibt 8. Damit ist es auch schon fast geschafft. Diese Darstellung soll darauf verweisen, dass mittels der Exponentialität besondere Entwicklungen bezüglich Wachstum oder Zerfall - d.h. exponentielle Zunahme oder exponentielle Abnahme beschrieben werden können. Gemessen jeweils von einem Schritt zum nächsten.

Diese Art von Wachstum ist im Gegensatz zu linearem Wachstum für menschliche Beobachter nicht zu erfassen, nicht einschätzbar - man sagt auch kontra-intuitiv. Diesen Begriff des Kontra-intuitiven liefert schon die antike Geschichte der phönizischen Prinzessin Dido, die in Nordafrika die Festung Byrsa gegründet hatte = später Karthago, nachdem sie vom dortigen König so viel Land erbeten hatte, wie sich mit einer Rinderhaut umspannen ließ. Der König gewährte ihr diesen Wunsch mit einem Lächeln, denn er rechnete nicht damit, dass Dido die Rinderhaut in schmale Streifen schneiden und damit ein großes Stück Land abstecken würde. (Hunger, 1984)

Noch eindringlicher für den Begriff des Exponentiellen ist eine mit dem Schachspiel verbundene Geschichte, die aus dem arabischen Raum stammt, auch, wenn sie sich in Indien ereignet haben soll. Ein tyrannischer indischer

Herrscher ließ sich vom Erfinder des Schachspiels, einem Brahmanen, in den Regeln dieses Spiels unterweisen. Er fand an dem Unterricht und an dem Spiel Gefallen und wollte seinem Lehrer, dem Brahmanen, einen Wunsch erfüllen. Dieser wünschte sich ein Weizenkorn (in manchen Überlieferungen wird von Reiskörnern gesprochen) auf das erste Feld, zwei auf das zweite Feld und danach jeweils die doppelte Menge Weizenkörner auf das nächste Feld. Bei 64 Feldern ergibt diese Rechnung eine Menge von 2^{64}-1 oder 18.446.744.073.709.551.615 Weizenkörner ($\approx$ 18,45 Trillionen). (Lindörfer, 1991, S 311) Eine Menge an Weizen, welche die weltweite Jahresernte von 2019/20 um fast das 1000-fache übersteigt. (Ahrens, 2020)

Man muss allerdings nicht so weit zurückblicken, denn wohl alle die in unseren Breiten die Schule besucht haben, wurden mit der Zinseszinsrechnung konfrontiert, die uns einen Einblick in die Vorstellung gibt, um die es bei der Exponentialität geht. Der Unterschied zu exponentiellen Entwicklungen, wie wir sie heute in der Realität der Netzwerke und der Digitalisierung erleben, ist jedoch auch klar zu bezeichnen. Bei der Berechnung von Zinseszins sind die Exponenten sehr gering anzusetzen. Wenn jemand heute 2,5 % an Zinsen lukrieren kann, so schreibt man dies mit einem Exponenten an wie folgt: $2{,}5\text{x}10^{-2}$. Also der Exponent wäre nicht 2, wie beim Schachspiel, sondern 0,025 - eben 2,5 %. Im Gegensatz dazu sind angestrebte Wachstumsraten im Kontext von Digitalisierung und Netzwerken um ein Vielfaches höher.

Im Umfeld von Start-ups ist Exponentialität ein viel beachtetes Thema, denn alle Unternehmensideen beruhen darauf, das Geschäftsmodell vervielfältigen zu können - und dies möglichst exponentiell. Sucht man nach Unterstützung solcher Ideen, so wird man mit Titeln wie „*Exponentielle Innovation*" (Samuels, 2019) fündig. Was nicht bedeutet, dass ein exponentielles

Geschäftsmodell auch umsetzbar ist. Es soll hier nur darauf hingewiesen werden, dass diese Art des Wachstums gewünscht ist. Die kontra-intuitive Eigenschaft von Exponentialität bringt allerdings mit sich, dass, wie schon beim Begriff der Emergenz erwähnt, darauf einen Plan aufzubauen, mehr als risikoreich ist. Eine unternehmerisch nachhaltige Kalkulation wird so ziemlich unmöglich.

Diese Tatsache ist nicht neu. So hat im Jahr 2000 mit dem Platzen der sogenannten *Dotcom-Blase* eine erste Marktbereinigung im Rahmen der damals als New-Economy bezeichneten Internet Unternehmen stattgefunden. Auch in der Zeit danach sind immer wieder Unternehmen zu finden, deren Wachstumsfantasien nicht nachhaltig genug waren, um ein dauerhaftes Geschäftsmodell zu entwickeln.

Auf der anderen Seite haben auf Basis von Netzwerken, den darauf aufbauenden Theorien und den sozialen Effekten, im digitalen Bereich Entwicklungen stattgefunden, die sich als äußerst erfolgreich darstellen lassen. Auch dadurch rückt der Begriff der Exponentialität zunehmend in den Fokus. Wurde der Blick für ein derartiges Wachstum einmal gestärkt, stellt man fest, dass jetzt - in den ersten Jahrzehnten des 2. Jahrtausends unserer Zeitrechnung - mehrere Entwicklungskurven an Beschleunigung zu gewinnen scheinen.

9.1 Exponentiell?

Bei einem Blick auf unterschiedliche Wachstumskurven lässt sich feststellen, dass mit dem Erkennen von exponentiellen Abläufen sich die Aufmerksamkeit für diese Phänomene steigert. Es wird einem aktuellen Beobachter nicht ganz klar sein, ob dies eher mit seiner eigenen Erkenntnisfähigkeit oder doch mit den tatsächlichen Entwicklungen zu tun hat. In den meisten Fällen wird wohl beides zutreffen.

Wem die Entwicklung der Welt, der aktuelle Ressourcenverbrauch, die Klimadebatte, der Umgang mit Hunger und Krankheiten, die Diskussionen um Nachhaltigkeit und die Zukunft der Menschheit am Herzen liegt, ist wohl oder übel mit der Thematik der Exponentialität befasst. Die aktuelle Covid-19-Pandemie hat nun dazu beigetragen, dass der Begriff der Exponentialität in der Medienlandschaft und damit in breiten Bevölkerungsschichten angekommen ist.

Die Darstellung in Bezug auf die Ausbreitung des Virus ist dazu angetan, eine derartige Entwicklung als Schreckensszenario zu betrachten. Auch die aktuell beobachtbare Steigerung von CO_2 Emissionen - auch wenn diese durch die wirtschaftlichen und touristischen Einschränkungen während der Pandemie ein wenig zurückgegangen sein mag - und die damit einhergehende Erwärmung des gesamten Globus sind Folgen mehrerer parallel verlaufender Dynamiken, die scheinbar einem Höhepunkt zustreben.

Mit dem historischen Rückblick erkennt man viele Aspekte deren Verlaufskurven sich in einer Art und Weise steigern, die vermuten lässt, dass diese Kurven einander gegenseitig befördern. Egal ob positiv, mit Blick auf Entwicklung von Wirtschaft und Wohlstand, oder negativ, mit Bezug auf globale Erwärmung, interpretiert. Sich darüber Gedanken zu machen ist durchaus kein neues Phänomen. Bereits im 17. und 18. Jahrhundert war zum Beispiel Holz ein durchaus knapper Rohstoff, dessen nachhaltiger Anbau Thema war. So hatte der sächsische Oberbergmann Hans Carl von Carlowitz bereits im Jahre 1713 eine Schrift über Baum-Zucht veröffentlicht, in der er nachhaltigen Umgang mit der Holzversorgung forderte. (Proholz, 2020)

In dieselbe Kerbe schlägt eine indianische Weisheit, die gerne bei Seminaren erwähnt wird *„Kein Frosch trinkt den Teich aus, in dem er lebt"* - wohl ein Hinweis darauf, dass die Spezies Mensch auf nachhaltigen Verbrauch von Ressourcen zu wenig Wert legt. Das Phänomen dieser exponentiellen Entwicklungen bleibt so lange ohne Konsequenz für menschliche Lebensgestaltung, so lange die Auswirkungen nicht innerhalb weniger Generationen gravierende Neuerungen bewirken.

Ein Blick in die Vergangenheit zeigt, dass Lebensumstände, Berufe, gesellschaftliche Strukturen sich nur sehr langsam veränderten und damit kultureller Wandel viel Zeit in Anspruch nahm. Manches hatte über Generationen Bestand. Bedingt vor allem durch die Eigenschaft von Menschen, solche Umwälzungen abzulehnen oder verhindern zu wollen. Der rasante Fortschritt von Technologien und damit der Umbruch in der Bereichen Wirtschaft, Landwirtschaft und Industrie, bei gleichzeitiger vermehrter Akzeptanz durch die Gesellschaft, beschleunigt die Neugestaltung der Lebenswelten. (Levi-Strauss, 1975)

Die aktuell beobachtbare Beschleunigung machte es erforderlich, sich innerhalb einer Lebensspanne mehrmals an neue Verhältnisse anzupassen. Dies spiegelt sich in der Formulierung der Notwendigkeit des *lebenslangen Lernens*. Ein Begriff, der 1962 im Rahmen einer UNESCO Konferenz in

Hamburg erstmals formuliert wurde (Hausmann, 1972, S 17). Im Jahr 1996 hat die OECD eine Rahmenstruktur formuliert, die helfen soll, den Begriff und die Umsetzung der Ideen bezogen auf lebenslanges Lernen einheitlich gestalten zu können. (OECD, 1996)

Mit der Entwicklung von Informationstechnologie, Computern, Netzwerken, Internet, der fortschreitenden Digitalisierung und dem vermehrten Einsatz von KI / AI in fast sämtlichen Lebensbereichen wird die Notwendigkeit der Anpassung an neu entstandene Arbeits- und Lebenswelten immens beschleunigt. So sehr beschleunigt, dass diese beiden Welten innerhalb einer Lebensspanne mehrmals neu zu organisieren sind. Dies, sowie das Unvermögen der Mehrheit, zukünftige Trends zu antizipieren - wie wir dies von exponentiellen Abläufen kennen - verursachen Verunsicherung innerhalb der Gesellschaft und verstärken konservative Tendenzen. Konservativ nicht im dreifachen Hegelschen Sinn - des Aufhebens, als Bewahren, des Aufhebens als Negieren und des Aufhebens als Heben auf eine nächste Stufe - sondern ausschließlich mit dem Blick auf das Bewahren der bis dato bekannten Situation. Diese kennt man bereits, hat gelernt, damit umzugehen und braucht daher keine Anstrengung in Richtung Adaption zu unternehmen. Da dies mit Blick auf technologische und digitale Tendenzen nicht möglich ist, beginnt sich die politische Kultur wieder auf national argumentierte und regional beschränkte Ideen zu stützen. Aus der systemischen Argumentation her nachvollziehbar, nämlich die Reduktion der Komplexität auf kleinere Einheiten. Die Wirkungsräume der auftretenden Tendenzen sind zu groß geworden, lassen sich daher nicht mehr überblicken. Dabei vernachlässigt wird oft die Notwendigkeit von Kooperation und der dazu erforderlichen Kommunikation im Sinne einer nachhaltigen Lösung.

9.2 Eine Welt ohne Exponentialität

Eine Welt ohne Exponentialität scheint mit Blick auf die Vergangenheit nicht möglich. Zu viele technische Lösungen haben in der Geschichte der Menschheit geholfen, anstehende Probleme zu lösen - und haben damit die Wahrscheinlichkeit erhöht, dass genau diese *neuen* Lösungen vermehrt beim Auftreten neuer Probleme zuerst angewendet werden.

Außerdem ist Exponentialität nicht etwas, was erst mit der Spezies Mensch in diese Welt gekommen ist. Es ist ein Prozess, der von Menschen in dieser Welt beobachtet und als etwas beschrieben wurde, das sich in ungeheurem Ausmaß verändert, sodass man sich keine Vorstellung davon machen kann.

Man kann allerdings auch in der Natur beobachten, dass solche Tendenzen an einen Punkt gelangen, an dem das bis dahin vorhandene Gleichgewicht zwischen sich exponentiell entwickelndem System und Umwelt nicht mehr länger aufrechterhalten werden kann. Die Tendenz bricht ab und kehrt sich um. Ein ähnliches Phänomen tritt auf, wie man es auch beim Start der exponentiellen Entwicklung beobachten kann - ein *tipping point* = Umkehrpunkt. Solche Trends zu erkennen ist ein strukturbedingtes Phänomen und ist vergleichbar mit dem Prinzip, das bei dem Erkennen von Emergenz auftritt.

Jedes Aufkommen eines neuen Trends bedeutet gleichzeitig das Ende eines anderen Trends, der offensichtlich seinen Zenit überschritten hat. Wovon hängen dann die Auswirkungen ab, die diese Veränderungen für Gesellschaft und Menschen in ihrem täglichen Tun bewirken? Gibt es eine Möglichkeit, solche Trends und Entwicklungen abzuschwächen? Dies scheint nicht eine Frage des ob, sondern des wie zu sein. Die Netzwerktheorie zeigt, wie sich skalenfreie Systeme = Netzwerke entwickeln. Sie lässt erkennen, dass die Größe der einzelnen Systeme von essenzieller Bedeutung für das Ausmaß der Skalenfreiheit darstellt. Je größer die Anzahl von Elementen in einem System = Knoten in einem Netzwerk, desto größer die Unterschiede der Wertigkeiten.

Wenige sehr gut verlinkte Knoten stehen sehr vielen weniger verlinkten Knoten gegenüber. Jeder Knoten versucht, möglichst viele Links zu anderen Knoten zu erreichen, um damit seine Relevanz zu stärken. Ein Spiel, das sich in unzähligen Szenarien der Gegenwart spiegelt, meist gestützt durch tatsächliche Aktivitäten im Netz und damit zusätzlich technischem KnowHow verbunden. Die Definition von wirklich erfolgreichen Knoten = Systemelementen / Unternehmen / Influencern / Menschen hängt maßgeblich von der Anzahl der im Netzwerk vorhandenen Knoten ab. Je größer das Netzwerk, desto größer der Erfolg der Hubs - desto größer die Zahl der nicht erfolgreichen Elemente, welche die Basis des Erfolgs von Hubs darstellen.

„*The Rich get Richer*" (Barabasi, 2003, S 79) wurde schon erwähnt. Dies bedeutet, dass der Unterschied zwischen Reich und Arm mit der Größe des Systems korreliert, in dem diese Betrachtungen getätigt werden. Nachdem die Reichen ihren Reichtum weiter steigern wollen, muss die Zahl der für das System notwendigen Elemente so lange exponentiell steigen, bis das System die Fähigkeit der Umwelt überfordert, das Gleichgewicht aufrechtzuerhalten.

In einer Welt, in der solche Szenarien einander abwechselnder Tendenzen möglichst geringe Auswirkungen zeitigen sollen, wäre es erforderlich, die maßgeblichen Systeme = Netzwerke möglichst klein zu halten. Das bedeutet, dass die weiter oben angesprochene Ausrichtung auf regionale Gegebenheiten im Prinzip von Vorteil ist. Bedingung dabei muss aber sein, Kooperation und Kommunikation mit der Umwelt in einem gleichberechtigten Diskurs zu sichern. Gerade diese notwendige Bedingung wird - besonders im politischen Kontext - stark vernachlässigt und zum Teil ziemlich erratisch gehandhabt. Es ergibt sich somit, dass überbordender Erfolg einerseits als nachahmenswert erscheint - siehe die angesprochene Start-up Kultur - andererseits die Grundlage für das Erreichen eines *tipping points* darstellt, da dadurch nötige Gleichgewichte gestört werden.

Dies erinnert an das Problem des Mittelwegs, wie bereits Aristoteles es formuliert hat. Er stellt nämlich fest, dass sowohl Übermaß als auch Mangel das Werk zerstören, die Mittelmäßigkeit aber dazu angetan ist, es zu erhalten. (Aristoteles, 1975, II 1106b10f)

Daraus ergibt sich die paradoxe Situation, dass das Denken in *entweder - oder* zu dem Problem zeitlich nicht einschätzbarer Umschläge führt, die immer wieder neue Adaptionsschritte erfordern.

9.3 das Paradox des Erfolgs ...

Erfolg ist immer in einer historischen Rückschau zu betrachten, d.h. als positiv begriffene Veränderung. Der Blick auf die eigene Erfolgsgeschichte als Spezies lässt Menschen staunend ihre eigenen Fähigkeiten bewundern. Eigentlich wäre der Begriff ja auf alle Handlungen zu beziehen, nicht nur auf die, die Erfolg - wie wir es verstehen - gebracht haben, denn auf jede Handlung folgt eine Reaktion.

War der Begriff des Erfolgs früher an das zentrale Thema des Überlebens gebunden und damit die wichtigste Aufgabe der Mitglieder einer Gemeinschaft mit dem Überleben des Clans auch das eigene Leben zu sichern, so ist im Laufe der Zeit das eigene *gute Leben* zentraler Aspekt einer individualisierten Gesellschaft geworden.

Wissenschaft und technische Errungenschaften haben es möglich gemacht, dass möglichst viele Menschen solch ein *gutes Leben* führen. Die Definition dieses *guten Lebens* für den Einzelnen, für die Organisation von Gesellschaft und Staat war Thema der Philosophie seit Beginn. Mit Immanuel Kant mündete die Auseinandersetzung mit dem Prinzip der Erkenntnis der Welt in der Frage *„Was ist der Mensch"*. Die Frage nach der Natur – der *res extensa* des Rene Descartes – haben seit dem 17. Jahrhundert die Naturwissenschaften behandelt.

Zieht man die heute erkennbaren Auswirkungen der technologisch bedingten Entwicklungen in Betracht, so mehren sich Stimmen, die fordern, durch Technik bedingte Veränderungen bezüglich Natur, Umwelt und Klima endlich in ökonomische und politische Überlegungen mit einzubeziehen.

Die Frage nach dem Menschen beinhaltet somit auch die Frage nach dem Umgang des Menschen mit seiner Umwelt und fordert mit der Wahlfreiheit der menschlichen Handlungen auch Verantwortung dafür ein. *„Diese Erkenntnis zu pflegen und zu entwickeln wird zu einer Aufgabe der Philosophie"*. (Jonas, 1993, S 39)

Die Betrachtung von Gesellschaft, Wirtschaft, Technik als miteinander eng verwobene Systeme mit netzwerkartigen Strukturen lassen Gedanken bezüglich der Abläufe innerhalb von Systemen und der dabei auftretenden Blindheit gegenüber Vorkommnissen in deren Umwelt hier wieder zum Vorschein kommen. *„ ... man kann nicht sehen, dass man nicht sieht"* hatte Heinz von Förster, in Anspielung an den blinden Fleck im Auge, gesagt.

(Förster, 2005, S 51) Und Heinrich von Kleist lässt Dorfrichter Adam im *Zerbrochenen Krug* sagen „*Der Krug geht so lange zum Brunnen, bis er bricht*". Wiewohl mit dem Zerbrechen des Krugs die eigentliche Geschichte erst begonnen hat.

Erfolg kann somit als emergentes Phänomen bezeichnet werden, das besonders dann auftritt, nachdem eine andere Situation ihr Ende gefunden hat. Erfolg wird in der Regel für den heutigen, an der Ökonomie der Aufmerksamkeit orientierten Beobachter einen besonderen Effekt beinhalten – den Effekt einer möglichst exponentiellen Entwicklung. Diese Darstellung ist ausschließlich quantitativ möglich. Die Maßeinheit großen Erfolgs ist somit immer eine besonders hohe Zahl. Qualität würde im Gegensatz dazu eine subjektive Beurteilung zugrunde legen. Diese Beobachtung stellt man bei einer Vielzahl von Entwicklungen fest. Und alle diese Entwicklungen beruhen auf dem Prinzip der Exponentialität. Somit bringt Erfolg in Abhängigkeit von der Größe des Systems, in dessen Kontext der Erfolg betrachtet wird, auch das Gegenteil mit sich. So lassen sich beobachtbare Ungleichheiten in allen Gesellschaften und auch global erklären. Ein Paradoxon, das nach Reflexion ethischer Aspekte verlangt.

10 Ethisch

10.1 Ethik und Moral

Die Veränderung der Gesellschaft durch Vernetzung und Digitalisierung hat einen Diskurs über die Notwendigkeit von Ethik und ethisch bedingtem Handeln im Zusammenhang mit digitalem Wandel, künstlicher Intelligenz und Machine Learning aufkommen lassen.

Ethik wird im allgemeinen Sprachgebrauch gerne synonym mit dem Begriff der Moral verwendet. Ein Blick auf die eigentliche Bedeutung zeigt, dass Ethik sich als Wissenschaft mit den Bedingungen und der Bewertung von sittlich begründbarem Handeln von Menschen auseinandersetzt. Dies verlangt zwar ausgiebige Reflexion von moralischem Handeln, ist jedoch keineswegs mit der Bedeutung von Moral gleichzusetzen. Schon in der griechischen Antike wurde Ethik als Charakter oder sittliche Gesinnung verstanden und üblichen Gewohnheiten, Sitten und Gebräuchen gegenüber gestellt. So gelten die griechischen Philosophen Sokrates und Aristoteles als Begründer der Ethik als philosophische Disziplin.

Moral - vom lat. mos / mores - entspricht den Begriffen *Sitte, Gewohnheit, Brauch* und stellt sich als gesellschaftlich geprägte Verhaltensnorm dar. *Sitte / Moral* ist somit vom gesellschaftlichen Kontext abhängig und kann damit in unterschiedlich geprägten Gesellschaften andere sittliche Normen hervorbringen - unterschiedliche sittliche Normen von Gruppen führen so zu unterschiedlichen *Moralen.*

Daraus können sich moralisch bedingte Dogmen entwickeln und damit zu einer Art *erhobenem Zeigefinger* mutieren. (Förster, 1993b)

Der Begriff der sittlichen Normen von Gruppen verlangt eine Definition der Zusammengehörigkeit. Sprachen könnten dafür herangezogen werden. Ein Blick auf die Anzahl von lebenden Sprachen vermittelt ein sehr komplexes Bild. Auf der Welt werden zurzeit ca. 5.600 (Ethnologue, 2019) Sprachen gesprochen, die Vielfältigkeit wird durch unterschiedliche Dialekte noch gesteigert. Es scheint nachvollziehbar, dass mit jeder Sprache auch unterschiedliche Sitten und Gebräuche verbunden sind. Dies führt zu unterschiedlichen moralischen Anforderungen. Zieht man dazu noch andere Gruppenspezifika in Betracht, so kann man mit Fug und Recht davon ausgehen, dass auch die Mafia ihre eigene Moral hat. (Thurnhofer, 2018)

Ethik untersucht im Gegensatz dazu gleichsam die *Bedingung der Möglichkeit* unterschiedlicher moralischer Normen und versucht, allgemeingültige Aussagen für gutes und schlechtes Handeln zu finden, die als Prinzip auf alle zwischenmenschlichen Aktionen anzuwenden sind. Ethik ist somit als reflexive (wissenschaftlich beobachtende) Betrachtung moralischer Regeln zu verstehen und stellt die Frage nach dem richtigen Handeln. Eine kurze Betrachtung zweier solcher Prinzipien, formuliert von allseits bekannten Philosophen, soll dies verdeutlichen.

Immanuel Kant hat mit seinen Gedanken die Zeit der Aufklärung maßgeblich beeinflusst - seine Formulierungen des sogenannten *Kategorischen Imperativs* definieren ein grundlegendes Prinzip der Ethik und gelten für alle Wesen, denen Vernunft zugesprochen wird. Jeder Mensch sollte demnach seine Handlungen daraufhin untersuchen und beurteilen, ob sie immer und ausnahmslos diesem Prinzip folgen würden. Die sogenannte Zweckformulierung dieses Prinzips lautet: *„Handle so, dass du die Menschheit sowohl in deiner Person, als in der Person eines jeden anderen jederzeit zugleich als Zweck, niemals bloß als Mittel brauchst.“* (Kant, 2007, GMS 433)

Die damit aufgestellte Forderung, Menschen niemals als Mittel zum Zweck zu missbrauchen, führt besonders im politischen und ökonomischen Kontext zu herausfordernden Fragen.

Im Bereich der Ökonomie spielt der Begriff der *unsichtbaren Hand* von Adam Smith, einem schottischen Moralphilosophen, der sich auch intensiv der Nationalökonomie widmete, eine nicht unbedeutende Rolle. Die von Adam Smith formulierten Prinzipien der Ökonomie veranlassen wohl auch, dass seine *unsichtbare Hand* von liberal denkenden Ökonomen ins Treffen geführt wird, sobald es um Automatismen des Marktes geht. Die Idee des Sozialethikers Smith findet sich mehrmals in seinen Schriften im Zusammenhang mit ökonomischen Überlegungen - einerseits in Bereich der Mikroökonomie (Smith, 2010) - Theorie der ethischen Gefühle - ein zweites Mal in makroökonomischem Kontext (Smith, 1974) mit der Beschreibung mikroökonomischer Effekte - er bezieht sich dabei auf die ethisch bewertbaren Auswirkungen dieser ökonomisch bedingten Handlungen.

Smith stellt fest, dass Handlungen von am eigenen Wohl orientierten Personen, durch eine gleichsam nicht erklärbare Selbstregulierung, auch dem Wohle der Allgemeinheit zuträglich sind. Die Gedanken und Formulierungen von Kant und Smith wurden naturgemäß kritischen Betrachtungen unterzogen, zum Teil als nicht praktikabel oder auch als logisch nicht konsequent dargestellt. Auf diese Kritik hier im Detail einzugehen, würde den Rahmen sprengen.

Trotzdem sind diese beiden Prinzipien heute noch präsent und gemeinsam mit anderen Formulierungen zu Grundlagen unseres Verständnisses von Gesellschaft geworden. Diese Prinzipien werden durch Verfassungen und Gesetze so gut wie möglich garantiert und stellen somit die Basis für das Vertrauen von Menschen in ihre Lebensumgebung dar. Mit vermehrtem Einsatz von Technologien im Kontext unserer Lebenswelten werden den grundlegenden Überlegungen von Kant und Smith sogar besondere Aspekte hinzugefügt.

10.2 Ethik in einer technisierten, globalisierten Welt

Die Bezugnahme auf Immanuel Kant und Adam Smith stellt uns vor die Herausforderung, deren Überlegungen in den Kontext der heute anzutreffenden Lebensrealitäten zu stellen. Die Tatsache der globalen Ausrichtung von Wirtschaft und der damit zwingend auftretenden gesellschaftlichen Relationen lassen einen Aspekt der Überlegungen von Kant und Smith unter anderen Bedingungen erscheinen. In der Zeit des 18. Jahrhunderts waren die gesellschaftlichen Gegebenheiten, die als Grundlagen der Überlegungen von Kant und Smith gesehen werden können, hauptsächlich auf lokal begrenzte und somit auf ein wesentlich kleineres soziales Umfeld bezogen.

Sowohl Kant als auch Smith gingen bei ihren Überlegungen von Prinzipien aus, die das Verhältnis zwischen Menschen betrafen, die einander auch begegnen konnten. *„Alle Sittlichkeit war auf diesen Nahkreis des Handelns eingestellt“* (Jonas, 1984, S 23) Dieser Nahkreis war sowohl durch lokale als auch zeitliche Gemeinsamkeiten geprägt. Sowohl in diesem lokalen Horizont als auch in der gemeinsamen Gegenwart der Handelnden manifestiert sich ein essenzieller Unterschied zu heute vorherrschenden Bedingungen. Dies soll nicht die Bedeutung der formulierten Prinzipien infrage stellen, sondern als Grundlage der Erweiterung dienen.

Die Erweiterung der Handlungsräume, sowohl örtlich als auch durch mögliche Auswirkungen auf zukünftig lebende Menschen wird erst mit dem technischen Fortschritt und der globalen Vernetzung sämtlicher gesellschaftlicher Bereiche zur Herausforderung für eine Ethik, die diesen Lebensbedingungen gerecht werden soll. (Jonas, 1984, S 28) Technologien nehmen zunehmend Raum in der menschlichen Lebenswelt in Anspruch und verstärken damit Wirkung und Rückwirkung - die Technologie fordert gleichsam weiteren Einsatz ihrer selbst. Die Steigerung der Einsatzwahrscheinlichkeit mit dem Auftreten neuer Techniken und Werkzeuge wurde bereits mehrfach angesprochen.

Dabei entstehen positive Feedback-Schleifen von *„Notwendigkeit und Belohnung"* (Jonas, 1984, S 31f) und die Anwendung technischer Werkzeuge wird zum Beruf - noch mehr zur Berufung. Der Einfluss der Anwendung von Technologien auf Natur, Mensch und die Welt an sich fordert eine *„praktische Verpflichtung gegenüber der Nachwelt"* (Jonas, 1984, S 33), aus der Hans Jonas seinen neuen Imperativ des Prinzips Verantwortung formuliert:

„Handle so, dass die Wirkungen deiner Handlung verträglich sind mit der Permanenz echten menschlichen Lebens auf Erden"

(Jonas, 1984, S 36)

Aus diesem Imperativ der Nachhaltigkeit, die Hans Jonas in seinem Werk *Prinzip Verantwortung* formuliert, ergibt sich die Forderung nach einer Abschätzung der Folgen des Einsatzes von Technologien. Den Instituten für Technikfolgenabschätzung wird aus dieser Sicht eine verantwortungsvolle Aufgabe bei der Einschätzung zukünftiger Szenarien zukommen.

Die strukturellen Veränderungen und Neuerungen im Rahmen der globalen Wirtschafts- und Kommunikationssysteme seit der Formulierung dieses

Prinzips haben die Welt allerdings in einem Ausmaß gewandelt, das dieses Ansinnen deutlich schwieriger macht. Rasant zunehmende Vernetzung erhöht die Komplexität und erschwert Einschätzungen. Sowohl *Best-Case* als auch *Worst-Case*-Szenarien lassen sich mit immer geringeren Wahrscheinlichkeiten darstellen, je komplexer sich Zusammenhänge darstellen.

Trotzdem ist es aus ethischer Sicht für nachhaltigen Umgang mit der Welt notwendig, solche Szenarien zu entwerfen. Der Einsatz von Technik, die langfristig in die Zukunft von Gesellschaft und Welt wirkt, verlangt die Definition eines *Worst-Case*-Szenarios. Sollte dieses Modell in irgendeiner Art und Weise eine nachhaltige Zukunft stören oder unmöglich machen, so verlangt die Verantwortung diese spezifische Technik nicht zum Einsatz zu bringen.

„Es ist die Vorschrift, primitiv gesagt, dass der Unheilsprophezeiung mehr Gehör zu geben ist als der Heilsprophezeiung.“

(Jonas, 1984, S 70)

10.3 Mittel zum Zweck

Die Formulierung des kategorischen Imperativs von Immanuel Kant, in der er den Menschen immer als Zweck an sich und nie als Mittel fordert, wird mit der Dominanz von Technologie auf eine harte Probe gestellt. Die Anwendung von Technologien, in der von Hans Jonas beschriebenen Feedback-Schleife der Belohnung ist offensichtlich eine Herausforderung für die Mehrzahl der Anwender. Denn die Erfüllung der geforderten Aufgaben realisiert sich zunehmend in der Umsetzung der Aufgaben - sprich in der Verwirklichung der Ziele - und diese orientieren sich selbstreferenziell an sich selbst. Der Blick auf den Menschen gerät aus dem Fokus.

So äußern sich die Zielvorgaben in Umsatz und Gewinn, im Erreichen einer bestimmten Position. In der vernetzten Welt in der Anzahl von Links, Followern, Friends etc. - eine Reduzierung auf Zahlen, auf Quantität - die dabei als Ausdruck für die Qualität des jeweiligen Angebots stehen soll. Der Mensch ist dabei nur mehr als Aspekt der Zahl und Umsatzbringer interessant. Dies gilt es in den kybernetisch bedingten Geschäftsmodellen der vernetzten Welt zu optimieren. Der Zweck in diesen Modellen symbolisiert die Zielvorgabe und die Steigerung der Wachstumsrate. Die Mittel, diesen Zweck zu erreichen, werden mithilfe von Datenanalysen generiert - mittels Analyse von Daten, produziert von Menschen, die sich in den neuen Welten von Kommunikation und Werbung bewegen und dabei Spuren hinterlassen.

Die Frage, ob diese Menschen als Mittel zum Zweck benutzt werden, ob dies also grob fahrlässig dem von Kant geforderten Prinzip widersprechen würde, stellt sich nicht. Denn die Auswertung von Daten wird nicht damit in Verbindung gebracht.

Die Bedenken von Datenschützern werden mit dem Argument entkräftet, dass es sich bei den benutzten Daten bereits um sogenannte Metadaten handeln würde, keinesfalls um personenbezogene Daten.

Dies erinnert wieder an die als strukturelle Determination bezeichnete Unfähigkeit, Situationen und Dinge zu erkennen, die sich außerhalb der eigenen Wahrnehmungssysteme befinden. Zudem sprechen Spezialisten unterschiedlicher Fachrichtungen unterschiedliche Sprachen - eine Situation, die an die von Marx formulierte Welt des Fachidiotismus erinnert. Eine Welt, in der die Argumente der einen Seite bei der jeweils anderen Seite auf Unverständnis stoßen.

Um einen Diskurs zu diesem Thema führen zu können, sollten Data Scientisten und Informatiker neben ihren Fähigkeiten zur Analyse digitaler Daten ebenso mit grundlegenden Gedanken zu ethischen Fragestellungen konfrontiert werden. Gleichzeitig scheint es vorteilhaft, würden Ethiker und Philosophen die Chance nutzen, sich die Denkweise von Datenwissenschaftern und Informatikern anzueignen. Bestimmt eine Herausforderung für alle, jedoch im Sinne des *lebenslangen Lernens*.

Dies könnte dazu führen, dass Daten, die Bezug zu Menschen haben, unter dem Aspekt des kategorischen Imperativs von Immanuel Kant betrachtet werden können. Weiters würde damit die Frage zu erörtern sein, ob mit der Nutzung dieser Daten, Menschen - als Urheber dieser Daten - als Mittel zum Zweck missbraucht würden. Denn diese Daten werden heute mittels künstlicher Intelligenz dazu genutzt, personalisierte Dienste, Werbung und Nachrichten zu verteilen. Als probates Mittel zur Steuerung von Information und zur Steigerung von Aufmerksamkeit.

10.4 Unsichtbar - reicht wie weit?

Die Funktion der *unsichtbaren Hand* des Adam Smith ist ein Aspekt, der in Diskussionen bezüglich Selbstorganisation von Märkten immer wieder ins Treffen geführt wird. Besonders dann, wenn es notwendig scheint, Märkte und Wirtschaftskreise durch staatliche Regeln und Vorschriften zu steuern, wird gerne auf die Kraft der Selbstorganisation zum Wohle aller hingewiesen.

Mit dem Blick auf Wirtschafts- und Bankenkrisen im 20. und zu Beginn des 21. Jahrhunderts ist diese Fähigkeit den global organisierten Märkten wohl kaum zuzuschreiben. Die Krise der Jahre 2007 und 2008 hat gezeigt, dass weder der Immobilienmarkt in den USA noch der weltweite Finanzmarkt ohne Hilfe von außen sich aus sich selbst heraus hätte stabilisieren können. In der Folge wurden Staaten und damit die steuerzahlende Allgemeinheit zur Rettung der betroffenen Märkte gebraucht - also durchaus sichtbare helfende Hände. Zieht man den Kontext in Betracht, unter dem Adam Smith seine Ideen formuliert hat, so ist seine *unsichtbare Hand* nicht auf alle Märkte ohne Differenzierung anzuwenden. In seinem Werk *„Wohlstand der Nationen"* weist Smith ausdrücklich darauf hin, dass Investitionen und damit Kapital, das im regional begrenzten Umfeld - in der *„domestic industry"* - eingesetzt wird, auch der Allgemeinheit zugutekommt. Investoren unterstützen - *nur* - so in der Verfolgung ihrer eigenen Interessen auch die Gesellschaft im Allgemeinen. (Smith, 1974, Kap 4,2)

Die Voraussetzung für das Funktionieren eines Marktes, wie Smith ihn betrachtet, ist somit an gänzlich unterschiedliche Bedingungen geknüpft, als sie heute vorgefunden werden. Ein regionaler, heimischer Markt, wie Smith ihn beschreibt, bedingt in der Regel, dass handelnde Personen gleiche oder zumindest ähnliche kulturelle Wurzeln haben und damit über ähnliche Moralvorstellungen verfügen. So ein Markt ermöglicht einfache Kommunikation auf Basis derselben Sprache und erhöht damit die Wahrscheinlichkeit von Kooperation. Nimmt ein Akteur von außerhalb an diesem Markt teil, so wird er sich an die Gegebenheiten anpassen, da dies zu seinem Erfolg beiträgt.

Im Gegensatz dazu sind aktuelle, global organisierte Märkte nicht in gleichem Umfang in regionale Strukturen eingebunden. Gleichzeitig haben sich Marktvarianten etabliert, die, wie z. B. der Finanzmarkt, keine konkrete Basis in der Realwirtschaft aufweisen. Damit agieren diese Märkte und die darin tätigen Akteure ohne Bezug zu gesellschaftlichen Notwendigkeiten und können somit auch keinen gesellschaftlich relevanten Beitrag leisten. Betrachtet man die Vernetzung der Welt als Basis für einen Markt von Information und Kommunikation, so stellt man fest, dass die bestimmenden Marktteilnehmer vermehrt aus regional / national begrenzten Gebieten kommen. Dies bedeutet zwar einen weltweit aktiven, Umsätze erwirtschaftenden Markt, die Wertschöpfung allerdings, beschränkt sich zum Großteil auf wenige Regionen.

Die *unsichtbare Hand* als Selbstregulation von Märkten scheint somit nur dann in der Lage zu sein, das Gleichgewicht der Märkte aufrecht zu erhalten, solange der Markt eine gewisse Größe nicht übersteigt. Oder der Markt muss geregelt werden - wie der Versuch der OECD zeigt, das Modell einer Digitalsteuer zu entwerfen, das den Ansprüchen aller Markteilnehmer gerecht werden soll. (OECD, 2019)

10.5 Technik als Lösung

Es steht fest - die Welt verändert sich ununterbrochen. Schon in den Schriften des antiken griechischen Philosophen Heraklit sind immer wieder Hinweise darauf zu finden. Die bekannteste Aussage betrifft wohl die Formulierung des *pantha rhei* - alles fließt - die auf *„Wer in dieselben Flüsse hinabsteigt, dem strömt stets anderes Wasser zu"* zurückgeht. (Snell, 2004, B 12) Hinzuzufügen ist diesem Beispiel, dass auch der, der in denselben Fluss steigt, sich seit dem letzten Mal verändert hat. Die Situationen mögen sich zwar gleichen, es wird jedoch niemals - unter lebensweltlichen Umständen - dieselbe Situation zwei Mal geben. Dieser andauernde Wandel und die dabei auftretende Notwendigkeit der Anpassung ist die Grundlage von Problemen und der sich daraus ergebenden Lösungen. Nachdem die Lösung zur weiteren Veränderung beiträgt, folgt das nächste Problem auf dem Fuß.

Auch den Begriff der Technik verdanken wir den alten Griechen. Das Wort *téchne* bedeutete ursprünglich die handwerkliche Fähigkeit und wurde in der Folge auch als Begriff für Methoden angewandt. Als Methode war es möglich, *téchne* für zielgerichtetes Handeln einzusetzen. Damit verbindet der Begriff der *téchne* sich mit dem Begriff des *telos*, eines Ziels, das mittels der angewandten Methode erreicht werden soll. (Löbl, 1997, S 211)

Technik verweist somit auf Methoden, die das Ziel haben, zukünftige Zustände erreichen zu wollen. Somit sind diese Zustände von jemandem vorab zu definieren. Dies scheint ein Aspekt der Technik zu sein, der die Einschätzung von Technik als Werkzeug begleitet.

Technik kann also nicht aus sich selbst heraus ein zu erbringendes Werk definieren und dieses zielgerichtet umsetzen. Die Definition von Technik verlangt zwingend Menschen, die ein Ziel definieren und zur Erreichung dieses Ziels die entsprechenden Werkzeuge konstruieren und einsetzen.

Technik und Ethik, Technikphilosophie, Maschinenethik hat somit immer mit dem Verhältnis von Mensch und Technik, Mensch und Maschine zu tun. Mit den Zuschreibungen, die Mensch der Technik zuteilwerden lässt und die Menschen danach reflektieren. Diese Betrachtungen sind auch für den schon erwähnten *Turing-Test* relevant, der gleichsam am Beginn der Auseinandersetzung mit einer möglichen Intelligenz von Computern stand. Die grundlegende Aussage zu diesem Test beruht auf der Zuschreibung, die ein Mensch dem Computer zuordnet.

Würde jemand mit einem solchen Test konfrontiert sein, so könnte danach die Aussage zutreffen: *„Es kommt mir so vor, als ob der Computer denkt"*. Sollte in der Folge diese Aussage mit einer gewissen Unschärfe kommuniziert werden, so würde *„der Computer denkt"* als Resultat bleiben. Die tatsächlich gravierende Unterschied der beiden Aussagen geht somit verloren. (Weber, 2019, S 199)

Mit künstlicher Intelligenz (KI /AI) ausgestattete Technik wird als zunehmend autonom beschrieben. Dabei gilt es mehrere Aspekte zu unterscheiden.

Einerseits wurde die Definition eines Ziels bereits dem Menschen zugeordnet. Eine Technik (Maschine, Robot, Computer), die in der Lage ist, selbstbestimmt Ziele zu definieren, gibt es - derzeit jedenfalls - noch nicht und würde wohl Grundlage aller möglichen dystopischen Szenarien sein. Und würde zudem die Entwicklung von *Artificial Super Intelligence (ASI)* benötigen. Die Umsetzung einer Idee, vor der einige der bekanntesten Köpfe der digitalen Welt, namentlich Elon Musk, Bill Gates, Steve Wozniak und besonders apokalyptisch der Physiker Stephen Hawking eindrücklich gewarnt haben. (Cellan-Jones, 2016) Dies führt ohne Umweg zu einem zweiten Aspekt, nämlich dem Begriff der Autonomie. Ein zusammengesetzter Begriff aus *autós* (selbst) und *nómos* (Gesetz), dem *selbst bestimmten Gesetz*, einem Zustand von Unabhängigkeit, Entscheidungs- und Handlungsfreiheit. In der Diktion von Immanuel Kant *„Die Autonomie des Willens ist das alleinige Prinzip aller moralischen Gesetze und ... Pflichten"*. (Kant, 2003, I §8)

Der Begriff von autonomen Maschinen, Robots ist somit unter allen derzeitigen Umständen falsch. Korrekt kann ein technisches System mit einer von Menschen definierten Zielvorgabe maximal als teilautonomes System bezeichnet werden. Dies dann, wenn die bei einer Problemlösung eingesetzten Algorithmen in der Lage sind, je nach auftretender Problematik eigene Regeln zur Erreichung des Ziels zu definieren.

Der Wunsch, Technik als ubiquitäre Lösung für alle Probleme einsetzen zu können, entspringt wohl dem Wunsch des Menschen, ein Werkzeug zur Verfügung zu haben, welches Problemlösungen erleichtert. Damit einher geht allerdings auch eine Transformation des Begriffs von Verantwortung. Denn wer soll im Falle des Scheiterns die Verantwortung übernehmen? Die Person, die den Einsatz dieser Technik initiiert hat, oder die Person oder Personengruppe, die das technische Werkzeug geplant, produziert, verkauft etc. ... hat? Eine Frage die im Besonderen mit der Thematik der teilautonomen Fahrzeuge nicht nur auf uns alle zukommt, sondern bereits vielfach diskutiert wird.

Wobei die derzeit besonders von utilitaristischen Gedanken geprägten Diskussionen ziemlich absurd und einseitig anmuten. Auch wenn man nicht eine Art Gesamtnutzen, wie ursprünglich im Utilitarismus angedacht, auf einzelne Situationen umlegt, sondern das Wohl möglichst aller Beteiligten versucht zu kalkulieren, ist dabei doch eine Art Berechnung von Quantität vonnöten. Die bereits angesprochenen kulturellen Unterschiede in verschiedenen Regionen der Welt würden somit differenzierte ethische Grundlagen, je nach geografischem Ort der Aktion, erfordern. Ein kurzes Beispiel mag dies verdeutlichen:

Ein teilautonomes Fahrzeug kann einem Unfall nicht mehr ausweichen. Es steht die Entscheidung an, den Schaden welcher beteiligten Personen die Steuerung dieses Fahrzeugs in Kauf nehmen soll. Eine alte Frau auf einer Seite, einen kleinen Jungen auf der anderen Seite. Nicht zu vergessen, dass zumindest ein Passagier im Fahrzeug sitzt. Je nach kulturellem Kontext verändern sich die Wertigkeiten, die in diesem Fall die Entscheidung beeinflussen würden. So gibt es Gegenden, in denen argumentiert werden könnte, dass die alte Frau ihr Leben bereits gelebt hätte und der kleine Junge sein Leben noch vor sich hätte. Andererseits gibt es Kulturkreise in denen die Erfahrung des alten Lebens sehr viel höher eingeschätzt wird, als ein junges Leben.

Diese Art, solche ethischen Dilemmata lösen zu wollen, hat wohl keine Aussicht, erfolgreich umgesetzt zu werden. In diesem Sinne formuliert die vom deutschen Bundesministerium für Verkehr und digitale Infrastruktur eingesetzte Ethikkommission unter anderem: *„Bei unausweichlichen Unfallsituationen ist jede Qualifizierung nach persönlichen Merkmalen (Alter, Geschlecht, körperliche oder geistige Konstitution) strikt untersagt. Eine Aufrechnung von Opfern ist untersagt. Eine allgemeine Programmierung auf eine Minderung der Zahl von Personenschäden kann vertretbar sein. Die an der Erzeugung von Mobilitätsrisiken Beteiligten dürfen Unbeteiligte nicht opfern."* (BMVI, 2017, Punkt 9)

Es stellt sich damit als ethisch schwer begründbar heraus, teilautonomes und vernetztes Fahren ohne Miteinbeziehung eines notwendigen Eingriffs durch den Fahrer zu argumentieren. Das bedeutet, ein Fahrer muss das System dauerhaft überwachen und übernimmt damit im Falle des Falles auch die Verantwortung.

Die Einführung höherer automatisierter Fahrsysteme, insbesondere mit der Möglichkeit automatisierter Kollisionsvermeidung kann gesellschaftlich und ethisch geboten sein, wenn damit vorhandene Potenziale der Schadensminderung genutzt werden können. Umgekehrt ist eine gesetzlich auferlegte Pflicht zur Nutzung voll automatisierter Verkehrssysteme oder die Herbeiführung einer praktischen Unentrinnbarkeit ethisch bedenklich, wenn damit die Unterwerfung unter technische Imperative verbunden ist (Verbot der Degradierung des Subjekts zum bloßen Netzwerkelement). (BMVI, 2017, Punkt 6)

Eine zusätzliche Steigerung der Automatisierungsstufe würde eine andere Stufe von künstlicher Intelligenz zwar ermöglichen, die dabei erforderliche Änderung von Regeln würde jedoch eine Art des Lernens erfordern, die als Reinforcement Learning bezeichnet wird. Diese Art des Lernens bedingt allerdings, dass dem lernenden Akteur - in diesem Fall dem Fahrzeug - die Möglichkeit eingeräumt wird, aus Fehlern zu lernen.

Es kann wohl als sicher angenommen werden, dass sich kein Fahrgast finden würde, der so ein Fahrzeug zur Fortbewegung nutzen würde.

Der Einsatz von Technik ist in der Regel dahin gehend ausgerichtet, Fehler, welcher Art auch immer in vorher definierten Abläufen tunlichst vermeiden zu können. Ist dies nicht zum Großteil gewährleistet, so wird der Einsatz von Technik von den meisten Menschen abgelehnt. Sollten in ferner Zukunft

Maschinen existieren, die mittels künstlicher Superintelligenz einen autonomen Status vergleichbar mit Menschen erreichen könnten, so scheint es aus heutiger Sicht - und eine andere Sichtweise steht uns nicht zur Verfügung - um die Selbstbestimmung und Handlungsfreiheit von Menschen schlecht bestellt zu sein.

11 Privat

Die eben erwähnte Selbstbestimmung und Handlungsfreiheit des Menschen als Grundlage ethischer Handlungen verweist auch auf einen Aspekt, der sich in der Thematik der Privatsphäre wieder findet. Mit dem Begriff des Rechts auf informationelle Selbstbestimmung soll der *gläserne Mensch* im Zeitalter der digitalen Netzwerke verhindert werden. Daher ist der Begriff der Privatsphäre in den letzten Jahrzehnten zunehmend in den Mittelpunkt, sowohl gesellschaftlicher als auch ökonomischer Diskussionen, gerückt. Mit dem Sammeln der anfallenden Daten geht die Entwicklung aller möglichen Szenarien einher, die durchaus dystopische - wieder einmal - Ausmaße annehmen. Man kann die Frage stellen, warum die Tatsache des Sammelns von *privaten* = personenbezogenen Daten einerseits die Augen von Investoren angesichts der damit verbundenen ökonomischen Möglichkeiten und Ideen vor Freude auf zukünftige Gewinne funkeln lassen, andererseits tiefe Falten auf die Stirnen von Menschenrechtsaktivisten und Datenschützern zaubern. Blickt man auf diese Thematik, so kann man feststellen, dass es nicht ausschließlich um die Tatsache des Sammelns von Daten, sondern in erster Linie um global wirkende, ideologisch begründete, kulturell unterschiedliche und in den meisten Fällen um ökonomisch argumentierte Zielsetzungen geht.

Global wirkend, da mittels der totalen Vernetzung der Welt die Flüsse an Information = Daten nicht an regionale Gegebenheiten gebunden sind. Ideologisch begründet und kulturell unterschiedlich, da sich aus kulturellen Differenzen Werte- und Normensysteme ergeben, die miteinander nicht in allen Facetten konform gehen können. Diese Unterschiede manifestieren sich in gesellschaftlichen Normen - niedergeschrieben in Gesetzen - die verschiedene Handlungsweisen erlauben. So gibt es in Europa seit dem Jahr 2018 die sogenannte Datenschutz-Grundverordnung (DSGVO), die den Umgang mit Daten insgesamt und mit personenbezogenen Daten im Besonderen für Europa einheitlich regeln soll. Verantwortlich für die Umsetzung sind die einzelnen Staaten, die diese Verordnung in lokale Gesetze integrieren.

Damit wird der Schutz der Daten als persönliches Grundrecht definiert und ein Recht auf informationelle Selbstbestimmung festgeschrieben. Dies bedeutet, persönliche Daten ohne nachteilige Konsequenzen preisgeben oder verweigern zu können. Die Umsetzung dieser Regeln kann von lokalen Datenschutzbehörden kontrolliert und mittels Sanktionen eingefordert werden.

Im Unterschied zu diesen Regelungen in Europa ist der Datenschutz in den USA eine Sache des Verbraucherschutzes und damit im Wirtschaftssystem verankert. Es gelten zum Teil branchenspezifische Bestimmungen, wobei Unternehmen in der Regel das Niveau ihres Datenschutzes selbst definieren. Diese Selbstverpflichtung kann allerdings von der Federal Trade Commission kontrolliert werden. Mit dem US Patriot Act nach dem 11. 9. 2001 sind zur Abwehr terroristischer Aktivitäten US-Unternehmen allerdings verpflichtet, den Behörden ohne richterliche Anordnung Zugriff auf alle in den USA gespeicherten Daten zu gewähren. (Datenschutz.org, 2020) Die Speicherung von Daten europäischer Herkunft in den USA und der Umgang damit war mittels des EU-US-Privacy Shields geregelt.

Diese Übereinkunft wurde mit 16.7.2020 vom Europäischen Gerichtshof für ungültig erklärt. (EDC, 2020) Über eventuelle Datenschutzbestimmungen in China oder Russland lässt sich ohnehin nur spekulieren. Dieser kurze Ausflug in Aspekte des Datenschutzes zeigt wie unterschiedlich Werte und Normen regional zu betrachten sind. Mit Hinweis darauf kann davon ausgegangen werden, dass auch der Begriff der Privatsphäre anders interpretiert wird.

11.1 Privatheit?

Die Definition des Privaten ist nicht festgeschrieben, wie wir soeben festgestellt haben. Denn das Private und die Privatsphäre, beide sind ebenso wie die Gesellschaft insgesamt von Veränderungen betroffen. Das Wort privat stammt von lateinischen *privare* und bedeutete das Gegenteil der *Res Publica*. Dies steht für die antike römische Republik, eine Sache der Öffentlichkeit. Das Gegenteil davon waren somit die Angelegenheiten eines römischen Bürgers, die nicht der Allgemeinheit dienten, wiewohl ihm Ansehen und Ehre ausschließlich durch seine öffentlichen Auftritte zuteil wurden. Oft liest man eine wörtliche Übersetzung von privat als beraubt, was zu einer Interpretation führen könnte, das Private sei Raub an der Allgemeinheit. Das Private im Kontext der hier angestellten Betrachtungen ist schlicht als das von der Öffentlichkeit Getrennte zu sehen.

Diese Privatheit im Sinne der römischen Republik war allerdings keine individuelle, persönliche Sache, sondern auf das Haus des Bürgers bezogen. In diesem Haushalt lebten Eltern, Großeltern und Kinder sowie Sklaven oder Sklavinnen, wobei der Vater als Oberhaupt des Haushalts das Leben bestimmte.

Eine überaus hierarchisch strukturierte Organisation ohne eine Idee davon, was heute unter Privatsphäre zu verstehen ist. Mit dem Zerfall des römischen Reiches entstanden nach der Völkerwanderung andere Lebensformen, wo Menschen sich im Mittelalter zu Gemeinschaften zusammenschlossen, die Schutz vor Bedrohung bieten konnten. So entstanden Dörfer um Burgen und Klöster, die in der Gemeinschaft Sicherheit fanden und diese Gemeinschaft deshalb auch nicht verließen. (Duby, 1999, S 49)

Die Veränderung des Menschenbildes ab dem 17. Jahrhundert ließ das Private immer mehr zum Lebensmittelpunkt werden. Kriege, Revolutionen und Auseinandersetzungen dagegen fanden im öffentlichen Raum statt. Das private Zuhause entwickelte sich zu dem, was im Bürgertum des 19. Jahrhunderts als *trautes Heim* und gleichzeitig als Ort von Moral, Sitte und Anstand begriffen wurde. Die Aufgabenteilung, die damit einherging, würde man heute als Diskriminierung der Frau interpretieren. Der Familienvater stand seinen Mann in der fremden Öffentlichkeit, die Ehefrau und Mutter war für das Wohlergehen der Familie daheim verantwortlich. Privatheit war die Abgrenzung von Frau und Kindern von der Öffentlichkeit. (Heller, 2011, S36f)

Im Laufe des zwanzigsten Jahrhunderts wurde die Privatsphäre zunehmend mehr Bevölkerungsschichten zugestanden, die Familien konnten sich der patriarchalen Strukturen entledigen und die Formulierung der Europäischen Menschenrechtskonvention aus dem Jahr 1950 verspricht im Artikel 8 das Recht auf Achtung des Privat- und Familienlebens. In Österreich stehen die Bestimmungen der EMRK seit 1964 im Verfassungsrang. (Bundeskanzleramt Österreich, 2020)

Seitdem kann die Anerkennung der Privatsphäre als Symbol für die demokratische Orientierung eines Staates betrachtet werden. Dies geht mit dem Schutz der persönlichen Daten einher. Wobei die Thematik des Datenschutzes aus zumindest zwei Aspekten besteht. Einerseits dem Schutz persönlicher Daten vor Missbrauch durch Organisationen, Behörden oder Unternehmen, denen Bürger ihre Daten zu Verfügung stellen, oder die diese Daten aus verwaltungstechnischen Gründen zur Verfügung haben. Andererseits erhebt sich die Frage der Datensicherheit, die sich damit auseinandersetzt, die Verfügbarkeit der Daten zu garantieren. Ersteres ist eine legistische und juristische Thematik, während die Sicherheit der Daten technische und organisatorische Vorkehrungen erfordert.

Wie schon im Abschnitt - *Wo kommen die Daten eigentlich her?* - beschrieben, ergibt sich aus der weltumspannenden Kommunikation mittels aktueller Informationstechnologien die Herausforderung, die Regeln für den Schutz von - speziell personenbezogenen - Daten an den technischen Möglichkeiten zu orientieren. Wie man beobachten kann, hinkt die Adaption von gesetzlichen Regelungen der technischen Entwicklung sträflich hinterher.

Wohl auch deshalb, weil die technische und die legistische Seite systembedingt jeweils unterschiedliche Sprachen sprechen und auch in strukturell unterschiedlichen Zeitdimensionen agieren. Gleichzeitig repräsentieren die gespeicherten Daten ein riesiges Reservoir an auswertbarer Information. Analysen mittels KI und Machine Learning versprechen Einblicke und die Wahrscheinlichkeit, zukünftige Entwicklungen vorhersagen zu können. Besonders unter dem Aspekt von Sicherheit und der Abwehr terroristischer Aktivitäten - ein nun seit fast zwei Jahrzehnten omnipräsentes Argument - wird der Hinweis auf schützenswerte Daten für viele zu einem schwachen Argument, denn Sicherheit geht vor. Mit den vorhandenen Daten und dem zunehmenden Verlangen nach Sicherheit in einer komplexer werdenden Welt, liegt es nahe, dass manche, für Staatssicherheit verantwortliche Organisationen darauf bestehen, die Überwachung der Gesellschaft als probates Mittel zu betrachten.

11.2 Datenschutz und Überwachung - nicht neu aber ...

Das Standardwerk zur Beschreibung einer Überwachungsgesellschaft ist mit Gewissheit Michel Foucaults *Überwachen und Strafen.* (Foucault, 1977) Darin beschreibt er die Mechanismen der *Disziplinierung* und der damit einhergehenden Abläufe innerhalb einer Gesellschaft. Die Auflösung feudaler Gesellschaften bringt die Entstehung moderner Gesellschaften mit sich. Diese *Disziplinargesellschaften* sind gekennzeichnet durch ein allgemeingültiges Normen- und Wertgefüge. Der Ablauf des Diskurses und die damit verbundenen Deutungshoheiten bleiben in diesem Zusammenhang unerheblich - wiewohl dies maßgeblichen Anteil am Zustandekommen der Normen haben muss. Menschliche Vielfältigkeit ist in diesen Gesellschaften tolerierbar, jedoch war es Ziel, jedes Individuum mittels Verinnerlichung vorgeschriebener Normen zu formen. (Singelnstein und Stolle, 2008, S 57) Die Einhaltung dieser Normen mussten überwacht und im Falle eines Verstoßes sanktioniert werden.

Wie konnten Disziplinargesellschaften entstehen?

Das theoretische Konzept Foucaults geht zunächst von der Disziplinierung der Körper aus und definiert dies als langfristigen Veränderungsprozess. Ab dem 17. bis in die 2. Hälfte des 18. Jahrhunderts findet bei den protestantischen Heeren ein soldatischer Drill und strenge Zeitrhythmik statt, woraus sich eine machtpolitisch idealisierte Figur von Soldaten entwickelte. *„Aus einem formlosen Teig, aus einem untauglichen Körper macht man die Maschine, derer man bedarf ...“* (Foucault, 1977, S 173)

Den Ursprung der modernen Disziplinargesellschaft im 17. Jahrhundert sieht Foucault in der Quarantäne als Maßnahme städtischer Behörden gegen die Verbreitung der Pest. Die Stadt wurde geschlossen und in verschiedene Territorien zur Überwachung aufgeteilt. Die Bewohner mussten sich unter Androhung von Sanktionen genau an die Anweisungen des hierarchisch organisierten Verwaltungspersonals halten, welches selbst auch wieder kontrolliert wurde. Alles lief über die Instanzen der Macht. Keine Person konnte dem System lückenloser Vorschriften des Verhaltens und lückenloser, detaillierter Registrierung aller Geschehnisse entgehen. Unbedingter Gehorsam war gefordert, die Ordnung einzuhalten war oberstes Ziel. Es handelt sich bei diesem Modell um die idealisierte Vorstellung von Disziplinierung.

Weiter gedacht sind Maßnahmen während eines Pestzustands in Wirklichkeit die Wahrnehmung der gefährlichen Grenzen der Macht. *„Hinter den Disziplinarmaßnahmen steckt die Angst vor den Ansteckungen der Pest und in der Folge vor Aufständen, Verbrechen, Landstreicherei und Desertionen"*. (Foucault, 1977, S 254)

Die Pest wurde im Gegensatz zur Lepra anders gehandhabt. Der Umgang mit Lepra war das Modell einer anderen Zeit und erforderte offensichtlich andere Maßnahmen: das Modell der Ausschließung. Erkrankte wurden gemeinsam weggesperrt - man ließ sie in der Masse verkommen - kein Differenzieren, sondern Aussetzen, Stigmatisieren und Verbannen.

Dagegen bietet der Umgang mit der Pest ein Modell der in die Tiefe gehenden Organisation der Disziplinierung, Überwachung und Kontrolle, individualisierenden Aufteilung und Verzweigung der Macht. Die Pest und der Umgang mit dieser Epidemie[12] wird somit zur Utopie einer vollkommen

[12] das Wort Pest stammt von lateinischen „pestis" und bedeutet ursächlich Epidemie

regierten Stadt oder Gesellschaft. Ein Beispiel für die ideale Ausübung von Disziplinierungsmacht. Im 19. Jahrhundert nähern diese beiden Modelle - Lepra und Pest - sich einander an: auf den Raum der Ausschließung (symbolisch: Bettler, Landstreicher, Irre, Gewalttätige, Aufständische) werden die Machttechniken der Parzellierung angewendet. Seit dem Beginn des 19. Jahrhunderts arbeitet die Disziplinargewalt daran, die Aussätzigen (Ausgeschlossenen) genauso wie Pestkranke (Disziplinierte) zu behandeln, zu individualisieren.

Das vollendete Modell dieser Regierungsform der Disziplinierung sieht Foucault im architektonischen Modell des Panopticons des englischen Rechtsphilosophen und Utilitaristen Jeremy Bentham (1748-1832). Das Grundprinzip des Panopticons als Modell für eine Überwachungsanstalt besteht darin, dass von einem zentralen Punkt aus die Kontrolle der zu Disziplinierenden von einem Beobachter durchgeführt wird, der selbst unsichtbar bleibt.

Der Originalentwurf Benthams sieht einen zentralen Turm vor, der von einem ringförmigen Gebäude umgeben ist. Die Zellen liegen in diesem Gebäude und haben sowohl auf der Seite des Innenhofes in Richtung zentralen Turm wie auf der Außenseite jeweils ein Fenster. Die Gefängnisinsassen können mit den anderen wegen der seitlichen Mauern nicht in Kontakt treten. Gefangene sind aus der Sicht des Wärters im Gegenlicht gut sichtbar, der Wärter selbst kann jedoch im Dunkel seines Standortes nicht ausgemacht werden. Mithin wissen die zu Beobachtenden nicht, ob sie gerade überwacht werden. Im Ergebnis kann also mit geringem personellem Aufwand eine große Zahl von Menschen permanent und total überwacht werden. Der Delinquent wird nicht mehr nur weggesperrt, sondern er findet sich vielmehr ins Licht gerückt.

Zusammenfassend ausgedrückt versteht Foucault unter dem Begriff des Panoptismus einen Machttyp, der sich im 18. Jahrhundert verstärkt abzuzeichnen beginnt und durch das Modell des Panopticons anschaulich repräsentiert wird. Ein Vergleich mit dem Machttyp des Absolutismus soll dies verdeutlichen: die alte Feudalmacht glänzte durch Sichtbarkeit. An der Spitze der unangefochtenen Hierarchie befindet sich der Souverän selbst. Hier entfaltet sich die maximale Intensität der Macht.

Jedes Verbrechen und Vergehen richtet sich gegen den Souverän selbst, dessen Macht dadurch in Zweifel gezogen wird. Daher muss die Wiederherstellung der Macht in einer spektakulären Form geschehen, indem der Souverän am Körper des Delinquenten ein Exempel durch physische Grausamkeit statuiert. Durch die Schreie des Gemarterten wird die Macht in aller Öffentlichkeit wieder hergestellt.

Die Macht der Disziplin beruht auf einer völlig veränderten historischen Situation. Ab dem 18. Jahrhundert ist die Bevölkerung gewachsen, Armee, Schulen, Krankenhäuser und andere öffentliche Institutionen müssen mit einer größeren Anzahl der zu betreuenden Menschen rechnen. Es gibt bereits Manufakturen und die industrielle Revolution beginnt sich abzuzeichnen, wodurch sich eine neue Form des Wirtschaftens ergibt.

Die Disziplinarmacht sieht den Körper als nutzbare Kraft, der nicht durch öffentliche Marter zerstört werden darf. Der Körper wird zu einer Quelle der Wertschöpfung und ist für diese Aufgabe zu optimieren und auf ein normatives Ziel hin zu disziplinieren.

Wie erfolgt nun die Umsetzung des panoptischen Modells?

Die Anwendung des panoptischen Schemas erstreckt sich auf alle Anstalten in denen innerhalb eines überschaubaren Raumes eine bestimmte Anzahl von Personen unter der Aufsicht zu halten ist. Interventionen sind dabei jederzeit möglich - der ständige Druck wirkt bereits vor der Begehung von Fehlern.

Disziplinierung und Überwachung

Disziplinierung und Überwachung werden perfektioniert und gehen daher mit einem Verzicht auf körperlich exekutierte Strafen einher. Disziplinen sind Techniken, die das Ordnen menschlicher Vielfalt sicherstellen sollen. Die Disziplin kann weder mit einer Person noch mit einem Apparat identifiziert werden. Sie ist ein Typ von Macht, eine Art der Ausübung von Gewalt, eine Technologie. Sie kann von spezialisierten Institutionen[13] oder vorgegebenen Institutionen wie der Familie oder Staatsapparaten [14] durchgesetzt werden.

Foucault sagt explizit:
"Disziplin ist im Grunde der Machtmechanismus, über den wir den Gesellschaftskörper bis hin zum kleinsten Element, bis hin zu den sozialen Atomen, also den Individuen zu kontrollieren vermögen. Es handelt sich um die Techniken der Individualisierung von Macht. Wie kann man jemanden überwachen, sein Verhalten und seine Eignung kontrollieren, seine Leistung steigern, seine Fähigkeiten verbessern? Wie kann man ihn an den Platz stellen, an dem er am nützlichsten ist? Darum geht es bei der Disziplin." (Foucault, 2005, S 233)

---

[13] z.B. Erziehungsheime

[14] Polizei und Militär

Disziplinen als Techniken, die nutzbringende Individuen fabrizieren.

Die allgemeine Rechtsform, die ein System prinzipiell gleicher Rechte garantiert, ruhte auf den Disziplinen. Der Vertrag als Grundlage des Rechts und der politischen Macht beruht auf dem Panoptismus als das allgemein verbreitet technische Zwangsverfahren. Die Aufklärung, welche die Freiheiten entdeckt hat, hat auch die Disziplinen erfunden. Sie sind ein Subsystem des Rechts.

Die Beobachteten werden ins Licht gerückt, was zu einer Individualisierung der Beobachteten führt. Er / sie kann sich nicht in der Menge verbergen und ist daher vollkommen individualisiert und ständig sichtbar. Jedes Individuum muss daher mit ständigem Beobachtetwerden rechnen und steht daher laufend als Objekt der Information zur Verfügung. *„Die Sichtbarkeit ist eine Falle".* (Foucault, 1977, S 257)

Die Unsichtbarkeit des Beobachters ist in der Lage die Aufrechterhaltung von Ordnung zu garantieren, d.h. es besteht keine Gefahr von Ausbruchsversuchen, Komplotten, etc. Auf andere Disziplinierungsinstitutionen übertragen, wie Spitäler, bedeutet die panoptische Anstalt die Verminderung von Ansteckungsgefahr, in psychiatrischen Einrichtungen keine gegenseitigen Gewalttätigkeiten, in Schulen kein Abschreiben, in der Fabrik keine Diebstähle.

„Die dicht gedrängte Masse, die vielfältigen Austausch mit sich bringt und die Individualitäten verschmilzt, dieser Kollektiv-Effekt wird durch eine Sammlung getrennter Individuen ersetzt" (Foucault, 1977, S 258) Die Macht wird automatisiert und entindividualisiert, denn im Zentralraum sieht man alles, ohne je gesehen zu werden und es hat wenig Bedeutung wer die Beobachterposition einnimmt, diese Person ist austauschbar. Außenwelt

wird nicht ausgeschlossen, jeder kann Überwachungsfunktionen übernehmen. Jedes beliebige Mitglied der Gesellschaft hat das Recht, mit seinen eigenen Augen wahrzunehmen, wie die Schule, die Spitäler, die Fabriken, die Gefängnisse funktionieren. Daher besteht keine Gefahr, dass Macht zur Tyrannei entarten kann.

Die Disziplinaranlage wird demokratisch kontrolliert.

Jedermann kann den Wächter überwachen. So wird das Panoptikum von einer Dunkelkammer zur Ausspähung von Individuen zum Glaspalast, in dem die Ausübung der Macht von der gesamten Gesellschaft durchschaut und kontrolliert werden kann. Das panoptische System breitet sich im Gesellschaftskörper aus, es ist dazu berufen zu einer verallgemeinerten Funktion zu werden. Das Panopticon kann demnach als ein demokratisches Prinzip von Macht, genauer gesagt als eine flächendeckende Verteilung von Macht bezeichnet werden. Denn der Wächter im Zentrum ist nicht der König oder ein Diktator, sondern ein bloßer Funktionsträger, der seinerseits von allen Mitgliedern der Gesellschaft überwacht und ausgetauscht werden kann.

Der Beobachtete internalisiert das Machtverhältnis:

"Derjenige, welcher der Sichtbarkeit unterworfen ist und dies weiß, übernimmt die Zwangsmittel der Macht und spielt sie gegen sich selbst aus; er internalisiert das Machtverhältnis, in welchem er gleichzeitig beide Rollen spielt; er wird zum Prinzip seiner eigenen Unterwerfung." (Foucault, 1977, S 260)

Die Disziplinargesellschaft formiert sich von den geschlossenen Disziplinen zum endlos verallgemeinerungsfähigen Mechanismus des Panoptismus. Mit diesem Prinzip kann man Disziplinen aktivieren und in einem gesamten

Gesellschaftskörper zur Wirkung bringen. Die so verallgemeinerte Kontrolle durch die Tatsache andauernder Sichtbarkeit verstärkt die Wirkungen der trainierten Normen und Disziplinen in allen Bereichen der Gesellschaft, ob in Familien, Schulen, Fabriken, Spitälern ...

Auf jeden Fall ist dieser Mechanismus imstande, das elementare Funktionieren von Disziplinarmechanismen programmartig umzusetzen und zu garantieren. Die Gesellschaft wird davon vollständig durchsetzt. (Foucault, 1977, S 268) Wir halten selbst das Räderwerk der panoptischen Maschine in Gang – jeder ist ein Rädchen. (Foucault, 1977, S 279)

Wirkung des Panoptismus

Vor dem Prinzip des Panoptismus und der verallgemeinerten Disziplin gibt es kein Entrinnen.

Schließlich wirkt die Disziplinierung verstärkend und steigernd, in der Produktion, im Bildungssystem, der öffentlichen Moral, trägt zu Wachstum bei. Im Gegensatz zur durchorganisierten Pestgesellschaft ist das Panopticon *"...als ein verallgemeinerungsfähiges Funktionsmodell zu verstehen, das die Beziehungen der Macht zum Alltagsleben der Menschen definiert. Zwar wird es von Bentham als eine besondere in sich geschlossene Institution präsentiert, weshalb man auch oft eine Utopie der perfekten Einsperrung daraus gemacht hat....(...) es ist das Diagramm eines auf seine ideale Form reduzierten Machtmechanismus; ... tatsächlich ist es eine Gestalt politischer Technologie, die man von ihrer spezifischen Verwendung ablösen kann und muß".* (Foucault, 1977, S 263)

Durch das Anwachsen der Bevölkerung muss die wirtschaftlich notwendige Produktion gesteigert werden. Dies erfordert, dass straffe Hierarchien die

Vielfältigkeit steigern und aus den verfügbaren Körpern das Maximum an Zeit und Kräften herausholen. Eine Anhäufung von Menschen ohne Anwachsen eines *notwendigen* Produktionsapparates, der nicht in der Lage gewesen wäre, diese Menschen sowohl zu erhalten als auch nutzbar zu machen, wäre anders nicht zu lösen gewesen.

Der Panoptismus bedeutet die Veränderung und Verwirklichung internalisierter Prozesse:

Statt ursprünglicher Bannung von Gefahren steht jetzt die Nützlichkeit von Individuen, die Steigerung der Kräfte im Fokus. Die so angestrebte Arbeitsdisziplin soll Erträge erhöhen. Disziplinen als Techniken welche nutzbringende Individuen fabrizieren. Das panoptische System gewährleistet somit den rationellen Einsatz von Material, Personal und Zeit. Somit ist es ein ökonomisches Modell.

Bei näherer Betrachtung führt die Architektur des benthamschen Panopticons gründlich in die Irre. Der zentrale Beobachtungsturm mit dem Beobachter suggeriert den konzentrierten Machttyp des Souveräns. Versteht man allerdings den Panoptismus als Maschine mit einem komplizierten Räderwerk, treten die tatsächlichen Zusammenhänge in ihrer wechselseitigen Abhängigkeit deutlicher hervor. Der zentrale Beobachter ist kein Souverän, sondern er nimmt eine Aufgabe in der Maschine wahr, die wiederum nur zu erfüllen ist, wenn alle von der möglichen Existenz dieses Beobachters Kenntnis haben.

Die Macht, der Beobachter wird vollkommen anonymisiert, der Sitz des Beobachters kann auch leer sein. Benthams Architektur ist ein Prototyp für die Machtwirkung, die sich durch die Möglichkeit ununterbrochener Beobachtung erzielen lässt. Die Maschinenteile greifen im Bewusstsein der ständigen Kontrollierbarkeit ineinander und ergänzen sich zur Erfüllung der gestellten Aufgabe, indem sie eine zusätzliche Selbstkontrolle ausüben, die sich aus der Tatsache der ständig realisierbaren Beobachtungsmöglichkeit ableitet. Die Disziplin steigt durch den Panoptismus zu einer Technologie auf. Eine Entwicklung, die den gestiegenen Anforderungen im produktiven Sektor Ende des 18. Jahrhunderts entspricht.

Überwachung im Kontext der Gegenwart

Michel Foucaults *Überwachen und Strafen* wird trotz der radikal veränderten gesellschaftlichen Bedingungen noch immer als das meist rezipierte Werk zur Beschreibung von Überwachungstechniken herangezogen. Die technischen Möglichkeiten haben sich nachweislich verändert, jedoch waren auch Gesellschaften und Ökonomie grundlegenden Wandlungen unterworfen.

Mit der globalen Orientierung von Ökonomie und der Steigerung menschlichen Mobilitätsverhaltens sind die bei Foucault maßgeblich verantwortlichen Disziplinierungsnormen heute anders gestaltet, als dies vor fast 50 Jahren der Fall war.[15]

Ist bei Foucault die seinerzeit maßgebliche Ordnungsmacht eine gesellschaftlich bestimmte Institution, welche Normen und damit Maßnahmen zur Disziplinierung bestimmt, anwendet und exekutiert, so hat sich die Wahrnehmung von Normen und Werten heute erheblich gewandelt.

Mit zunehmender gesellschaftlicher Komplexität begann ein Prozess, der von einer *surveillant assemblage* spricht. Mit verstärkter Veränderung von Gesellschaft und Individuum kann somit Überwachung nicht in fix vorge-

[15] Michel Foucault hatte sein Werk 1975 erstmals veröffentlicht

gebenen institutionellen Kontexten bestehen, sondern wird selbst zu einem Prozess, der laufenden Adaptionen unterliegt und dabei unablässig vorhandene Objekte und aus den Relationen dieser Objekte ableitbare Information neu kombiniert. (Kammerer, 2016, S 189)

Nicht geändert hat sich offensichtlich die Intention der Überwachung, nämlich eine Optimierung der Effizienz vorhandener und stetig wachsender Möglichkeiten der Kombination von beobachtbaren Objekten und der dazu notwendigen Mittel. Mit der Digitalisierung hat sich das Instrumentarium zur Bewältigung dieser *Aufgaben* um essenzielle Aspekte der Steuerung, der Kybernetik erweitert. Auch die Position der *Beobachteten* hat sich kaum verändert, auch wenn die Mittel der Beobachtung sich von dem Bild des Panopticons als eine überschaubare architektonische Einrichtung weit entfernt haben. Die *Beobachteten* bleiben Objekte, deren Handlungen sich an den Möglichkeiten - in der digitalen Version an den Vorgaben von Algorithmen - orientieren. Auch, wenn die verwendeten Geräte wie Smartphone und Computer in gewisser Weise eine Art von subjektiver Kommunikation vermitteln. (Lanier, 2014)

Ein gravierender Unterschied zur Beschreibung der Disziplinierung, wie Foucault sie gesehen hat, ist allerdings bei der Interpretation der Möglichkeiten zur demokratischen Kontrolle zu sehen. Denn diese Kontrolle ist durch die Digitalisierung unter dem Aspekt des Digital Divide zu betrachten, der es nicht beliebigen Mitgliedern der Gesellschaft ermöglicht, den - oder besser gesagt, die - Wächter zu überwachen. Die Disziplinaranlage in der globalen, digitalisierten Welt ist offensichtlich nicht länger demokratisch kontrollierbar - eine Wahrnehmung, die auch bereits artikuliert wurde und in dem Begriff des Überwachungskapitalismus (Zuboff, 2018) Ausdruck findet.

11.3 Sicherheit versus Freiheit

Die Disziplinierung, wie Foucault sie beschrieben hat, gewährt den Mitgliedern von Gesellschaften bestimmte Sicherheiten, die mit einer gewissen Einschränkung der üblicherweise gewährten Freiheiten einher geht. In der derzeit aktuellen Situation der Covid-19-Pandemie ist gerade dies deutlich zu spüren. Es zeigen sich Analogien zu den von Foucault beschriebenen Disziplinierungsmaßnahmen im Rahmen des Auftretens der Pest im 17. Jahrhundert.

Diese werden von der Politik vorgebracht und von einer Mehrzahl der Menschen auch akzeptiert. So argumentierte der deutsche Gesundheitsminister Jens Spahn bei einer Pressekonferenz: *„Ich bin mir sehr bewusst, dass es ein Eingriff in die Freiheit des Einzelnen ist. Aber ich finde, es ist ein zumutbarer Eingriff.“* (MDR Fernsehen, 2020)

Ein Spannungsfeld zwischen Sicherheit und Freiheit tritt allerdings nicht nur innerhalb gesellschaftlicher Systeme auf, sondern ist in jedem System grundsätzlich vorhanden. Die Strukturen eines Systems, egal ob es sich um ein soziales, biologisches oder organisatorisches System handelt, gewährt ein erforderliches Maß an Stabilität. Gleichzeitig sollten diese Strukturen so flexibel sein, notwendige Adaptionen zulassen zu können. Dies kann auch als der Aspekt von Freiheit interpretiert werden, der erforderlich ist, um neue Wege beschreiten zu können.

Die unterschiedlichen Ebenen, auf denen Staaten, Gesellschaft, Wirtschaft, Informationstechnologie und die in all diesen Systemen als Elemente auftretenden Akteure = Menschen = biologische Systeme auftreten, ergeben ein über alle Maßen komplexes Zusammenspiel verschiedenster Strukturen.

Betrachtet man die Entwicklung des Internets und der darauf aufbauenden Dienste innerhalb der letzte 25 Jahre, so könnte in Bezug auf die Thematik von Sicherheit und Freiheit durchaus folgende Einschätzung argumentiert werden:

Mit dem Aufkommen des Internets entstand der Eindruck von ungleich mehr Freiheit im Kontext von Kommunikation und Information als bis dahin. Die Möglichkeit im Rahmen des Mediums des elektronischen Dorfs, wie Marshall McLuhan es bereits in den 1960er-Jahren bezeichnet hatte (McLuhan, 1968), nicht nur als Empfänger, sondern auch als Sender aufzutreten, versprach eine grenzenlose Erweiterung der freien Meinungsäußerung. Die bis dahin allgegenwärtige Dominanz der großen Informationsanbieter schien somit infrage gestellt. Aus einer Kommunikation 1 zu n - ein großer Informationsanbieter, aus dem Kreis der TV- oder Printmedien - erreicht viele Informationssuchende - schien sich eine n zu n Kommunikation - d.h. viele Informationsanbieter erreichen viele Informationssuchende - entwickeln zu können.

Diese Idee war durchaus nachzuvollziehen. Es wurde dabei allerdings nicht damit gerechnet, dass die Menge an verfügbarer Information dadurch in einem derart exponentiellen Ausmaß zunehmen würde, wie dies geschehen ist. Es wurde damit die Suche nach relevanter Information für einzelne Themen zu einem Problem, das bis dahin so nicht aufgetreten war. Wo ein Problem, da auch eine Lösung. Es entwickelten sich Dienste, die es einerseits ermöglichten, gewaltige Mengen an Information zu durchsuchen (Suchmaschinen), andererseits entstanden Plattformen, die den vielen potenziellen Sendern von Information Möglichkeit boten, ihre persönlich oder ökonomisch orientierten Nachrichten mit aller Welt zu teilen. So entstanden sogenannte *Soziale Medien.*

Der Betrieb solcher Dienste verlangte nach ökonomisch orientierten Grundlagen. Die Notwendigkeit, Geschäftsmodelle zu entwickeln, die in der Lage waren diese Dienste zu finanzieren, war gegeben. Grundlage für die Finanzierung dieser Dienste konnten somit nur die mit dem Betrieb anfallenden Daten sein, die Aussagen über die Wünsche und Interessen der Menschen zuließen, die sich informieren oder mitteilen wollten. Der Schritt zum Überwachungskapitalismus, wie von Shoshana Zuboff beschrieben (Zuboff, 2018), war getan. Dazu kamen Aspekte der Netzwerke, die aus den meistgenutzten Diensten dominante Player innerhalb dieser Strukturen machten. Somit entstanden neue, bis dahin nicht vorhandene, global agierende Hierarchien mit geänderten Regeln und bis zu diesem Zeitpunkt unbekannten Ordnungsstrukturen. Komplexität wurde dadurch scheinbar reduziert, erhöhte sich jedoch im globalen Kontext. Machtverhältnisse verschoben sich von Staaten zu global agierenden Unternehmen meist US-amerikanischer Herkunft.

Der Blick zurück, auf eine Welt mit grenzenlos empfundener Freiheit, wie sie in den 1990er-Jahren erschien, lässt erkennen, dass die erhofften Erwartungen sich nicht erfüllen konnten. Die Idee von Freiheit ist einem starken Bedürfnis nach Sicherheit gewichen. Sicherheit in Form verschlüsselter Kommunikation, Sicherheit vor Angriffen aus dem Netz, die mit finanziellem Schaden einhergehen könnten und mehr. Ebenso nach einer Art informationeller Sicherheit, der Gewissheit, dass Nachrichten als korrekte Information zu werten sind, und nicht als Desinformation. Wir sind also wieder einmal gefordert, eine Lösung für ein neues Problem zu finden.

11.4 Information - Desinformation - Fake News

Die rasante Verbreitung von Desinformation - *Fake News* konfrontiert uns immer wieder mit der Frage, wie es möglich ist, dass diese falschen Nachrichten sich derart rasch verteilen. In der Zwischenzeit betrifft dies nicht nur Texte, sondern auch manipulierte und gefälschte Videos - dabei spricht man von *Deep Fakes*. Liegt es allein an der technischen Umsetzung oder auch daran, wie Menschen mit Information umgehen? Hier kann die bereits erwähnte *Ökonomie der Aufmerksamkeit* als Erklärung herhalten, weiters spielen menschliche Erwartungen dabei eine entscheidende Rolle.

Der Sozialtheoretiker Niklas Luhmann konnte darstellen, wie Erwartungen, die wir alle an uns und gleichzeitig an unser Gegenüber stellen, Kommunikation und Sichtweise beeinflussen. Luhmanns Funktion der Erwartung wird im soziokulturellen Umfeld verstärkt durch die Erwartung einer Erwartung, der mehrfachen Kontingenz von Erwartungserwartung. Diese Erwartungserwartung wirkt somit als zukünftiger Zustand auf unsere Entscheidungen. (Luhmann, 1984, S 139 f)

Die Theorie Luhmanns konnte seinerzeit nicht von einer Erwartung gegenüber Angeboten in einer virtuellen Welt ausgehen. Luhmann betrachtete die zwischenmenschliche Kommunikation. Allerdings haben wir uns in der Zwischenzeit darauf eingelassen, die Unterhaltungen mit Familie und Freunden zum Großteil über digitale Dienste zu führen und geben damit einen Großteil unserer Erwartungen jemandem preis, der mit diesen Daten durchaus etwas anfangen kann. Aus dem gesammelten Konglomerat unterschiedlicher Verhaltens-, Mobilitäts-, Informations- und Kommunikationsdaten sind Algorithmen in der Lage unsere Bedürfnisse und Wünsche mit ziemlicher Genauigkeit im Voraus zu berechnen. Dies vermittelt den

Nutzern dieser Medien das Gefühl, Teil einer Sinnesgemeinschaft zu sein. Gleichzeitig werden scheinbar Bestätigungen für die Richtigkeit der eigenen Meinungen, Emotionen und Sichtweisen verteilt und dafür Anerkennung ausgesprochen. Was braucht ein Mensch mehr, als die scheinbare Erfüllung und Bestätigung seiner Erwartungen?

Sollten wir trotzdem in die Situation kommen, die uns vor die Aufgabe stellt, eine komplexe Angelegenheit zu lösen, brauchen wir nicht, wie vor 25 Jahren noch, unsere Vergangenheit nach einer Entscheidungshilfe zu durchsuchen. Damals konnte uns ein ähnlich erscheinendes, früher erfolgreich gelöstes Problem helfen. Heute kann uns ein Algorithmus dieses Problem abnehmen und damit eine Lösung anbieten, d.h. unsere Erwartungen erfüllen.

Der Aufwand für uns ist ungleich geringer, als müssten wir selbst Lösungen für alltägliche Probleme finden. Dies kann als Basis des Erfolgs vieler online Dienste angesehen werden. Damit sind Werte wie Kreativität und die Freiheit zu individuellen Entscheidungen unter anderen Prämissen als bisher zu betrachten. Dies wird derzeit noch ausgeblendet. Unsere eigene Problemlösungskompetenz wird dadurch allerdings drastisch minimiert.

Folgt man Marshall McLuhan, der als Medientheoretiker die Mediendiskussion in den späten 60er-Jahren des 20. Jahrhunderts prägte, ist es nicht nur die Information, die uns beeinflusst. Er vertrat die These, dass Menschen sowohl Sprache und Schrift als auch Medien - in der Zeit von Radio, TV und digitalen Medien selbstverständlich auch diese Medien - als Werkzeuge zur Erweiterung ihrer Sinnesorgane verwenden. Dies stört das bis dahin gewohnte Zusammenwirken der Sinne und erfordert einen Adaptionsschritt.

Die Herausforderung dabei sei die Integration dieser geschlossenen Systeme, der Werkzeuge und Techniken in das Bewusstsein der Menschen. Die zentrale Botschaft McLuhans *„The Medium is the Message"* (McLuhan, 1964) sollte darauf hinweisen, dass Medien und nicht der Informationsgehalt von Nachrichten in der Lage sind, Gesellschaften zu verändern.

In seinem Werk *Die Gutenberg-Galaxis - Das Ende des Buchzeitalters* (McLuhan, 1968) beschreibt McLuhan die korrelative Entwicklung von Medien und Gesellschaft. Die historische Einteilung in vier Epochen demonstriert die Einflüsse von Medien und kommunikativen Techniken. Am Beginn steht die auditive Wahrnehmung. Das Ohr ist das wichtigste Sinnesorgan einer oralen Stammeskultur. Dies bedeutet Simultanität und Dynamik in der Übermittlung von Information. Mit der Erfindung der Schrift erweitern sich die Wahrnehmungsformen und werden mehrdimensional. Schrift vermittelt die Anwendung festgelegter Regeln und ermöglicht zeitunabhängige Kommunikation, sowie mittels der Handschrift auch individuelle Aspekte. Der Übergang von Ohr zu Manuskript war von dem Phänomen begleitet, dass beide Sinne angesprochen wurden, da meist laut gelesen wurde. Mit der Erfindung des Buchdrucks wird die Sinneswahrnehmung auf das Auge konzentriert. Das Buch wird zu einem reproduzierbaren Kulturelement und zum Träger und Vermittler von rationalem Wissen.

Die Medien und Werkzeuge im elektronischen Zeitalter erfordern schließlich wieder die gleichzeitige Einbindung mehrerer Sinne und verändern gesellschaftliche Zusammenhänge in der Welt. Er formulierte den Begriff des globalen Dorfes bereits vor dem Aufkommen des Internets, begründet mit vielfältigen elektronischen Abhängigkeiten. Medien und Werkzeuge verändern die Gesellschaft. Die Übergänge zwischen gesellschaftlichen Epochen sind durch Veränderungen der Medien gekennzeichnet. In der aktuellen Situation verschmelzen Medien und Werkzeuge gleichsam zu einer Art intelligentem, persönlichem Assistenten, der uns unterstützt und gleichzeitig auch steuert. Ein wiederholter Verweis auf den Begriff des Cyberspace / Kybernetes / des Steuermanns erscheint hier angebracht. Manipulation von Meinungen und Emotionen durch digitale Information - Desinformation - *Fake News* wird durchaus in den Medien thematisiert.

Trotzdem glauben viele, selbst dagegen immun zu sein. Besonders bei der Nutzung von *Social Media* haben Tests ergeben, dass Immunität gegenüber manipulativer Steuerung von Emotionen zwar wünschenswert sein sollte, jedoch fern aller Realität ist. (Fry, 2018)

Hinzu kommt, dass der Satz *Bad News are good News* nach wie vor Gültigkeit hat. Die Algorithmen diverser Informationsanbieter und speziell die der Social Media Plattformen sind darauf ausgerichtet, Aufmerksamkeit zu erregen. Diese fördern deshalb die Verteilung von Nachrichten, die besondere Aufmerksamkeit versprechen und unterdrücken umgekehrt weniger geteilte Meldungen. Wohl auch deshalb, weil diese Plattformen werbefinanziert sind und erhöhte Aufmerksamkeit dazu ökonomisch beiträgt. *Social Media* sind Teil des *Überwachungskapitalismus.*

Die Intentionen, Daten zu sammeln, auszuwerten und mittels künstlicher Intelligenz für ökonomische Modelle zu nutzen, sind somit wichtige Aspekte der Möglichkeit, gezielt Falschinformation zu verteilen und über diverse Kanäle zu verstärken. *Social Bots* - Programme, die manipulative Nachrichten auf Social Media Portalen verbreiten, wurden nachweislich im US Wahlkampf 2016 erfolgreich eingesetzt. (Kind u. a., 2017) Soziale Medien sind als politische Informationsquelle ungeeignet, da sie durch digitale Desinformation mögliche Entscheidungsfreiheit einschränken (können).

12 Sozial

12.1 The Digital Divide

Die digitale Kluft war seit dem vermehrten Umgang mit Computern und der damit verbundenen Fähigkeit zu freier Kommunikation und Informationsbeschaffung Thema. In den 1980er-Jahren war der Zugang zum beginnenden neuen Medium einigen wenigen Insidern vorbehalten, die in der Lage waren endlose Codes zu tippen, um bestimmte Anwendungen auf den damals verfügbaren Geräten zu starten. Die Herstellung einer Netzwerkverbindung mittels Modem war mit Fachwissen und viel Aufwand verbunden. Von grafischen Oberflächen mit Menüführung war man damals im technischen Bereich weit entfernt. Dies änderte sich maßgeblich mit der Einführung des World Wide Web. (Dijk, 2005, S 97)

Mit der Vereinfachung des bis dahin sehr komplizierten Einstiegs in die unterschiedlichen Netzwerkdienste, war es auch für technische Laien möglich, sich Zugang zu verschaffen. Die vormals mehrheitlich technische Hürde wurde damit zu einer, die mehr oder minder sozial bedingt war. Damit wurde diese Art von Exklusion erst zu einem Thema, denn zuvor war die Nutzung von Netzwerkdiensten eine Tätigkeit, die sehr wenigen Spezialisten vorbehalten war.

Mit der Erschließung der Netzwerkwelt mittels Browser und Links - das World Wide Web beruht auf der Arbeit des britischen Wissenschafters Tim Berners Lee am Cern 1989 - begann das WWW zu einem Phänomen der Massen zu werden. Zu Beginn zwar sehr langsam, aber nach einer fast linearen Steigerungsrate in den ersten Jahren zeigte die Entwicklung der Nutzungshäufigkeit des WWW ab ca. 1996, sowohl im unternehmerischen, als auch im privaten Bereich, eine exponentielle Wachstumskurve. Der Zugang zum Internet, die Möglichkeiten, sich Information zu beschaffen, eventuell auch bereitzustellen, zu kommunizieren und an einem Diskurs teilzuhaben, wurden damit zu einem wichtigen Vermögen im Sinne der Interpretation Max Webers, der festgestellt hatte: *„Zum ‚Vermögen' gehören nicht nur Sachgüter. Sondern: alle Chancen ...“* (Weber, 2017) Somit wurden alle, denen dieses Vermögen nicht zuteil wurde, die zu arm oder zu alt waren, um an dem neuen Medium teilzuhaben, Opfer des *Digital Divide*.

Diese Interpretation der digitalen Kluft ist nach wie vor Thema in sozialpolitischem Kontext, zwar nicht mehr in derselben Ausprägung wie vor zwanzig Jahren, jedoch bemerkbar z.B. in der Diskussion um Breitbandausbau zur möglichst schnellen Verbindung mit dem Netz, bei der Betonung der Wichtigkeit von Notebooks oder Tablets in Schulen.

Der nächste Entwicklungsschritt zur Steigerung der Internet-Nutzung und auch zu einer gravierenden Änderung des Nutzungsverhaltens war die Einführung von Smartphones im Jahr 2007. Diese Geräte - siehe die Auseinandersetzung mit dem Begriff *Smart* - garantieren eine permanente Verbindung mit dem Internet und ermöglichen damit die Nutzung von Diensten und sogenannten Apps - Applikationen - die jederzeit sofortige Recherche von Information ermöglichen, andererseits selbst laufend mit zentralen Servern kommunizieren.

Diese oft 24 Stunden / 7 Tage die Woche aufrechte Verbindung ist nicht nur im Zusammenhang mit Big Data, sondern auch unter dem Blickwinkel der Netzwerktheorie interessant und bestätigt das Phänomen der Bildung von Hubs.

So gibt es im Themenfeld Betriebssysteme für Smartphones im Jahre 2019 nur zwei relevante Anbieter, die sich den weltweiten[16] Markt aufteilen:

Android - von Google mit einem Marktanteil von 86,1 %
IOS - von Apple mit einem Marktanteil von 13,9 %. (IDC, 2019)

Dies dokumentiert das Ausmaß der Abhängigkeit von Nutzerinnen und Nutzern und auch von anbietenden Firmen unterschiedlicher Apps von den beiden dominierenden Hubs im Bereich Smartphones. Ein Hinweis auf eine Art von *Digital Divide*, der in der allgemeinen Diskussion bis dato nicht angekommen ist. Die wirkliche soziale und wirtschaftliche Kluft zeigt sich auf mehreren Ebenen - so gibt es mehrere Milliarden von Menschen, die Smartphones mit unterschiedlichsten Apps nutzen.

Es nutzen 96 % der Menschen bis 69 Jahre in Österreich Smartphones für folgende Tätigkeiten zwischen 2,8 und 3,7 Stunden pro Tag: [17]

- 94 % Surfen im Internet
- 66 % Preise vergleichen
- 65 % Adressen suchen
- 55 % online einkaufen
- 42 % für Informationen kurz nach dem Aufstehen

und dies tun 69 % fast täglich, denn nur 31 % können für mehrere Tage auf die Nutzung von Smartphones verzichten. (Mindtake Research, 2018)

[16] für einzelne Länder können sich diese Daten unterscheiden
[17] Diese Zahlen beziehen sich zwar auf Österreich, sehen jedoch in vielen Statistiken ähnlich aus.

Dies ist gleichsam die eine Gruppe. Für diese große Gruppe bleiben Regeln und Abläufe im Rahmen der Nutzung der Anwendungen eine *Black Box* - sind also nicht durchschaubar. Auch wenn Mitgliedern der Gruppe bewusst ist, dass dabei - meist persönliche - Daten anfallen, nehmen sie dies billigend in Kauf, da scheinbar kurzfristige Vorteile einen eventuell vermuteten Nachteil überwiegen. Dieser *faustische Pakt* wurde bereits thematisiert.

Zwischen diesen Smartphonenutzern und der Gruppe der Unternehmen oder Entwicklern, die mit der Veröffentlichung von Apps eine ökonomische Idee verfolgen ist die eine Kluft zu finden. Denn das Verständnis bezüglich Algorithmen und Organisation von technischen Abläufen ist bei dieser zweiten Gruppe angesiedelt. Die sogenannte Start-up-Szene, meist junge, innovative und kreative Unternehmerinnen und Unternehmer versuchen Geschäftsmodelle zu entwickeln, die in diesem digitalen Umfeld reüssieren können. Dies zeigt sich durch die Gründung sogenannter Start-up- und Gründer-Hubs - in Anlehnung an den netzwerktheoretischen Begriff - die dabei helfen Geschäftsmodelle und Finanzpläne zu entwickeln. In diesem Umfeld gibt es Wettbewerbe. Die besten Ideen werden prämiert und sogar mit Finanziers in Kontakt gebracht.

Beschäftigt man sich näher mit den zu diesen Wettbewerben eingereichten Businessplänen[18], so kann man auch in diesem Kontext die Beobachtung machen, dass Prinzipien der Netzwerke zutage treten. Die Mehrzahl dieser Pläne stützt sich auf die Multiplikation von Diensten, die sich auf Softwarebibliotheken und Algorithmen von Mitgliedern der dritten Gruppe im digitalen Umfeld beruft. Nämlich auf die Gruppe der dominanten Hubs. Hier öffnet sich die zweite Kluft, denn diese Hubs bestimmen mit ihren Ge-

[18] der Autor ist seit fast zwei Jahrzehnten als Gutachter für Businesspläne im Start-up Bereich tätig

schäftsbedingungen und Diensten die grundsätzlichen Modelle im globalen Netzwerk. Die dominierenden Hubs zu benennen ist derzeit nicht schwer - in alphabetischer Reihenfolge sind dies: Amazon, Apple, Facebook, Google und Microsoft, die mit ihren Shops und Cloud Lösungen, der dominanten Websuche, den sozialen Netzwerken, Betriebssystemen von Desktop Rechnern oder Smartphones und den mit all diesen Diensten kombinierten Software-Werkzeugen das globale Internet dominieren.

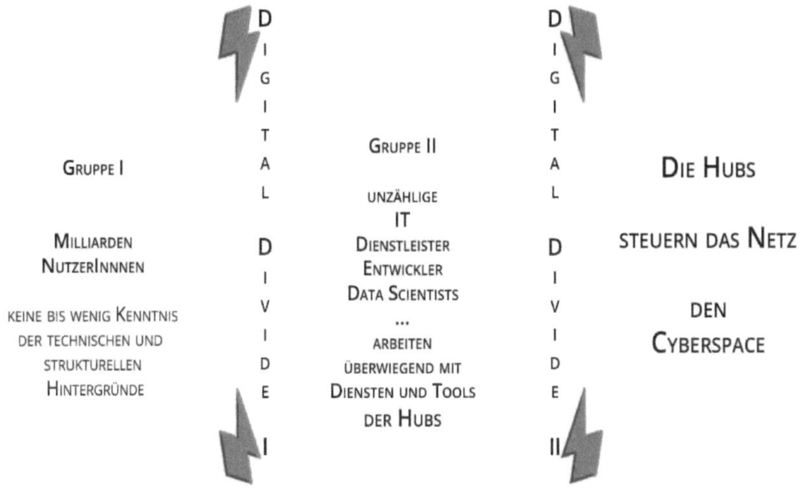

Abbildung 18: symbolische Darstellung des mehrfachen Digital Divide

Vereinzelt mögen lokale Anbieter außerhalb der USA auch den Status von Hubs erreichen, besonders in China und Russland. Unter Berücksichtigung der geopolitischen Lage ist dies nachvollziehbar. Die Lage in der restlichen Welt ist von den fünf genannten US-amerikanischen Unternehmen abhängig. Eine Tatsache, die besonders den Köpfen von Wirtschaft und Politik in Europa Kopfzerbrechen bereiten sollte. In diesem Zusammenhang wird immer wieder von Politik und Verwaltung in einigen Ländern von sogenannten *Digitalisierungspakten* (BMBF.de, 2019) gesprochen. Dies bezieht sich jedoch leider nicht auf die Überwindung der hier angesprochenen *Digital Divides*, sondern lässt vermuten, dass mittels der geplanten Maßnahmen, wie z.B. Ausbau 5G, Breitband, Smart-Practices, (Stadt Wien, 2018) Tablets und Notebooks für Schulen etc. bestehende Strukturen gestärkt und so die augenblicklich beobachtbaren Machtverhältnisse im digitalen Raum zusätzlich zementiert werden.

Dies verweist auf das Phänomen, dass in komplexen Situationen bevorzugte Lösungsansätze oftmals dazu tendieren die Probleme zu verstärken, die mit den gesetzten Maßnahmen eigentlich gelöst werden sollen.

Aus dieser Sicht hat sich der *Digital Divide* in den letzten drei Jahrzehnten vervielfacht und ist dadurch, was Auswirkungen auf Gesellschaft, Arbeitswelt, Soziales und schließlich auch auf die staatliche Souveränität anbelangt, um ein Vielfaches wirkmächtiger geworden. In der Zwischenzeit gibt es zwar einige Ansätze und Ideen, die auf der Struktur distribuierter Netzwerke Lösungen aufbauen und damit der beschriebenen Situation Abhilfe schaffen sollen - meist auf einem der Blockchain ähnlichen Prinzip basierend, ohne die Nutzung zentraler Server - diese sind allerdings im Augenblick in einer ersten Entwicklungsphase. Ob solche Dienste in Zukunft zumindest einen Teil der digitalen Aufmerksamkeit für sich in Anspruch nehmen können, ist mit einem großen Fragezeichen versehen.

12.2 Eine Sache des Vertrauens

Gerade Kommunikation und Interaktion mit und durch digitale Medien verlangt Vertrauen, einerseits in die Funktionalität der technisch genutzten Infrastruktur, andererseits in die Betreiber der Anwendungen, über deren Dienste man oft intimste Geheimnisse kommuniziert. Genauso notwendig ist Vertrauen in die Zuverlässigkeit der Information, die über eine riesige Anzahl von Kanälen und Kommunikatoren auf jede und jeden von uns einströmt. Ein Faktor ist in diesem Zusammenhang besonders zu beachten. Ein garantiertes Grundrecht der Bürger demokratischer Staaten wird mit dem Briefgeheimnis formuliert. Dieses Recht regelt mittels Strafgesetz (in Österreich §118 StGB / in Deutschland §202 StGB) Verletzungen des persönlichen Lebensbereiches mittels Androhung einer Freiheitsstrafe.

Doch wer schickt heute noch einen verschlossenen Brief - sicherlich nur in Ausnahmefällen. Mit der Vernetzung der Welt wurden viele unterschiedliche Dienste entwickelt, die es ermöglichen, elektronisch zu kommunizieren. Die technische Struktur der Kommunikationswege bringt mit sich, dass elektronische Post, egal ob E-Mail oder andere Nachrichtendienste, über viele Netzwerkknoten ihren Weg zu den Adressaten finden.

Dabei ist auch die Mailbox der Empfänger nicht an deren Haustür, sondern ein Speicherplatz auf einem Computer im Rechenzentrum eines Dienstleisters. Würde man dies mit einem Brief in der analogen Welt vergleichen, so käme das der Situation gleich, als würde der Brief am Postamt bleiben. Bei Bedarf könnte man sich diese Nachricht dann vorlesen lassen.

Von Geheimnis also keine Spur.

Diese Thematik wurde bereits vor mehr als zwei Jahrzehnten kontrovers diskutiert. Der Vorschlag, elektronische Kommunikation nur für Nachrichten zu nutzen, die ohnehin für den öffentlichen Raum bestimmt sind, wurde damals mit dem Hinweis auf das Briefgeheimnis vehement abgelehnt.[19] Die technische Infrastruktur des Internets sollte nach meist vertretender Ansicht die demokratisch zugesicherten Rechte gewährleisten.

Der Fortschritt der Technik hat offensichtlich auch dafür eine Lösung gefunden, nämlich verschiedene Algorithmen zur Verschlüsselung, die Nachrichten für die Übermittler unleserlich machen sollen. Das Problem dabei, eine solche Praxis erfordert technisches Fachwissen, über das die Mehrzahl der Anwender nicht verfügt. Ein zusätzlicher Aspekt des *Digital Divide*.

Selbstverständlich gibt es auch Verschlüsselungstechniken, die technisch bereits implementiert sind. So bieten verschiedene Messenger Dienste eine sogenannte end-to-end (e2e) Verschlüsselung an, die garantieren soll, dass die Nachrichten *sicher* und damit für Fremde nicht lesbar sind. Bei der Kommunikation fallen jedoch sogenannte Verbindungsdaten an, die zeigen, wer, mit wem, wann, mit welcher Datenmenge kommuniziert - dies fällt meist unter den Begriff der Metadaten. Diese stehen den Anbietern von Nachrichtendiensten auf jeden Fall zur Verfügung.

Manche Dienste werden den Menschen als smarte Assistenten angeboten, die das Leben erleichtern sollen. Das diesen smarten Geräten entgegengebrachte Vertrauen wurde mehrfach erschüttert. Die Meldungen, nach denen die Anbieter von Sprachassistenten Mitarbeiter einsetzen, die aufgenommene Sprachnachrichten analysieren, gingen mehrfach durch die Medien. (Fuest, 2019) Das Argument des anbietenden Unternehmens:

[19] Der Autor war von 1998 - 2002 mit seinem Unternehmen im Rahmen von IT- und New Economy Messen präsent, wo diese Themen immer wieder diskutiert wurden.

„Das Training von Alexa mit Aufnahmen von vielfältigen Kunden trägt dazu bei, dass Alexa für alle gut funktioniert. Wenn diese Einstellung aktiviert ist, werden Ihre Sprachaufnahmen möglicherweise bei der Entwicklung neuer Funktionen verwendet.“ (Fuest, 2019)

Diese erwähnte Einstellung ist als Standard-Einstellung bei diesem Gerät eingerichtet, sodass diese Daten jedenfalls übermittelt werden, falls man dies nicht selbst ablehnt. In der Datenschutz-Grundverordnung von 2018 werden solche Einstellungen im Art. 25 geregelt. *„Datenschutz durch Technikgestaltung und durch datenschutzfreundliche Voreinstellungen“* - privacy by design - privacy by default - würde solche Standard-Einstellungen grundsätzlich untersagen. (Pollirer u. a., 2017, S 72)

Dies ist nur eines mehrerer möglicher Beispiele, die zeigen, dass Unternehmen nicht so agieren, dass es gerechtfertigt wäre, ihnen Vertrauensvorschuss zu gewähren. Eine weitere Facette ergibt sich bei der Betrachtung von verwendeten Programmcodes diverser Anwendungen - denn viele Anbieter sehen darin eine Art Betriebsgeheimnis, sodass nicht überprüfbar ist, welche Daten die spezifischen Anwendungen bei jeder Kommunikation sammeln und übertragen. Es wird Vertrauen vorausgesetzt, das mit der Nutzung solcher Dienste gefragt ist.

Vertrauen, ein Begriff, der bei genauer Betrachtung bedeutet, nicht sicher sein zu können, dass ein Mensch, dem man Vertrauen schenkt, auch so agieren wird, wie man es erwartet. Ein Zustand des Nicht-Wissens, der Unsicherheit, wobei in der allgemeinen Verwendung von Vertrauen doch ein Aspekt der Sicherheit mitschwingt. Denn meist ist man sich sicher, jemandem oder einer Sache vertrauen zu können. Der winzige Anteil von Unsicherheit fällt dabei nicht ins Gewicht und wird durch die Gewissheit des Eintritts der eigenen Erwartung verdeckt. Im sozialen Kontext ein Phänomen, das in der Regel auf Wechselwirkung beruht und mit immer wieder erlebter Bestätigung eine Steigerung erfährt. Ein Effekt, den die bereits mehrfach erwähnte Erwartungserwartung Luhmanns (Luhmann, 1984, S 139 f) mit sich bringt.

Im Umgang mit digitalen Medien kann diese Erwartungserwartung, die im sozialen Kontext eine maßgebliche Rolle spielt, nicht in gleicher Art vorhanden sein. Erwartungen sind eher einseitig aufseiten der Menschen zu finden, die solche Medien nutzen. Die Erfüllung der Erwartung geht dabei mit der Bestätigung der je eigenen Meinung zu einem spezifischen Thema einher.

Die Erwartung der anderen Teilnehmer - der Betreiber der Sozialen Medien - bei dieser Art von Kommunikation liegt darin, die Daten der Nutzer mittels KI / AI so zu nutzen, dass sie deren Erwartungen erfüllen können. Einfach, um sie damit bei der Stange zu halten - was sich in vermehrter und wiederholter Nutzung der angebotenen Dienste manifestiert. Ein Blickwinkel, der die Bestätigung der Wirkung von *sofortiger Befriedigung – instant gratification* – offensichtlich werden lässt. Ob im Bewusstsein dieser Sichtweise oder nicht, es werden immer wieder Umfragen durchgeführt, die das Vertrauen abfragen, das digitalen Medien und sozialen Medien im Speziellen in der Bevölkerung zuteil wird.

So hat PWC Deutschland 2018 das Vertrauen der deutschen Bevölkerung in digitale Medien erhoben und dabei u.A. folgende Erkenntnisse daraus gewinnen können: Die Mehrheit der Deutschen - fast drei/Viertel - nutzt nach wie vor das Medienangebot des öffentlich-rechtlichen Fernsehens zur aktuellen Information. In etwa 25 % nutzen Social Media, hauptsächlich Facebook dazu, aktuelle Informationen zu erhalten.

Wobei das Vertrauen in Social Media gesunken ist, insgesamt nur 40 % der Deutschen vertrauen einem Social-Media-Kanal, was mit fehlender Objektivität und der fehlenden Möglichkeit von Kontrolle begründet wird. Das am stärksten wirkende Argument für die Nutzung digitaler Medien ist und bleibt die Kostenfreiheit, wobei sich ca. die Hälfte gegen die Weitergabe von Daten ausspricht, während es 40 % egal ist, solange das Angebot gratis bleibt. (PWC, 2018)

Das bedeutet, mit dem Rückblick auf die ersten Jahre des Internets, in dem Gratis-Angebote die einzige Möglichkeit darstellten, Menschen für die Dienste zu interessieren, dass die damals eingeführte scheinbare Gratis-Kultur sich zu einem noch immer anhaltenden Trend manifestiert hat. Einen weiteren Aspekt könnte die allgemeine Erwartung in die Technik als Werkzeug zur Problemlösung und das damit gesteigerte Vertrauen in Technik darstellen.

12.3 Sozial ohne sozialen Kontext

Im Fokus der Aufmerksamkeit stehen Soziale Medien, die heute einen großen Teil sozialer Interaktion und Kommunikation abdecken. Aus der Sichtweise von *Marshall McLuhans - the medium is the message* - betrachtet, stellt sich somit die Frage, welche Nachricht diese Art von Medien *an sich* übermitteln. Zumal es Stimmen gibt, die hinterfragen, ob diese Medien überhaupt als *sozial* bezeichnet werden sollten. Aufgrund von Datenmissbrauch, Vorfällen von Stalking- und Mobbing, wurde auch schon der Begriff *Antisocial Media* gebraucht, wobei besonders Facebook unterstellt wird, mittels seiner Praktiken guten Journalismus zu untergraben, Propaganda und Zweifel an wissenschaftlichen Erkenntnissen zu fördern, gleichzeitig massive Überwachung zu betreiben und so Grundsätze demokratisch orientierter Politik zu schwächen. (Vaidhyanathan, 2018) Siva Vaidhyanathan ist Professor für Media Studies an der Universität von Virginia und gesteht den Gründern von sozialen Medien durchaus gute Absichten zu. Es wäre nicht das erste Mal, dass Auswirkungen von *gut gemeint* nicht unbedingt zu einem guten Ende führen.

Die soziale Komponente sozialer Medien besteht in der Möglichkeit der Vernetzung mit anderen, zum Zwecke von Kommunikation und / oder Kooperation. Die Möglichkeit, diese Kommunikation nutzen zu können, auch ohne dem Gegenüber von Angesicht zu Angesicht zu begegnen, scheint das Niveau von Kommunikationsinhalt und Interaktion maßgeblich zu beeinflussen.

Kommunikation, abgeleitet von lateinischen communicare, teilnehmen lassen, gemeinsam machen, sich besprechen war vor der Nutzung elektronischer, digitaler Medien, meist eine synchrone Tätigkeit von zumindest zwei Personen. Diese Form des Gesprächs war damit verbunden, einem Gesprächspartner gegenüber zu sein. Reaktionen auf die eigenen Äußerungen waren sofort ersichtlich und die Antwort folgte unmittelbar auf das Gesagte. Diese Abfolge von Rede und Gegenrede war von Mimik, Gestik und Körperhaltung begleitet und hat so bewusst oder unbewusst zusätzliche Information vermittelt. Weiters wirken Sprache, Tonfall, sowie jede mögliche Verhaltensart als zusätzlicher Faktor. Diese Tatsache veranlasste Paul Watzlawick davon zu sprechen, dass man *„nicht nicht kommunizieren könne“*. (Watzlawick, 2016)

Als eine Art reduzierter Kommunikation konnte man ein Telefonat bezeichnen, wie es in Seminaren zur korrekten Führung von Telefonaten vermittelt wurde. Denn ein Telefongespräch wurde damals *als Gespräch zwischen zwei*

Blinden, die noch dazu auf einem Ohr taub sind bezeichnet. Die Kommunikation wurde also um Mimik, Gestik und Körperhaltung reduziert und war somit einer erhöhten Wahrscheinlichkeit ausgesetzt, falsch verstanden zu werden. Ein Briefwechsel, die schriftliche Variante von Kommunikation ließ auch noch Sprache und Tonfall vermissen und wurde daher als Korrespondenz bezeichnet - eine gegenseitige Beantwortung.

Die sogenannten sozialen Medien nutzen somit kaum einen Teil dessen, was bis zu ihrer Erfindung als Kommunikation begriffen wurde. Die Kommunikation über diese Dienste reduziert sich einerseits auf Übermittlung von aktuellen Nachrichten, andererseits auf die Darstellung aktueller Statusmeldungen - ich / wir sind hier oder da - machen gerade dies / oder das und zusätzlich auf Werkzeuge zur Selbstdarstellung, mit dem Ziel mittels sogenannter Likes, Follower, Friends ... messbare Anerkennung zu generieren. Diese Art der Anerkennung wird zu einem ökonomisch wertvollen Aspekt, der sich in einer neuen Begrifflichkeit äußert: Influencer/in. Ein Begriff der einen Effekt der Netzwerke recht treffend beschreibt. Ein wichtiger Knoten, als welche sich Influencer verstehen, ist in der Lage mittels Meldungen und Empfehlungen die verlinkten Knoten in gewisser Weise zu beeinflussen, woraus sich eben die ökonomische Wertigkeit speist.

Die Kommunikation, wie Paul Watzlawick sie beschrieben hat, ist bei dieser Nutzung nicht mehr vorhanden. Auch wenn es über verschiedene Messenger Dienste die Möglichkeit gibt, Telefonate mit Videounterstützung zu führen und ganze Gruppen zusammen zu bringen, lassen sich diese Werkzeuge nicht als Ersatz für zwischenmenschliche Kommunikation betrachten. Denn das reale soziale Netzwerk, in dem man sich bewegt, wird von dem digitalen, technischen Netzwerk überlagert. Der jeweils genutzte *Social Media* Anbieter bestimmt mittels der eingesetzten Algorithmen die Zielsetzung seines

Netzwerks und zwingt damit alle Anwender diese Regeln zu befolgen. Man bewegt sich so mit der Nutzung von *Social Media* in einem geschlossenen digitalen Kontext und nicht in einem sozialen Kontext, auch wenn dieser Anschein vermittelt wird. Mit Marshall McLuhan gedacht, mutieren *Social Media* zu *Aufmerksamkeitsmaschinen.* Was wohl auch deren *Erfolg* ausmacht.

12.4 das Zoon Politikon

Das *Gute Leben*, im Sinne der Ideen des Aristoteles, wurde schon mehrmals erwähnt. Seiner Auffassung nach ist das Ziel des Lebens, das *Telos*, das jedem Wesen innewohnt, das Erreichen von Vollkommenheit. Das Wesen Mensch als *Zoon politikon*, als in der *Polis* verwurzeltes Wesen, benötigt diese Gemeinschaft zwingend, um sein Ziel erreichen zu können. Gleichzeitig ist jeder Mensch dazu angelegt, zur Gemeinschaft und damit zu Wohle aller beizutragen. In seinem Streben nach *Autarkie* braucht jeder Mensch Kooperation, die mittels seiner Fähigkeit zu Kommunizieren am besten in einer geregelten Gemeinschaft zur Entfaltung kommt - dem Staat. (Rapp, 2001, S 55)

Die essenzielle Bedeutung von Kommunikation und Kooperation ist schon mehrmals angesprochen worden, es ist jedoch bisher nicht klar gewesen, dass diese Erkenntnis an die 2300 Jahre alt ist. Ein weiterer Hinweis darauf, dass weder das Wesen Mensch noch die grundlegenden Bedürfnisse von Individuum und Gemeinschaft sich in dieser Zeit maßgeblich verändert haben. Was sich verändert hat, sind die Umstände, unter denen Gemeinschaften sich organisieren, die Art und Weise wie Städte, Staaten und Bündnisse sich strukturieren und ihre jeweils eigenen Regeln definieren. Das politische Wesen Mensch sieht sich heute einer wesentlich komplexeren Welt gegenüber, als zu Zeiten des Aristoteles. Glaubt man statistischen Schätzungen, so haben um das Jahr 300 vor Christi Geburt ca. 150 Millionen Menschen auf der gesamten Erde gelebt, von denen wohl die Mehrzahl nicht wusste, wie viele andere Menschen es damals auf dieser Erde gab. Derzeit sind es etwa 7,7 Milliarden und die 8 Milliarden Grenze soll bald überschritten werden. Wollen Sie nochmals etwas zum Thema Exponentialität lesen? Nein. Es soll nur verdeutlicht werden, dass es auf unserem Planeten mehrere parallele Entwicklungen gibt, die dem Prinzip der Exponentialität folgen.

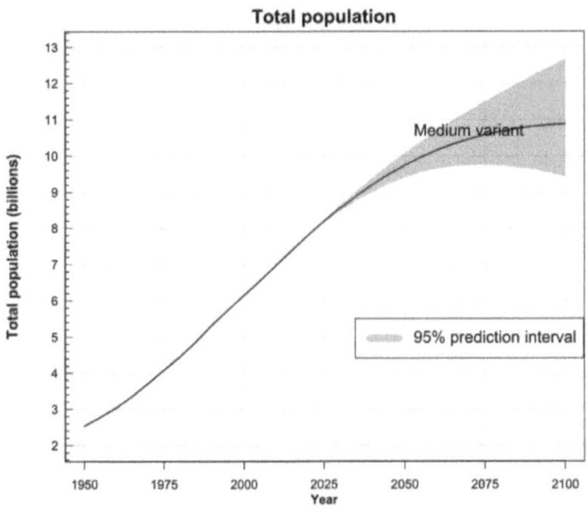

Abbildung 19: Wachstum der Weltbevölkerung seit 1950 mit Prognose bis 2100 (United Nations Department of Economic and Social Affairs, 2019) es ist zu erkennen, dass ab ca. 2050 die Wahrscheinlichkeit eines *tipping points* steigt

Sobald ein Mensch, aufgrund vielfacher paralleler Entwicklungen und Tendenzen, nicht mehr in der Lage ist, die vorhandene Fähigkeit zu Kommunikation zu nutzen und geht so die Bereitschaft zur Kooperation verloren, verliert dieser Mensch auch die Grundlage des Lebensziels. Die Suche nach Ersatz gestaltet sich schwierig und äußert sich schließlich in Verweigerung von Kommunikation und Kooperation. Was sich politisch vermehrt in nationalistischen und populistischen Tendenzen äußert, die Schuld im Außen sucht und einfache Lösungen fordert. Die Bürger, in ihrem Bestreben, die Gemeinschaft zu restaurieren, erhoffen sich Lösungen, die jedoch an der Komplexität der Welt zum Scheitern verurteilt sind. Denn ein einmal eingeschlagener Weg darf, glaubt man, auf keinen Fall wieder verlassen werden. Man müsste dann einen - oder mehrere - Fehler eingestehen. Das Bewusstsein, nur aus Fehlern lernen zu können, hat sich bisher scheinbar nicht durchgesetzt. Und so bleibt man bei einer vorgefassten Meinung, verweigert den Diskurs und beharrt auf *entweder - oder* - ohne einen Gedanken darauf zu verwenden, mit der Fähigkeit zu kommunizieren und zu kooperieren einen Weg des *sowohl + als auch* finden zu wollen.

Denn Kooperation vieler Elemente lässt schließlich in komplexen Situationen etwas Neues entstehen, auch oder gerade aus einer chaotischen Situation. Fast wie von selbst. (Kauffman, 1996) Etwas Neues, das mehr ist, als die Summe der einzelnen Teile. (Aristoteles, 1904, VII 1041b) Die Voraussetzung dabei: der Grad der Komplexität muss verständliche Kommunikation zulassen. Mit dem Blick auf Netzwerke bedeutet ein geringes Maß an Komplexität, dass die Größe der Netzwerke begrenzt ist. Bei einem hohen Maß an Komplexität, wie wir es heute in einer globalen Welt vorfinden, ist der Aufwand für erfolgreiche Kommunikation zwischen allen Elementen zu groß, die notwendige Energie ist nicht verfügbar. Dies führt zu hierarchischen Strukturen, dominanten Hubs und extrem heterogenen und daher problematischen Machtverhältnissen bei Digitalisierung und somit auch in Wirtschaft und Politik.

13 Sowohl + als auch

Es könnte durchaus der Eindruck entstanden sein, dass aus dem Blickwinkel der dargelegten Standpunkte die Vernetzung der Welt und damit auch gewisse Errungenschaften der Digitalisierung als negativ interpretiert werden. Betrachtet man die Welt mit dem dogmatischen Blick des *entweder - oder* Denkens, ist dies auch begründbar. Die Argumentation des *entweder - oder* hat jedoch die Eigenschaft, eine der - *zwei oder mehr* - Möglichkeiten, die sich mit jeder Frage ergeben, von vornherein auszuschließen.

Geht man zurück zu der Frage, aufgrund derer es zu gegensätzlichen Antworten kommt, stellt man fest, dass man in der ursächlichen Problematik übereinstimmt, den Weg zu einer Lösung jedoch gänzlich anders sieht. Diese Gedanken formuliert bereits Heraklit von Ephesos im Prinzip des ewigen Widerstreits von Gegensätzen.

Das Paradoxon in diesem Widerstreit, diese Gegensätze treten gleichzeitig als Einheit auf. (Gigon, 1968, S 198) Auch Niklas Luhmann beschreibt die Einheit der Differenz: *„Die Operation Beobachtung realisiert mithin die Einheit der Unterscheidung von Unterscheidung und Bezeichnung, das ist ihre Spezialität“* (Luhmann, 1999, S 100).

Dies zeigt, dass die menschliche Fähigkeit der Beobachtung und der daraus folgenden Einschätzung der Situation zu Widersprüchen führen muss. Die entscheidende Frage betrifft den Umgang mit diesen Widersprüchen. Im Rahmen von Komplexitätsforschung, bei der Beobachtung von Schwärmen, im Kontext sozialer Netzwerkstrukturen gibt es, wie mehrmals dargestellt, die Notwendigkeit von funktionierender Kommunikation und darauf aufbauender Kooperation. Nicht umsonst sagt man *„durchs Reden kommen die Leute zusammen“*. Sogar das österreichische Bundesministerium für Kunst,

Kultur, öffentlicher Dienst und Sport hat sich des Themas *Miteinander reden* hochoffiziell angenommen und beschreibt die Grundlagen gelungener Kommunikation. (BM Öffentlicher Dienst, 2020)

Wie wichtig Kommunikation für die Realisierung gemeinsamer Projekte ist, wurde schon im Alten Testament mit der Geschichte des Turmbaus zu Babel thematisiert. Gott schickte dem übermütigen Volk die Sprachverwirrung und behinderte damit die Vollendung des Turms.

Bezeichnend für Digitalisierung und Vernetzung der Welt sind unterschiedliche Kommunikationssysteme, die in mehreren Schichten übereinander liegen. Die unterste, grundlegende Ebene - die technischen, physikalischen Verbindungen - ermöglicht Kommunikation über festgelegte Protokolle, die aufeinander abgestimmt sind. Über diese Wege kommunizieren sämtliche technische Netzwerkknoten miteinander. Ist diese Kommunikation gestört, so fällt zumindest ein Teil des Netzwerks aus.

Darauf bauen unterschiedliche Dienste auf, die sich ebenso als Netzwerke strukturieren und organisieren. Die dabei anzuwendenden Regeln der Kommunikation geben die Anbieter vor. Auch diese Dienste sind in der Regel global organisiert, was zu den dargestellten exponentiellen Entwicklungen führt. Und damit in Paradoxien. Denn solche Dienste stellen keine gemeinsamen Projekte dar, sondern sind kybernetisch, d.h. steuerungstechnisch strukturierte Organisationsmodelle mit dem Ziel der Umsatzmaximierung. Noch einmal ein Verweis auf Zuboffs Überwachungskapitalismus. (Zuboff, 2018)

13.1 Der Weg der Mitte

Überbordende Komplexität, exponentielle Phänomene, zunehmende wirtschaftliche Ungleichheit, Verschiebung von Machtverhältnissen von Staaten zu Unternehmen, nationalistische und protektionistische Tendenzen, Sanktionen gegen Andersdenkende, erratisch und reaktionär auftretende Staatenlenker ...

... es wird Zeit, einen Weg zu beschreiten, den bereits Aristoteles als den Weg menschlicher Tugenden in seiner Nicomachischen Ethik beschrieben hat - *Mesotes*, das Maß der Mitte.

Die Bestimmung der Mitte wird einerseits mathematisch ermittelt und als numerisch definiertes Gleichgewicht zwischen Überschuss und Mangel angesehen. Das Beispiel ergibt 6 als Ergebnis zwischen 10 und 2. Aristoteles stellt jedoch fest, dass diese mathematisch darstellbare Mitte möglicherweise nicht für jeden Menschen gilt. Daher kann dieses Prinzip nicht rechnerisch auf Einzelpersonen angewendet werden. Der Wert, der für einen der richtige für die Mitte sein könnte, kann für einen anderen zu viel oder zu wenig sein. (Aristoteles, 1975, II 1106a29 – 1106b5)

Diese Darstellungen haben zu mehrdeutigen Interpretationen geführt. Die mathematische Definition des Guten stellt sich nämlich als unzulässig dar und kann von niemandem als qualitativ bewertbare Unterscheidung wahrgenommen werden. Daher wird das Prinzip von *Mesotes* ein zwar mächtiges, aber dunkles und leeres Konzept genannt. (Höffe, 2006, S 225) Während man sich mit dem Maß der Mitte zwischen Übermaß und Mangel befasst, könnte man diese Mitte auch als eine Art Mittelmäßigkeit betrachten. Doch niemand würde annehmen, dass Aristoteles Mittelmäßigkeit gemeint hat, um den Weg zur *Eudaimonia* – zu einem *guten Leben* – zu finden. Die Behauptungen des Aristoteles verlangen eine ausführliche Diskussion, da eine allgemeine Präsentation die Schlüsselaspekte nicht erfüllen könnte. Daher verweist er bei der Beschreibung und Analyse einzelner Beispiele auf viele Unterschiede, um die Idee von *Mesotes* zu erklären. (Schilling, 1930, S 3)

Diese Menge an Beschreibungen der Tugend als Mitte bestätigt die Annahme, dass dieses Prinzip überall gelten soll. (Aristoteles, 1975, IV 1127a15) *Aretê* – Tugend – für alles Sein ist das Wesen der Verwirklichung und Vollendung. (Schilling, 1930, S 7)

Diese Betrachtungen lassen vermuten, dass *Mesotes* einerseits die Mitte entgegengesetzter Positionen ist, andererseits eine Art optimales Ergebnis bestimmt durch gegensätzliche Betrachtungen. Um das geeignete Maß für einen bestimmten Fall zu definieren, ist jede einzelne Situation nach einem bestimmten Prinzip zu analysieren. Sowohl das Prinzip als auch das Maß können als *Mesotes* bezeichnet werden. Dies erinnert an die Debatte zum Thema Umgang mit Komplexität und Selbstorganisation.

Die Schlussfolgerung:

Die erforderliche qualitative Bewertung der Tugenden erfordert einen Beobachter, der aus rein mathematischer Sicht ausgeschlossen ist. Aristoteles stellt fest, dass Übermaß und Mangel das beabsichtigte Werk zerstören, das Maß der Mitte es jedoch bewahrt. (Aristoteles, 1975, II 1106b10f) Die Integration des Handelns in tugendhaftes Verhalten erfordert eine Beschreibung des Fortschritts innerhalb eines zeitabhängigen Rahmens. Innerhalb dieses zeitabhängigen Prozesses beeinflussen einander Überschuss und Mangel komplementär und streben somit eine stabile Mitte an. Eine mathematische Darstellung der in Abhängigkeit von der Zeit auftretenden

Prozesse könnte als Vibration oder Oszillation gesehen werden, die sich von verschiedenen Seiten wiederholt dem beobachterabhängigen Mittelpunkt nähert. Es ist noch kein allgemeiner qualitativer Ausdruck möglich, sodass die Schätzung des Erreichens der Mitte – des Mittelwegs – mittels einer reflektierenden Selbstbeobachtung dem Beobachter überlassen bleibt.

Nur die Beobachtung einer Gruppe von Personen würde die Berechnung eines statistischen Durchschnitts ermöglichen, was zu einem Umschlag von Qualität zu Quantität führen würde. Quantität kann mathematisch dargestellt werden – nie Qualität. Der Beobachter benötigt eine erhöhte Anzahl von Elementen für eine Abstraktion des Mittelwegs, deren Beziehungen zu einer Aussage führen, die als gültig und objektiv bezeichnet wird. Es ist davon auszugehen, dass der Beobachter einerseits die Fähigkeit benötigt, Systeme und Elemente reduktionistisch zu analysieren, um Muster und Regeln zu finden. Andererseits braucht der Beobachter zweiter Ordnung eine reflektierte Selbstbeobachtung, um ethische Bedürfnisse erkennen zu können. Die Frage kann daher nicht sein, welche Sichtweise zu bevorzugen ist - die Herausforderung besteht in der Umsetzung scheinbar widersprüchlicher Sichtweisen unter dem Aspekt von *sowohl + als auch.*

Es war wohl schon zu Zeiten des Aristoteles schwer, dieses Prinzip des Mittelwegs zu finden und danach auch umzusetzen. Die Beschreibung des Prozesses zum Finden des Mittelwegs als Oszillation spiegelt sich in der Begrifflichkeit der *Wellen des Lebens* und dem Bedürfnis zu innerer Ausgeglichenheit und Balance zu gelangen. Dies ist für Individuen eine Herausforderung, für Gruppen von Menschen noch mehr und für eine global vernetzte Gemeinschaft erst recht.

13.2 Möglichst frei und sicher

Das Beschreiten eines Wegs der Tugend - formuliert in der Sprache des Aristoteles - ist keine Angelegenheit individueller Perfektionierung, sondern der Weg gemeinschaftlicher Kooperation im Sinne der Erhaltung des Gleichgewichts von Gesellschaft und der Welt. Wie dies in einer weltweit vernetzten, digitalisierten Struktur möglich sein soll, ist ad hoc nicht zu bestimmen. Tendenzen, wie Netzwerktheorien, Komplexität und die sogenannte Schwarmintelligenz sie zeigen, lassen allerdings vermuten, dass nicht das Prinzip von Vernetzung infrage gestellt werden sollte, sondern deren Struktur und die damit dominante Nutzung.

Ein Blick zurück auf die Erforschung sozialer Netzwerke zeigt, dass die schwachen Verbindungen zwischen den Netzwerken - *weak links* - tatsächlich zu einem Mehr an Information und funktionierender Kommunikation beitragen und damit die wertvollen Verbindungen darstellen - die Forschungen von Mark Granovetter und Peter Csermely haben dies mehrfach bestätigt. Diese Konstellation erfordert allerdings, dass es viele unterschiedliche Netzwerke gibt, die über diese schwachen Verbindungen miteinander kommunizieren. Diese lokal, regional oder thematisch organisierten Netzwerke können in der Art *distribuierter Netze* strukturiert sein und selbst wieder als gleichberechtigte Knoten in einem übergeordneten distribuierten Netz größere Regionen abdecken. Dies hätte den Vorteil, dass mittels dieser vorgegebenen Strukturen die Entwicklung exponentieller Phänomene eingeschränkt würde. Globale Wirkungen, wie sie derzeit beobachtet werden können, würden damit gedämpft oder gar unterbunden. Dazu bedarf es neben einer geplanten Netzwerkstruktur natürlich auch Regeln, nach denen sowohl Kommunikation als auch Kooperation ablaufen sollen.

Dies bedeutet nicht, den Fortschritt der Digitalisierung zu behindern, sondern in Bahnen zu lenken, die es ermöglichen, die ökonomischen und gesellschaftlichen Errungenschaften gleichmäßiger als bisher zu verteilen. Dabei sind sowohl Politik und Wirtschaft gefordert, nicht dem gehypten Mainstream das Wort zu reden, sondern Netzwerke, Technologie und digitale Kommunikation als Teil der regionalen Infrastruktur zu bewerten und auch in diesem Sinne zu investieren.

Somit würde regionale und nationale Wertschöpfung zum Tragen kommen und damit aktuelle steuerliche Ungleichheiten vermieden. Als Ersatz für die sogenannte Digitalsteuer. Ein Ansinnen, das auf Ebene der EU seit Jahren für Kopfzerbrechen sorgt und bei dem bisher keine Lösung in Sicht ist, denn eine globale Harmonisierung von Steuern bleibt ein unvorstellbares Ansinnen. Wären die maßgeblichen Unternehmen mehrheitlich regional angesiedelt, würde sich diese Problematik nicht in der derzeit beobachteten Dimension ergeben.

Nochmals zum Thema Exponentialität: mit der derzeit nach wie vor aktuellen Covid-19-Pandemie ist erkennbar geworden, dass exponentielle Entwicklungen besser in den Griff zu bekommen ist, wenn man sowohl auf föderale, regionale Strukturen als auch auf überregionale Zusammenarbeit setzt. Eine Herausforderung für die aktuellen politischen Strukturen. Dies erfordert nämlich, man kann dies nicht oft genug betonen, die Bereitschaft zu wohlwollender Kommunikation als Grundlage von Kooperation. Eine Eigenschaft, die mit der Anwendung des Prinzips *The Winner takes it all* verloren gegangen ist. Denn nach einer Phase, in der man sich möglicherweise als Gewinner sieht, beginnt das Spiel - ohne Vorteil für die scheinbaren Sieger - von Neuem. Diese Tatsache wird wieder bewusst, sobald Exponentialität als Bedrohung eingeschätzt werden muss.

Im Zusammenhang mit der weltweiten Vernetzung spricht man allerdings von Disruption als ökonomischer und gesellschaftlicher Chance. Man ist also der Meinung, dass diese Entwicklung trotz exponentieller Tendenzen als positiv zu bewerten ist. Die Mitte zwischen Übermaß und Mangel ist damit sicher nicht zu erreichen. Gleichzeitig zeigt uns die Erfahrung, dass bei jeder exponentiellen Entwicklung mit Sicherheit ein *tipping point* einzukalkulieren ist. Was nicht feststeht, ist der Zeitpunkt des Kippens - der eigentlichen Form von Disruption.

Oder man hält es mit einer Formulierung, die man dem Ökonomen John Maynard Keynes verdankt *„auf lange Sicht sind wir alle tot"* - auch wenn er dies in einem anderen Kontext geäußert hat, als es heute oft dargestellt wird. (Keynes, 1924) Er meinte damit wohl, dass aktuelle Probleme in der Gegenwart zu lösen wären. Anders interpretiert würde diese Aussage dem ethischen Imperativ in einer technisierten Welt, den Hans Jonas formuliert hat, vehement zuwiderlaufen.

Es wurde schon erwähnt, dass es Ansätze gibt, solche Netzwerke und Strukturen zu entwerfen und Dienste auf dieser technischen Ebene ohne dominierende Hubs zu ermöglichen, die allen Anwendern Funktionalität in derzeit gewohntem Umfang bieten sollen. Diese Anwendungen würden eine Art Mittelweg zwischen Freiheit und Sicherheit darstellen können.

Um diesen Wandel in Richtung eines Wegs zu einem gesunden Gleichgewicht zu beschleunigen, bedarf es allerdings auch einer ethisch geleiteten Diskussion zum Thema ComputerScience, DataScience und informationstechnologischer Innovation.

Denn die meisten Menschen sind der irrigen Ansicht, sich in einer vernetzten Welt der Freiheit zu bewegen sobald sie digital kommunizieren, wobei der

Begriff des Cyberspace ja den eindeutigen Hinweis auf implizite Steuerung (Kybernetik) gibt. Steuerung hat wohl kaum etwas mit Freiheit und freier Entscheidung zu tun.

Im Sinne des *sowohl + als auch* sollten wir beginnen, die Welt der Netze nicht als blinde Passagiere, sondern als aktiv wissende Teilnehmer mitzugestalten, damit wir die Balance zwischen Sicherheit und Freiheit auch wirklich erreichen. In dem Bewusstsein unserer je eigenen Entscheidungsfreiheit und in der aktiven Abwehr eines Zustandes, den die Ethikkommission für automatisiertes und vernetztes Fahren in einem Verbot formuliert hat. Wir dürfen auf keinen Fall:

> *als das Subjekt Mensch zum bloßen*
> *Netzwerkelement degradiert werden.*
> (BMVI, 2017)

14 Epilog

Schön, dass Sie es bis hier geschafft haben - zu guter Letzt sei auch noch darauf verwiesen, dass sowohl Sie als Leserin oder Leser, als auch der Autor dieses Buches, den beschriebenen Abläufen und Prinzipien unterliegen - wohl auch, damit die beobachtete Welt nicht an überbordender Komplexität leidet und eine vernunftbedingte Ordnung ein, wenn auch geringes Maß an Stabilität bieten kann. Es kann auch sein, dass Sie gewohnt sind, ein Buch zu lesen, indem Sie das Ende zuerst betrachten. In beiden Fällen kann es entspannend sein, sich einem Gleichnis zu widmen, das schon Platon in seiner Schrift über den Staat verwendet hat, um zu zeigen, dass der Weg zur Erkenntnis immens schwer sein kann und es zusätzlich in der Entscheidung jedes einzelnen Menschen liegt, was für wahr genommen = wahrgenommen wird.

Es geht in diesem Gleichnis um Menschen, die in einer Höhle gefangen sind. Sie sind, seit sie denken können, in der Höhle gefesselt, ihre Köpfe sind immer nur auf die gegenüberliegende Höhlenwand gerichtet. Hinter ihnen lodert ein Feuer, das sowohl Licht gibt, als auch Schatten vor ihnen an die Wand wirft.

Zwischen Feuer und den Gefangenen befindet sich eine Mauer und dahinter ein Weg, auf dem Menschen allerlei Gerätschaften und diverse Skulpturen und Bilder tragen. Diese überragen die Mauer und werfen so ihren Schatten an die Wand, auf welche alle Gefangenen blicken. Einige Personen, die die Gegenstände tragen, sprechen, andere schweigen. Alles im Leben der Gefangenen dreht sich um die Schatten an der Wand und da sie die Personen, die Gegenstände tragen, nicht sehen können, sind sie der Meinung, dass die Schatten sprechen. Für die Gefangenen repräsentieren diese Schatten der Kunstwerke die Wirklichkeit, das was ist. Platon fragt nun, was wohl wäre, würde man einen der Gefangenen befreien und ihn zwingen sich umzudrehen und ins Feuer zu blicken. Diese Person würde vom Feuer geblendet werden und Schmerzen ertragen müssen. Er würde sich also wieder der Wand mit den Schatten zuwenden, denn in der Dunkelheit würde er keinen Schmerz empfinden und sich wohler fühlen. Als Nächstes würde man ihn zwingen den beschwerlichen Aufstieg aus der Höhle zu gehen und ihn mit Zwang dem Sonnenlicht aussetzen. Auch dort würde er zuerst nicht sehen können, würde sich aber langsam an das Licht der Sonne gewöhnen und könnte schließlich erkennen, dass die Sonne Schatten wirft und nicht die Schatten die Wirklichkeit wären.

Er ist gleichsam erleuchtet und hat die Wahrheit erkannt. Er ist eigentlich nicht gewillt, in die Höhle zurückzugehen. Würde er in die Höhle zurückgehen, so würden seine Augen flimmern und schmerzen, bevor er die Schatten wieder erkennen könnte. Seine ehemals Mitgefangenen würden seiner Erzählung von der Welt außerhalb der Höhle keinen Glauben schenken. Sie würden auch vorziehen, in der Höhle zu bleiben, weil sie daran gewöhnt waren und behaupten, er sei mit verdorbenen Augen zurückgekommen. Sie würden auch nicht versuchen hinaufzukommen.

Im Gegenteil, falls sie jemand würde zwingen wollen zur Sonne zu gehen, so wären sie bereit, jeden, der sie an das Licht bringen wollte, umzubringen. (Platon, 2016, 7. Buch 106 a-c)

Die konstruktivistische Sicht der Welt macht es einerseits möglich, dass wir mittels Kultur und Sprache von ein und derselben Welt sprechen können, obwohl wir nur unsere eigene Version der Welt wahrnehmen. Das hat Thomas Nagel versucht, offensichtlich zu machen. (Nagel, 1974)

Spannend dabei, dass sich meist eine Mehrheit darauf einigt, einer bestimmten Sichtweise zuzustimmen. Die allgemeingültige Meinung folgt damit der Ökonomie der Aufmerksamkeit. Auch wenn manchen nach einiger Zeit klar wird, dass sie eine Wand mit Schatten betrachten. Sie akzeptieren dies als ihre Welt und folgen so dem Mainstream. Es lebt sich so einfach leichter. Denn es gibt die Chance, dass auftretende Probleme von anderen gelöst werden.

Doch es gibt immer wieder Menschen, deren Weltsicht von anderen Prinzipien geprägt ist. So hat bereits vor fast fünf Jahrzehnten Georges Elgozy, ein französischer Wirtschaftspolitiker, folgende Zeilen verfasst, deren Dramaturgie sich durch die Vernetzung der Welt noch zu verstärken scheint: *„So muß sich unter der Herrschaft der Datenverarbeitung die Mehrheit fügen, während eine kleine Minderheit entscheidet. Und zu dieser weltweiten Ungleichheit kommt noch ein durch die unterschiedliche Automatisierung"* - heute nennt man dies Digitalisierung - *„bedingtes nationales und regionales Gefälle. .... Und da die Gesellschaft ihren Wohlstand der Automation verdankt, wächst die Gefahr, daß der Begriff der Quantität den der Qualität mehr und mehr verdrängt und im Besonderen die menschlichen Werte verblassen läßt."* (Elgozy, 1975, S 173 Abschnitt: Die Ausbeutung des Menschen)

Aus heutiger Sicht ist die globale Vernetzung unausweichlich. Die stetig wachsenden Ansprüche argumentieren mit dem Vorteil von dauerndem, möglichst exponentiellem Wachstum. Auswirkungen dieses Wachstums innerhalb mehrerer gleichzeitiger Verläufe lassen die Wahrscheinlichkeit des Erreichens von *tipping Points* steigen. Die aktuelle Corona-Pandemie zeigt den Schwachpunkt dieser Strategie drastisch. Die Reduktion der Beobachtungssysteme auf regionale Räume könnte sich als vielversprechender Lösungsansatz erweisen - abhängig von der Ausgestaltung der überregionalen, bis hin zu globalen, Kooperationen.

Dabei können einzelne Regionen von den Erfahrungen anderer lernen. Voraussetzung dabei ist Kooperation auf Basis funktionierender Kommunikation und der Verzicht auf ideologischen Fundamentalismus.

Dies verspricht einen gangbaren Weg gerade mithilfe der globalen Vernetzung. Die Strukturierung in regionalen Netzwerken, die selbst wieder als überregionale und schließlich globale Netze organisiert sind, könnte einen Weg zu Kommunikation und Kooperation eröffnen, der sowohl in der Region, als auch global, sowohl wirtschaftlich als auch gesellschaftlich, auf Basis von Netzwerken und Digitalisierung zu Neuem führen kann.

Und so könnten diese Ideen sowohl dem digitalen, als auch dem analogen Denken gerecht werden. Ganz im Bewusstsein der Einheit der Differenz. (Luhmann, 1999, S 100)

Addendum

in die Ferne schweifen

Willst du immer weiter schweifen?
Sieh, das Gute liegt so nah.
Lerne nur das Glück ergreifen.
Denn das Glück ist immer da.

Johann Wolfgang v. Goethe

Dies kann nur jemand für sich feststellen, der sowohl das Nahe, als auch das Ferne erlebt und erkannt hat. Ein weiser Spruch, der zeigt, dass Menschen im Bewusstsein der Einheit von Widersprüchen in der Lage sind, eine Lösung in sich selbst zu finden.

ein paar Begriffe erklärt

Dieser Abschnitt versucht ein paar mathematische / informationstechnologische / systemische / konstruktivistische Begriffe, die im Text vorkommen, jedoch nicht ausdrücklich erklärt werden, mit einfachen Worten in den passenden Kontext zu stellen.

Autonomie

Die selbst gegebene Gesetzmäßigkeit - der Ausdruck von Selbstbestimmung in Abhängigkeit von den eigenen Strukturen und des eigenen Lebensprozesses.

Baumsuche

Die Baumsuche ist in der Informatik ein spezieller Suchalgorithmus, der es möglich macht, trotz unvollständiger Information, möglichst schnell wahrscheinliche Ergebnisse zu erhalten. Besonders bei Brettspielen wird die sogenannte Monte-Carlo Baumsuche (MCTS - Monte Carlo Tree Search) dazu genutzt, wahrscheinliche Entscheidungsbäume berechnen zu können. Diese Art der Suche findet besonders bei den Spielen Go und Schach Anwendung.

Beobachter zweiter Ordnung

Der Beobachter zweiter Ordnung ist die Beschreibung des Beobachters der eigenen Beobachtungen nach Heinz von Förster. Dieser Beobachter wird immer nach dem Standpunkt des eigentlichen Beobachters fragen und dabei feststellen, dass jede Stabilität von Aussagen ein vom Menschen entwickeltes und konstruiertes Beobachtungssystem braucht. Eine Feststellung, die bereits Carl Friedrich Gauss für mathematische Funktionen so konstatiert hat. (Gauss, 1880) Dieser Blick wird die Aufmerksamkeit auf die angewandten Ordnungsparameter lenken und damit auf die Fragen, ob diese Ordnungsparameter und die dazugehörenden Strukturen im Sinne einer intendierten Problemlösung zu adaptieren sind.

Begriff

Ein Begriff ist etwas, das man begreifen, d. h. mit der Hand erfassen kann. Dies zeigt, dass Wahrnehmung mit etwas Körperlichem einhergeht und daher mit Handlung = mit der Hand etwas ausführen, einhergeht. Ein Begriff ist somit die Reduktion einer Handlung (eines Faktum) auf die Sprache.

Cloud - Cloud Computing

Unter einer Cloud (*Wolke*) oder Cloud Computing versteht man die Verfügbarkeit von Speicher, Rechenleistung und Software über das Internet. Dies wird als Dienstleistung von unterschiedlichen Betreibern angeboten. Da diese Dienste über das Internet verfügbar sind, kann mit Programmen / Apps oder mittels Browser mit unterschiedlichen Geräten von allen möglichen Orten der Welt darauf zugegriffen werden, solange eine Verbindung verfügbar ist. Dies sowohl von einer AnwenderIn oder auch von einer ganzen Gruppe in Zusammenarbeit. Dies kann den Eindruck vermitteln, dass man es mit Daten auf dem eigenen Rechner zu tun hat - allerdings liegen diese Daten auf fremden Rechnern, sodass der Cloud-Dienstleister mit Bedacht und unter Berücksichtigung von Aspekten des Datenschutzes zu wählen ist. So hat die Free Software Foundation in einem Newsletter festgehalten: „*There is no Cloud just other people's computers*". (Kirschner, 2014)

Determination

Einschränkung des Möglichkeitsraums auf Bestimmtes. Die Einschränkung benötigt einen Beobachter, der einschränkt.

Erkennen

Etwas (wied)erkennen - bedeutet, einen Eindruck einer bereits begriffenen Wahrnehmung zuordnen zu können.

Faktum

Etwas „*Gemachtes*" - der Ausdruck für eine Handlung, die einem Gesetz oder dem freien Willen (im Sinne der strukturell determinierten Autonomie) folgend getätigt wurde.

Gesetz

Ein Gesetz ist eine (Voraus)Setzung, die ein Beobachter mittels einer Unterscheidung für die Definition von System und Umwelt getroffen hat. Ein Gesetz ist daher die Einschränkung von Handlungsmöglichkeit im Sinne einer Zuordnung zu einem (Wissenschafts)System.

Hub / Hubs

Hub ist das englische Wort für Radnabe, den Dreh- und Angelpunkt, den Mittelpunkt. In der Netzwerktheorie bezeichnet man damit den/die Netzwerkknoten mit den höchsten Wertigkeiten = den meisten Links, Verbindungen. So werden diese Knoten zu den bestimmenden Faktoren innerhalb des spezifischen Netzwerks. Je größer das Netzwerk, desto größer die Differenz der Wertigkeiten zwischen Hubs und den *normalen* Netzwerkknoten.

Informatik

Die Lehre vom In-Form-Bringen mittels Algorithmen (Regeln, Ordnungsstrukturen) zur wiederholten und wiederholbaren Anwendung mit Hilfe von Computersystemen.

Markow-Ketten

Im Rahmen von Wahrscheinlichkeitsberechnungen und der mathematischen Statistik wird bei der Berechnung von Prozessen zukünftiger Ereignisse oder Werte innerhalb definierter Systeme, die einerseits dem Zufall unterliegen und sich andererseits zyklisch verhalten, eine Methode genutzt, die der russische Mathematiker Andrei Andrejewitsch Markow (1856 - 1922) gefunden hat. Diese Methode der Markow-Ketten ist dadurch gekennzeichnet, dass sie gewährleistet, mit Kenntnis einer begrenzten Anzahl von vergangenen Zuständen, sehr gute Prognosen über zukünftige Entwicklungen berechnen zu können.

Methode der kleinsten Quadrate

Die *Methode der kleinsten Quadrate* geht einerseits auf Carl Friedrich Gauss zurück, der diese Methode zur Berechnung von elliptischen Bahnen anwandte, sobald mehrere Bahnpunkte bekannt waren. (O'Connor und Robertson, 1996) In etwa zur gleichen Zeit (Ende 18. / Anfang 19. Jahrhundert) beschrieb auch Adrien-Marie Legendre, ein französischer Mathematiker, die gleiche Methode zur Berechnung von Kometenbahnen. (Legendre, 1805, Anhang S 72-80) Diese Methode kommt im Rahmen von Regressionsanalysen zur Schätzung unbekannter Parameter zur Anwendung.

Peer to Peer Netzwerke

auch Peer-2-Peer geschrieben, sind Netzwerke, die garantieren, dass alle teilnehmenden Rechner gleichberechtigt zusammenarbeiten. Dabei werden Daten, Funktionen und Ressourcen gemeinsam genutzt und auf alle / die meisten Rechner verteilt. Die Art und Weise der gemeinsamen Nutzung und Verteilung sämtlicher Ressourcen wird durch die verwendeten Betriebssysteme bestimmt. Somit ist bis dato die erreichbare Verarbeitungsgeschwindigkeit von der Anzahl der Rechner, deren Kapazitäten und das Betriebssystem limitiert. Sichergestellt ist dabei allerdings, dass die Knoten des Netzwerks nicht in Abhängigkeit von einem zentralen Server betrieben werden müssen.

Regression - Regressionsanalyse

Die logistische Regression oder Regressionsanalyse ist ein Verfahren der Statistik, mit dessen Hilfe der Wert einer unbekannten Variablen mittels einer oder mehrerer anderer Variablen, die in einem statistischen Zusammenhang mit der zu erhebenden Variablen stehen, vorhergesagt werden kann. Ein Kriterium dabei ist der tatsächlich feststellbare Zusammenhang zwischen den einzelnen Variablen. Erweist sich der Zusammenhang als stark, so steigt die Wahrscheinlichkeit, den gesuchten Wert genau vorhersagen zu können. Für die Belegung der Plausibilität von Korrelationen braucht man möglichst viele Daten. Somit ist die Regressionsanalyse eine der bevorzugten Methoden im Bereich der Data Science.

Skaleninvarianz - Selbstähnlichkeit

Der Begriff der Skaleninvarianz beschreibt eine Situation, bei der eine Beobachtung unabhängig von der Skala / dem Größenverhältnis der Betrachtung zu einer Erkenntnis gleicher Eigenarten oder Schaubilder führt. Dies findet Anwendung in der fraktalen Geometrie und wurde aufgrund der sich ergebenden ästhetischen Bilder in der digitalen Kunst eingesetzt. Selbst in der Natur findet man fraktale Strukturen, etwa bei Farnen und Bäumen oder Küstenlinien, wobei in diesen Fällen die fraktale Struktur nicht mathematischer Strenge unterliegt, jedoch durchaus eine statistisch nachweisbare Selbstähnlichkeit aufweist. Die im Abschnitt *Strukturen durch Erkenntnis - Path Dependence* beschrieben Abhängigkeiten könnten mittels fraktaler Schaubilder dargestellt werden. Ein Beispiel für Selbstähnlichkeit. Dies ermöglicht eine Darstellung von Möglichkeitsräumen. (Demo Website https://spaceofpossibility.digitized.world/)

Abbildung 20: https://spaceofpossibility.digitized.world/
Demo Website
fraktale Selbstähnlichkeit

Stabilität

Die Zuschreibung gleichbleibender Zustände für ein System oder Elemente eines Systems durch einen Beobachter über einen beobachtbaren Zeitraum hinweg.

Struktur

Als Netzwerk darstellbare Zusammenhänge aller Elemente eines Systems. Die Struktur gibt dem System einerseits die notwendige Stabilität und stellt andererseits im selbstreferenziellen Rückgriff die notwendigen Voraussetzungen für Adaption in einer sich verändernden Umwelt zur Verfügung.

Wahrheit

Die Bestätigung von Wahrnehmungen durch eine große Anzahl von Beobachtern - die Objektivierung von Wahrnehmung - ein selbstreferenzieller Vorgang innerhalb eines soziokulturellen Wissenssystems.

---

teilweise übernommen aus *Systemtheorien, Komplexität, Emergenz und der notwendige Beobachter* (Karban, 2015)

Abbildungsverzeichnis

1 Die Netzwerkentwürfe von Paul Baran 1964 (Baran, 1964) 32

2 Die Erfolgsmeldung von Elon Musk auf Twitter 44

3 Elon Musk: AI sollte reguliert werden - Twitter 45

4 analog vs digital (Werner, 2008) 68

5 kein Zusammenhang von ähnlichen Verläufen (Vigen, 2015) 85

6 das Arpa Netzwerk Dezember 1969 (Scientific-American, 2009) 91

7 Königsberger Brückenproblem - diese Grafik soll von Leonhard Euler persönlich angefertigt worden sein (Wuppertal, 1998) 95

8 das einfachste Netzwerk 2 Knoten - 1 Link 96

9 Mark Granovetter *Weak Ties* 1973 101

10 Verteilung der Häufigkeiten in distribuierten Netzen 102

11 skalenfreie Verteilung 103

12 Entwicklung skalenfreies Netz 2 - 6 Knoten 106

13 Entwicklung skalenfreies Netz 7 - 300 Knoten - je größer die Knoten, desto höher die Wertigkeit = Anzahl der Links - somit werden die größten Knoten = Hubs zu den bestimmenden Elementen des Netzwerks. 107

14 beispielhafte österreichische Medienwebsite mit eingebundenen Diensten - jeder Kreis symbolisiert einen Netzwerkknoten (Rechner) - jeder Stern ein auf dem Gerät von Besuchern gesetztes Cookie - Analyse aus 02/2019 (Karban, 2019b) 113

15 Top 100 genutzte Hubs von 300.000 Websites - 02/2019 (Karban, 2019b) 114

16 triviale und nicht triviale Maschine nach Heinz von Förster (Förster, 1993b) 120

17 Neuronales Multi Layer Perzeptron mit back-propagation . 152

18 symbolische Darstellung des mehrfachen Digital Divide . . 223

19 Wachstum der Weltbevölkerung seit 1950 mit Prognose bis 2100 (United Nations Department of Economic and Social Affairs, 2019) es ist zu erkennen, dass ab ca. 2050 die Wahrscheinlichkeit eines *tipping points* steigt 233

20 https://spaceofpossibility.digitized.world/ Demo Website fraktale Selbstähnlichkeit 255

Literaturverzeichnis

[Adorno 2003] Adorno, Theodor W.: *Minima Moralia, Reflexionen aus dem beschädigten Leben - Wishful Thinking Nr. 127*. Berlin : Suhrkamp, 2003

[Ahrens 2020] Ahrens, Sandra: Erntemenge von Weizen weltweit in den Jahren 2000/2001 bis 2019/2020. (2020). – URL `https://de.statista.com/statistik/daten/studie/153032/umfrage/erzeugungsmenge-von-weizen-weltweit-seit-1990/-abgerufen:16.8.2020`

[Alter 2017] Alter, Adam: *Irresistable, The Rise of Addictive Technology and the Business of Keeping us Hooked*. New York : Penguin Books, 2017

[Anderson 2008] Anderson, Chris: *The End of Theory: The Data Deluge Makes the Scientific Method Obsolete*. 2008. – URL `https://www.wired.com/2008/06/pb-theory/-abgerufen:15.8.2019`

[Apolin 2016] Apolin, Martin: *Big Bang 2*. Österreichischer Bundesverlag Schulbuch, 2016

[Aristoteles 1876] Aristoteles: logische Schriften Organon. Die Lehre vom Urtheil (1876), Nr. Kap 6. – URL `http://www.zeno.org/Philosophie/M/Aristoteles/Organon-abgerufen:23.1.2017`

[Aristoteles 1904] Aristoteles: *Metaphysik*. Leipzig : Philosophische Bibliothek, 1904

[Aristoteles 1975] Aristoteles: *Nikomachische Ethik*. München : Deutscher Taschenbuch Verlag, 1975

[Barabasi 2003] Barabasi, Albert L.: *Linked - How Everything Is Connected to EverythingElse and What It Means for Business, Science, and Everyday Life*. New York : Plume, 2003

[Barabasi und Albert 1999] Barabasi, Albert-László ; Albert, Réka: *Emergence of Scaling in Random Networks.* 1999. – URL https://doi.org/10.1126/science.286.5439.509-abgerufen23.6.2011

[Barabasi und Bonabeau 2003] Barabasi, Albert L. ; Bonabeau, Eric: Scalefree Networks. In: *Scientific American* (2003), Nr. 288, S. 50–59. – URL https://www.barabasilab.com/publications/scale-free-networks-abgerufen:15.8.2019

[Baraldi u. a. 1997] Baraldi, Claudio ; Corsi, Giancarlo ; Esposito, Elena: *GLU Glossar zu Niklas Luhmanns Theorie sozialer Systeme.* Berlin : Suhrkamp, 1997

[Baran 1964] Baran, Paul: *On Distributed Networks.* 1964. – URL https://www.rand.org/about/history/baran.list.html-abgerufen:3.4.2020

[Bauer 2016] Bauer, Patricia: Ray Tomlinson American computer engineer. (2016). – URL https://www.britannica.com/biography/Ray-Tomlinson-abgerufen:am9.6.2020

[BM Öffentlicher Dienst 2020] BM Öffentlicher Dienst: *Durchs Reden kommen d'Leut zusammen.* 2020. – URL https://www.oeffentlicherdienst.gv.at/moderner_arbeitgeber/personalentwicklung/themen_im_fokus/miteinander_reden.html-abgerufen:22.8.2020

[BMBF.de 2019] BMBF.de: *Digitalpakt Schule.* 2019. – URL https://www.bmbf.de/de/wissenswertes-zum-digitalpakt-schule-6496.php-abgerufen:23.2.2020

[BMVI 2017] BMVI: Ethik-Kommission - automatisiertes und vernetztes Fahren. (2017). – URL https://www.bmvi.de/SharedDocs/DE/Publikationen/DG/bericht-der-ethik-kommission.pdf?__blob=publicationFile-abgerufen:2.8.2020

[Bostrom 2017] Bostrom, Nick: Mythos Frankenstein Die Grenzen wissenschaftlichen Strebens. In: *Terra X, ZDF abgerufen:* (2017).

– URL https://www.zdf.de/dokumentation/terra-x/mythos-frankenstein-100.html-abgerufen:22.3.2020

[Brin und Page 1998] Brin, Sergey ; Page, Lawrence: The Anatomy of a Large-Scale Hypertextual Web Search Engine Sergey Brin and Lawrence Page. (1998). – URL http://infolab.stanford.edu/~backrub/google.html-abgerufen:25.2.2019

[Bundeskanzleramt Österreich 2020] Bundeskanzleramt Österreich: *Schutz der Menschenrechte und Grundfreiheiten in Europa*. 2020. – URL https://www.bundeskanzleramt.gv.at/agenda/verfassung/grund-und-menschenrechte/europaeische-menschenrechtskonvention-europaratsuebereinkommen/schutz-menschrechte-grundfreiheiten-europa.html-15.7.2020

[Castells 2001] Castells, Manuel: *Das Informationszeitalter I Der Aufstieg der Netzwerkgesellschaft*. Opladen : Leske + Budrich, 2001

[Cellan-Jones 2016] Cellan-Jones, Rory: Stephen Hawking - will AI kill or save humankind? In: *BBC News* (2016). – URL https://www.bbc.com/news/technology-37713629-abgerufen:24.4.2019

[CERN 1993] CERN: The birth of the Web. (1993). – URL https://home.cern/science/computing/birth-web-abgerufen:18.6.2020

[Channel4 2018] Channel4: Revealed - Trump's election consultants filmed saying they use bribes and sex workers to entrap politicians. (2018). – URL https://www.channel4.com/news/cambridge-analytica-revealed-trumps-election-consultants-filmed-saying-they-use-bribes-and-sex-workers-to-entrap-politicians-investigation-abgerufen:27.8.2018

[CNBC.com 2017] CNBC.com: Three Square Market CEO on new microchip technology. (2017). – URL https://www.cnbc.com/video/2017/07/24/three-square-market-ceo-on-new-microchip-technology.html-abgerufen:12.3.2020

[Csermely 2006] Csermely, Peter: *Weak Links -Stabilizers of Complex Systems from Proteins to Social Networks.* Berlin Heidelberg New York : Springer, 2006

[Darwin 1860] Darwin, Charles: Entstehung der Arten. (1860). – URL https://de.wikisource.org/wiki/Entstehung_der_Arten-abgerufen:am15.5.2020

[Datenschutz.org 2020] Datenschutz.org: Datenschutz in den USA: Wo steht er im Vergleich zu Europa? (2020). – URL https://www.datenschutz.org/usa/-abgerufen:22.7.2020

[Day 2020] Day, Naomi: My Summer Internship at Google Turned Me Off Silicon Valley Forever. (2020). – URL https://onezero.medium.com/my-summer-internship-at-google-turned-me-off-silicon-valley-forever-37a978fc7da8-abgerufen:3.4.2020

[Der Spiegel 2017] Der Spiegel: Kurz die Welt retten - mit Facebook versteht sich. (2017). – URL https://www.spiegel.de/netzwelt/web/facebook-mark-zuckerberg-schreibt-ueber-die-zukunft-der-welt-a-1135086.html-abgerufen:20.3.2019

[Der Standard 2017a] Der Standard: Googles künstliche Intelligenz erklärt Strategiespiel -Starcraft 2- den Krieg. (2017). – URL https://www.derstandard.at/story/2000062499557/googles-kuenstliche-intelligenz-erklaert-starcraft-2-den-krieg-abgerufen:15.1.2020

[Der Standard 2017b] Der Standard: KI von Elon-Musk-Startup zerstörte bei Computerspiel-Duell weltbesten Spieler. (2017). – URL https://www.derstandard.at/story/2000062596518/ki-von-elon-musk-startup-zerstoerte-bei-computerspiele-duell-weltbesten-abgerufen:25.2.2020

[Der Standard 2020] Der Standard: Polizei von Detroit: Gesichtserkennung liegt in 96 Prozent der Fälle falsch. (2020). – URL https://www.derstandard.at/story/2000118416980/polizei-von-detroit-gesichtserkennung-liegt-in-96-prozent-der-faelle-abgerufen12.7.2020

[Die Presse 2017] Die Presse: OECD: Österreich hinkt digital nach. (2017). – URL https://www.diepresse.com/5253830/oecd-osterreich-hinkt-digital-nach-abgerufen:15.2.2019

[Die Welt 2017] Die Welt: Schwedisches Start-up pflanzt Mitarbeitern Mikro-Chips ein. (2017). – URL https://www.welt.de/kmpkt/article163411345/Schwedisches-Start-up-pflanzt-Mitarbeitern-Mikro-Chips-ein.html-abgerufen:12.3.2020

[Dijk 2005] Dijk, Jan v.: *The Deepening Divide.* Inequality in the Information Society, London : Sage Publications, 2005

[Dscout 2016] Dscout: Putting a Finger on Our Phone Obsession. (2016). – URL https://blog.dscout.com/mobile-touches-abgerufen:24.1.2019

[Duby 1999] Duby, Georges: *Vom Feudalzeitalter zur Renaissance.* Bd. 2. Geschichte des privaten Lebens. Frankfurt am Main : S. Fischer, 1999

[EDC 2020] EDC, Cardiff: *Data Protection Commissioner gegen Facebook Ireland Limited und Maximillian Schrems.* European Sources Online, Juli 2020 (CJEU Case C-311/18). – URL https://www.europeansources.info/record/cjeu-case-c-311-18-data-protection-commissioner-v-facebook-ireland-and-maximillian-schrems/-abgerufen:14.8.2020

[Edison 1878] Edison, Thomas A.: *G11B3/00 (EP,US).* Bd. US200521A: *Phonograph or Speaking Machine.* United States Patent Office, 1878. – URL https://worldwide.espacenet.com/patent/search/family/002269927/publication/US200521A?q=pn-abgerufen:24.3.2020

[Elgozy 1975] Elgozy, Georges: *Der Computerwahn - Gefahr und Nutzen der Informationsmaschine.* Frankfurt am Main : Fischer Taschenbücher, 1975

[Ethnologue 2019] Ethnologue: Languages of the World. (2019). – URL https://www.ethnologue.com/-abgerufen:08.10.2019

[EU-Europe 2018] EU-Europe: High-Level Expert Group on Artificial Intelligence. (2018). – URL https://ec.europa.eu/digital-single-market/en/high-level-expert-group-artificial-intelligence-abgerufen:12.7.2020

[Eugster 2017] Eugster, Jörg: *Übermorgen Eine Zeitreise in unsere Digitale Zukunft*. Zürich : Midas Verlag AG, 2017

[FAZ 2017] FAZ: Künstliche Intelligenz gefährlicher als Nordkorea. (2017). – URL https://www.faz.net/aktuell/wirtschaft/netzwirtschaft/elon-musk-kuenstliche-intelligenz-gefaehrlicher-als-nordkorea-15148011.html-abgerufen:25.2.2020

[Floridi 2015] Floridi, Luciano: *Die 4. Revolution Wie die Infosphäre unser Leben verändert*. Berlin : Suhrkamp, 2015

[Förster 1972] Förster, Heinz v.: Responsibilities of Competence. (1972), BCL 223

[Förster 1993a] Förster, Heinz v.: *Kybernethik*. Leipzig : Merve Verlag, 1993

[Förster 1993b] Förster, Heinz v. ; Schmidt, Siegfried J. (Hrsg.): *Wissen und Gewissen*. Frankfurt am Main : Suhrkamp, 1993

[Förster 1997] Förster, Heinz v. ; Müller, Albert (Hrsg.) ; Müller, Karl (Hrsg.): *Der Anfang von Himmel und Erde hat keinen Namen - Eine Selbsterschaffung in 7 Tagen*. Wien : Döcker Verlag, 1997

[Förster 2005] Förster, Heinz v. ; Gumin, Heinz (Hrsg.) ; Mohler, Armin (Hrsg.): *Entdecken oder Erfinden Wie läßt sich Verstehen verstehen?*. Bd. Einführung in den Konstruktivismus. Schriften der Carl Friedrich v. Siemens Stiftung. München : Piper Verlag, 2005

[Foucault 1977] Foucault, Michel: *Überwachen und Strafen: Die Geburt des Gefängnisses*. Frankfurt a. M. : Suhrkamp, 1977

[Foucault 2005] Foucault, Michel: *Dits et Ecrits*. Schriften, Band IV. Frankfurt am Main : Suhrkamp, 2005

[Franck 2014] Franck, Georg: Jenseits von Geld und Information: Zur Ökonomie der Aufmerksamkeit. In: Piwinger M. (Hrsg), Zerfaß A. und (Hrsg.): *Handbuch Unternehmenskommunikation*. Wiesbaden : Gabler Verlag, 2014

[Fry 2018] Fry, Hannah: *Hello World - How to Be Human in the Age of the Machine*. London : Penguin Random House UK, 2018

[Fuest 2019] Fuest, Benedikt: Wie Amazon-Mitarbeiter Ihre Alexa-Aufnahmen mithören. In: *Welt.de* (2019). – URL `https://www.welt.de/wirtschaft/webwelt/article191741517/Amazons-Echo-Mitarbeiter-hoeren-Alexa-Aufnahmen-mit.html-abgerufen:22.6.2020`

[Füllsack 2007] Füllsack, Manfred: *Produktivität - ein Prinzip für (fast) alles?* 2007. – URL `https://wiki.philo.at/index.php?title=Produktivit%C3%A4t_-_ein_Prinzip_f%C3%BCr_(fast)_alles%3F_(Vorlesung,_F%C3%BCllsack,_2007/08)abgerufen:25.2.2020`

[Füllsack 2011] Füllsack, Manfred: *Gleichzeitige Ungleichzeitigkeiten Eine Einführung in die Komplexitätsforschung,*. Wiesbaden : VS Verlag für Sozialwissenschaften, Springer Fachmedien Wiesbaden GmbH, 2011

[Gabriel 2019] Gabriel, Werner: Mythos Daten. Kommentar beim Robert Reininger Symposion KoPhil am 12.12.2019 am Philosophischen Institut Wien (2019)

[Gauss 1880] Gauss, Carl Friedrich a. ; Bessell, W (Hrsg.): *Briefwechsel zwischen Gauss und Bessel*. Berlin : Deutsche Akademie der Wissenschaften zu Berlin, 1880

[Ghosh 2019] Ghosh, Pallab: AAAS: Machine learning 'causing science crisis'. In: *BBC News* (2019). – URL `https://www.bbc.com/news/science-environment-47267081-abgerufen:25.4.2019`

[Gigon 1968] Gigon, Olof: *Der Ursprung der griechischen Philosophie von Hesiod bis Parmenides.* Basel, Berlin : Schwabe, 1968

[Granovetter 1973] Granovetter, Mark: The Strength of Weak Ties. In: *American Journal of Sociology* 78 (1973), S. 1360–1380

[Greener 2017] Greener, Ian: Path Dependence. In: *Encyclopaedia Britannica* (2017). – URL `https://www.britannica.com/topic/path-dependence-abgerufen:am9.6.2020`

[Hashi 2020] Hashi, Hisaki: Corona Pandemie – Welch eine Erkenntnis ist für die Menschheit auf der Erde ableitbar?: Bericht aus Europa. University Tsukuba, Japan : The Japan Society for Global System and Ethics, November 2020

[Hausmann 1972] Hausmann, Gottfried: *Permanente Erziehung.* München, Berlin : Verlag Dokumentation, 1972

[HBO 2020] HBO: Silicon Valley Website. (2020). – URL `https://www.hbo.com/silicon-valley-abgerufen:12.3.2020`

[Heller 2011] Heller, Christian: *Post-Privacy Prima leben ohne Privatsphäre.* München : Verlag CH Beck, 2011

[Höffe 2006] Höffe, Otfried: *Aristoteles.* München : C.H. Beck, 2006

[Hunger 1984] Hunger, Herbert: *Lexikon der griechischen und römischen Mythologie.* Rowohlt Taschenbuch Verlag : Reinbek, 1984

[Husserl 1998] Husserl, Edmund ; Held, Klaus (Hrsg.): *Die Phänomenologische Methode.* Stuttgart : Reclam, 1998

[Hüther 2007] Hüther, Gerald: *Bedienungsanleitung für ein menschliches Gehirn.* Göttingen : Vandenhoeck und Ruprecht, 2007

[IBM Big Data Hub 2015] IBM Big Data Hub: *The FOUR V's of Big Data.* 2015. – URL https://www.ibmbigdatahub.com/sites/default/files/infographic_file/4-Vs-of-big-data.jpg-abgerufen:15.4.2020

[IDC 2019] IDC: *Smartphone Market Share.* IDC, 2019. – URL https://www.idc.com/promo/smartphone-market-share/os-abgerufen:4.3.2020

[Jonas 1984] Jonas, Hans: *Das Prinzip Verantwortung.* Frankfurt am Main : Suhrkamp, 1984

[Jonas 1993] Jonas, Hans: *Philosophie - Rückschau und Vorschau am Ende des Jahrhunderts.* Frankfurt am Main : Suhrkamp, 1993

[Kammerer 2016] Kammerer, D.: Überwachung. In: J., Heesen (Hrsg.): *Handbuch Medien- und Informationsethik.* Stuttgart : J.B. Metzler, 2016

[Kant 1800] Kant, Immanuel ; Jäsche, Gottlob B. (Hrsg.): *Immanuel Kants Logik. Ein Handbuch zu Vorlesungen.* 1800. – URL https://reader.digitale-sammlungen.de/de/fs1/object/display/bsb10927044_00005.html-abgerufen:12.3.2020

[Kant 2003] Kant, Immanuel: *Kritk der praktischen Vernunft.* Hamburg : Meiner Verlag für Philosophie, 2003

[Kant 2007] Kant, Immanuel: *Grundlegung zur Metaphysik der Sitten.* Frankfurt am Main : Suhrkamp, 2007

[Karban 2011] Karban, Walter: Autonomie und Freiheit in strukturell determinierten Systemen. In: *Thesis* (2011). – URL https://othes.univie.ac.at/14306/-abgerufen:25.1.2020

[Karban 2015] Karban, Walter: *Systeme, Komplexität, Emergenz und der notwendige Beobachter.* Dissertation. Hamburg : Dr. Kovac, 2015

[Karban 2019a] Karban, Walter: *Betrachtungen zum Internet.* 2019. – URL `https://o94.at/programm/sendung/id/1550467-abgerufen:13.9.2019`

[Karban 2019b] Karban, Walter: Ethik in einer digitalisierten Welt. In: *Vortrag am philosphischen Intstitut im Rahmen KoPhil* (2019), April

[Kauffman 1996] Kauffman, Stuart A.: *Der Öltropfen im Wasser.* München : Piper, 1996

[Keynes 1924] Keynes, John M.: *Ein Traktat über Währungsreform.* München, Leipzig : Duncker Humblot, 1924

[Kind u. a. 2017] Kind, Sonja ; Bovenschulte, Marc ; Ehrenberg-Silies, Simone ; Jetzke, Tobias ; Weide, Sebastian: *Social Bots – Diskussion und Validierung von Zwischenergebnissen.* Berlin : Büro für Technikfolgen-Abschätzung beim Deutschen Bundestag, 2017

[Kirschner 2014] Kirschner, Matthias: *Free Software Foundation Europe Newsletter.* 12 2014. – URL `https://fsfe.org/news/nl/nl-201412.en.html-aufgerufen:14.8.2020`

[Knight 2020] Knight, Will: Prepare for Artificial Intelligence to Produce Less Wizardry. In: *Wired.com* (2020), Juli. – URL `https://www.wired.com/story/prepare-artificial-intelligence-produce-less-wizardry/-abgerufen:15.7.2020`

[Könneker 2017] Könneker, Carsten (Hrsg.): *Unsere digitale Zukunft: In welcher Welt wollen wir leben?* Berlin : Springer Verlag, 2017

[Kurzweil 2005] Kurzweil, Ray: *The Singularity is near - When Humans transcend Biology.* New York : Penguin Books, 2005

[Lanier 2014] Lanier, Jaron: *Wem gehört die Zukunft - Du bist nicht der Kunde der Internetkonzerne - Du bist ihr Produkt.* Hamburg : Hoffmann und Campe Verlag, 2014

[Lee 2016] Lee, Stephanie: Quantifying the Benefits of Smartphone Adoption: Digital Device Substitution and Digital Consumption Expansion. (2016)

[Lee 2020] Lee, Tim B.: World Wide Web Foundation. (2020). – URL https://webfoundation.org/ - abgerufen: 23.4.2020

[Leek 2018] Leek, Jeffrey: Structure of a Data Analysis. In: *Lecture, Johns Hopkins Bloomberg School of Public Health* (2018). – URL https://case.edu/datascience/sites/case.edu.datascience/files/2018-06/Leek-ADataAnalysisStructureAndOrganizing.pdf - abgerufen: 15.6.2020

[Legendre 1805] Legendre, Adrien-Marie: *Nouvelles méthodes pour la détermination des orbites des comètes - Sur la Méthode des moindres quarrés.* Paris : Firmin Didot, 1805. – URL https://books.google.de/books?id=PRcOAAAAQAAJ&printsec=frontcover#v=onepage&q&f=false - abgerufen: 19.8.2020

[Leibnitz 1666] Leibnitz, Gottfried W.: *Dissertatio de arte combinatoria: in qua ex arithmeticae fundamentis vomplicationum ac transpositionum doctrina novis praeceptis extruitur.* Sächsische Landesbibliothek – Staats- und Universitätsbibliothek Dresden online, 1666. – URL https://digital.slub-dresden.de/werkansicht/?id=5363&tx_dlf - abgerufen: 20.4.2020

[Levi-Strauss 1975] Levi-Strauss, Claude: *Strukturale Anthropologie II.* Berlin : Suhrkamp, 1975

[Lindörfer 1991] Lindörfer, Klaus: *Das große Schachlexikon.* Gütersloh : Orbis Verlag, 1991

[Löbl 1997] Löbl, Rudolf: *Texnh:Untersuchung zur Bedeutung dieses Wortes in der Zeit von Homer bis Aristoteles.* Bd. 1. Von Homer bis zu den Sophisten. Würzburg : Königshausen und Neumann, 1997

[Luhmann 1984] Luhmann, Niklas: *Soziale Systeme - Grundriß einer allgemeinen Theorie.* Frankfurt am Main : Suhrkamp, 1984

[Luhmann 1999] Luhmann, Niklas: *Die Kunst der Gesellschaft*. Frankfurt a. M. : Suhrkamp, 1999

[Mainzer 1999] Mainzer, Klaus: *Komplexe Systeme und Nichtlineare Dynamik in Natur und Gesellschaft*. Berlin Heidelberg New York : Springer-Verlag, 1999

[Mann 2012] Mann, Heinrich: *Der Untertan*. Frankfurt am Main : S. Fischer Verlag GmbH, 2012

[Markowetz 2015] Markowetz, Alexander: *Digitaler Burnout – Warum unsere permanente Smartphone-Nutzung gefährlich ist*. München : Verlag Droemer Knaur, 2015

[Marx 1972] Marx, Karl: Das Elend der Philosophie. In: *Kapitel 2, Teil 2 (Arbeitsteilung und Maschinen) in Marx-Engels-Werke, Band 4*. Berlin : Dietz Verlag, 1972

[Maturana und Varela 1987] Maturana, Humberto ; Varela, Francisco: *Baum der Erkenntnis*. Bern, München, Wien : Scherz, 1987

[Matzler 2016] Matzler, Kurt et. a.: *Digital Disruption: Wie Sie Ihr Unternehmen auf das digitale Zeitalter vorbereiten*. München : Verlag Vahlen. Kindle-Version, 2016

[Max-Planck-Gesellschaft 2014] Max-Planck-Gesellschaft: Das Gehirn. (2014). – URL `https://www.mpg.de/gehirn-abgerufen:16.4.2020`

[McFarland u. a. 2014] McFarland, Daniel ; A.Gomez ; J., Charles: *Organizational Analysis*. California, USA : Stanford University, 2014

[McKinsey 2013] McKinsey: Disruptive technologies: Advances that will transform life, business, and the global economy. (2013). – URL `https://www.mckinsey.com/business-functions/mckinsey-digital/our-insights/disruptive-technologies-abgerufen:25.2.2019`

[McKinsey 2015] McKinsey: IoT Potential. (2015). – URL https://www.mckinsey.com/-abgerufen:25.2.2019

[McLuhan 1964] McLuhan, Marshal: *Understanding Media: The Extensions of Man*. New York : MacGraw-Hill, 1964

[McLuhan 1968] McLuhan, Marshall: *Die Gutenberg-Galaxis - Das Ende des Buchzeitalters*. Düsseldorf, Wien : Econ Verlag, 1968

[MDR Fernsehen 2020] MDR Fernsehen: Pressekonferenz Jens Spahn Corona-Pflichttest für Reiserückkehrer vom 6.8.2020. (2020). – URL https://www.ardmediathek.de/ard/video/mdr-aktuell-19-30-uhr/corona-pflichttest-fuer-reiserueckkehrer/mdr-fernsehen/Y3JpZDovL21kci5kZS9iZW10cmFnL2Ntcy85MDU1OThkMC1hNGY5LTQyZTQtOWIyNi11ZWEwN2MzOTQxOTA/-abgerufen:10.8.2020

[Merton 1968] Merton, Robert K.: The Matthew Effect in Science. In: *Science* 1 (1968), Nr. 159, S. 1968

[Metzinger 2017] Metzinger, Thomas: Mythos Frankenstein Die Grenzen wissenschaftlichen Strebens / Terra X, ZDF. 2017. – Forschungsbericht

[Michalski u. a. 1983] Michalski, Ryszard S. ; Carbonell, Jaime G. ; Milchell, Tom M.: *Machine Learning: An Artificial Intelligence Approach*. Pittsburgh, Pennsylvania, USA : Tioga Publishing Company, 1983

[Miller 2010] Miller, Peter: *Die Intelligenz des Schwarms*. Frankfurt am Main, New York : Campus Verlag, 2010

[Mindtake Research 2018] Mindtake Research: Mobiles Internet Österreich. (2018). – URL https://www.mindtake.com/de/press-release/55-der-heimischen-smartphone-nutzer-shoppen-mobil-und-66-vergleichen-preise-abgerufen:4.3.2020

[Minsky 2006] Minsky, Marvin: Marvin Minsky Website MIT Media Lab and MIT AI Lab Professor of Media Arts and Sciences. In: *MIT* (2006). – URL https://web.media.mit.edu/~minsky/-abgerufen:17.7.2020

[MMA 2017] MMA: Aktueller Mobile Communication Report - Infografiken 2017. (2017). – URL https://www.mmaaustria.at/2017-abgerufen:25.6.2018

[Moravec 1988] Moravec, Hans: *Mind Children, The Future of Robot and Human Intelligence.* Cambridge, Massachusetts, USA : Harvard University Press, 1988

[Moravec 1999] Moravec, Hans: *Computer übernehmen die Macht: Vom Siegeszug der künstlichen Intelligenz.* Hamburg : Hoffmann und Campe, 1999

[Nagel 1974] Nagel, Thomas: What Is It Like to Be a Bat? In: *The Philosophical Review* 83 (1974), Oktober, Nr. 4, S. 435 – 450

[netzpolitik.org 2020] netzpolitik.org: Eine polnische Firma schafft gerade unsere Anonymität ab. (2020). – URL https://netzpolitik.org/2020/gesichter-suchmaschine-pimeyes-schafft-anonymitaet-ab/-abgerufen:12.7.2020

[New York Times 2020] New York Times: The Secretive Company That Might End Privacy as We Know It. (2020). – URL https://www.nytimes.com/2020/01/18/technology/clearview-privacy-facial-recognition.html-abgerufen:12.7.2020

[Nietzsche 2002] Nietzsche, Friedrich: *Also sprach Zarathustra.* Stuttgart : Reclam, 2002

[Nikolic 2009] Nikolic, Danko et a.: Distributed Fading Memory for Stimulus Properties in the Primary Visual Cortex. In: *Plos Biology* 7 (2009), Nr. 12

[O'Connor und Robertson 1996] O'Connor, J J. ; Robertson, E F.: *Matrices and determinants.* University of St Andrews - School of Mathematics and Statistics, Februar 1996. – URL https://mathshistory.st-andrews.ac.uk/HistTopics/Matrices_and_determinants/-abgerufen:15.9.2020

[OECD 1996] OECD: Lifelong Learning for All - Policy Directions. (1996). – URL http://www.oecd.org/officialdocuments/publicdisplaydocumentpdf/?cote=DEELSA/ED/CERI/CD(2000)12/PART1/REV2&docLanguage=en-abgerufen:24.7.2020

[OECD 2015] OECD: *Students, Computers and Learning: Making the Connection, PISA.* Paris : OECD Publishing, 2015. – URL https://doi.org/10.1787/9789264239555-en-abgerufen:21.7.2019

[OECD 2017] OECD: *OECD Economic Surveys: Austria 2017.* Paris : OECD Publishing, 2017. – URL https://doi.org/10.1787/eco_surveys-aut-2017-en-abgerufen:23.8.2018

[OECD 2019] OECD: *Going Digital - Making the transformation work for growth and well-being - abgerufen: 20.7.2020.* 2019. – URL https://www.oecd.org/going-digital/topics/tax/

[OECD Library 2015] OECD Library: Students, Computers and Learning MAKING THE CONNECTION. (2015). – URL https://www.oecd-ilibrary.org/deliver/9789264239555-en.pdf-abgerufen:20.3.2018

[O'Neil 2014] O'Neil, Cathy: On Being a Data Sceptic. In: *O'Reilly* (2014). – URL https://www.oreilly.com/data/free/being-a-data-skeptic.csp-abgerufen:12.6.2020

[OpenAI 2017] OpenAI: Dota 2. (2017). – URL https://openai.com/blog/dota-2/-abgerufen:21.8.2019

[Österreichs Digitales Amt 2020] Österreichs Digitales Amt: *Das Recht am eigenen Bild.* 2020. – URL https://www.oesterreich.gv.at/themen/bil

dung_und_neue_medien/internet_und_handy___sicher_durch_die_digitale_welt/7/Seite.1720440.html-abgerufen:12.7.2020

[Packard 1963] Packard, Vance: *Der Mensch im Affen - Was Tiere alles lernen können*. Frankfurt am Main, Berlin : Ullstein, 1963

[Pädagogische Hochschule Steiermark 2019] Pädagogische Hochschule Steiermark: Öffentlicher Kurspool. (2019). – URL https://moodle.phst.at/course/index.php?categoryid=159-abgerufen:12.9.2019

[Page 2006] Page, Scott E.: Path Dependence. In: *Quarterly Journal of Political Science* 1 (2006), Nr. 1, S. 87–115. – URL http://dx.doi.org/10.1561/100.00000006-abgerufen:13.2.2019. – ISSN 1554-0626

[Pariser 2011] Pariser, Eli: *The Filter Bubble: What the Internet is Hiding From You*. New York : Penguin Press, 2011

[Pentland 2014] Pentland, Alex: *Social Physics How good ideas spread – lessons from a new science*. New York : Penguin Press, 2014

[Platon 2016] Platon: *Politeia*. in der Übersetzung von Friedrich Schleiermacher. Altenmünster : Jazzybee Verlag, 2016

[Pollirer u. a. 2017] Pollirer, Hans-Jürgen ; Weiss, Ernst M. ; Knyrim, Rainer ; Haidinger, Viktoria: *DSGVO Datenschutz-Grundverordnung*. Wien : Manz, 2017

[Popper 2012] Popper, Karl R.: *Alles Leben ist Problemlösen*. München : Piper Verlag GmbH, 2012

[Poser 2017] Poser, Hans: *Die Schöpfung der Welt aus Null und Eins*. Bd. 41. Der Blaue Reiter. Hannover : Verlag für Philosophie Siegfried Reusch e.K, 2017

[Proholz 2020] Proholz: *Carl von Carlowitz und die Erfindung der Nachhaltigkeit*. Proholz, 2020. – URL https://www.proholz.at/alles-ueber-holz/wald-und-holz/co2-klima-wald/carlowitz-abgerufen:24.8.2020

[PWC 2018] PWC: Studie: Vertrauen in Medien. (2018). – URL `https://www.pwc.de/de/technologie-medien-und-telekommunikation/studie-vertrauen-in-medien.html-abgerufen:24.7.2020`

[Rapp 2001] Rapp, Christoph: *Aristoteles zur Einführung*. Hamburg : Junius Verlag, 2001

[Reichert 2014] Reichert, Ramon: *Big Data: Analysen zum digitalen Wandel von Wissen, Macht und Ökonomie*. Bielefeld : transcript Verlag, 2014

[Richard 2002] Richard, Griffiths T.: History of the Internet, Internet for Historians. In: *Universität Leiden* (2002). – URL `http://www.let.leidenuniv.nl/history/ivh/frame_theorie.html-abgerufen:18.6.2020`

[Rigney 2010] Rigney, D.(2010): *In The Matthew Effect: How Advantage Begets Further Advantage (pp.* New York : Columbia University Press, 2010

[Samuels 2019] Samuels, Uve: *Exponentielle Innovation - Wie Wissenschaft und Wirtschaft gemeinsam das Wachstum von Europa und Deutschland durch Digitalisierung gestalten können*. Books on Demand : BoD, 2019

[Schilling 1930] Schilling, Harald: *Das Ethos der Mesotes*. Tübingen : J.C.B. Mohr (Paul Siebeck, 1930

[Schumpeter 1993] Schumpeter, Joseph A.: *Kapitalismus, Sozialismus und Demokratie*. Tübingen / Basel : Francke, 1993

[Schwab 2016] Schwab, Klaus: *Die Vierte Industrielle Revolution*. München : Pantheon, 2016

[Schwartz 2004] Schwartz, Barry: *The Paradox of Choice: Why More is Less*. New York : HarperCollins, 2004

[Schwarz 2005] Schwarz, Gerhard: *Die „Heilige Ordnung"der Männer*. Wiesbaden : VS Verlag für Sozialwissenschaften, 2005

[Scientific-American 2009] Scientific-American: *Arpanet 1969*. Scientific American, 2009. – URL https://www.scientificamerican.com/gallery/early-sketch-of-arpanets-first-four-nodes/abgerufen:25.2.2019

[Searle 1980] Searle, John R.: Minds, brains, and programs. In: *Behavioral and Brain Sciences* 3 (1980), Nr. 3, S. 417–457. – URL http://cogprints.org/7150/1/10.1.1.83.5248.pdf-abgerufen:15.4.2020

[Shmueli u. a. 2014] Shmueli, Erez ; Sing, Vivek K. ; Lepri, Bruno ; Pentland, Alex: Sensing, Understanding, and Shaping Social Behavior. (2014). – URL https://ieeexplore.ieee.org/document/6804686-abgerufen:12.2.2018

[Silver 2016] Silver, David et a.: Mastering the game of Go with deep neural networks and tree search. In: *Nature* (2016). – URL https://www.nature.com/nature/journal/v529/n7587/full/nature16961.html-abgerufen:21.2.2020

[Simonite 2017] Simonite, Tom: Google's AI Declares Galactic War on StarCraft. In: *Wired.com* (2017), September. – URL https://www.wired.com/story/googles-ai-declares-galactic-war-on-starcraft-/-abgerufen:15.1.2020

[Singelnstein und Stolle 2008] Singelnstein, Tobias ; Stolle, Peer: *Die Sicherheitsgesellschaft Soziale Kontrolle im 21. Jahrhundert*. Wiesbaden : Springer Verlag, 2008

[Smith 1974] Smith, Adam: *Der Wohlstand der Nationen - eine Untersuchung seiner Natur und seiner Ursachen*. München : Beck, 1974

[Smith 2010] Smith, Adam: *Theorie der ethischen Gefühle*. Hamburg : Meiner, 2010

[Snell 2004] Snell, Bruno (.: *Heraklit. Fragmente. Griechisch und deutsch*. München : Artemis und Winkler, 2004

[Sottek 2017] Sottek, T.C.: The world's best Dota 2 players just got destroyed by a killer AI from Elon Musk's startup. In: *The Verge* (2017). – URL https://www.theverge.com/2017/8/11/16137388/dota-2-dendi-open-ai-elon-musk-abgerufen:25.2.2020

[Spencer 1864] Spencer, Herbert: A System of Synthetic Philosophy. In: *The Principles of Biology* 1 (1864), Nr. 164

[Stadt Wien 2018] Stadt Wien: Stadt Wien und Sozialpartner beschließen Digitalisierungspakt. (2018), Oktober. – URL https://www.wien.gv.at/presse/2018/10/12/stadt-wien-und-sozialpartner-beschliessen-digitalisierungspakt-abgerufen:23.2.2020

[Stangl 2020] Stangl, W.: Stichwort: 'Theory of Mind'. In: *Online Lexikon für Psychologie und Pädagogik. abgerufen:* (2020). – URL https://lexikon.stangl.eu/511/theory-of-mind/

[Steamcharts 2018] Steamcharts, Online: STEAMCHARTS An ongoing analysis of Steam's concurrent players. (2018). – URL steamcharts.com/app/570#48h-abgerufen:19.5.2018

[Stephan 2007] Stephan, Achim: *Emergenz - von der Unvorhersagbarkeit zu Selbstorganisation*. Paderborn : Mentis Verlag, 2007

[Süß 2003] Süß, Heinz-Martin: Intelligenztheorien. In: Kubinger, Klaus (Hrsg.) ; Jäger, Reinhold (Hrsg.): *Schlüsselbegriffe der Psychologischen Diagnostik*. Weinheim : Psychologie Verlags Union, 2003, S. 217–224

[The Verge 2018] The Verge: Palantir Predictive Policing Tool New Orleans. In: *The Verge* (2018). – URL https://www.theverge.com/2018/2/27/17054740/palantir-predictive-policing-tool-new-orleans-nopd-abgerufen:24.10.2019

[Thurnhofer 2018] Thurnhofer, Hubert: Gibt es allgemein verbindliche Grundwerte? In: *Ethik Heute* (2018). – URL https://ethik-heute.org/gibt-es-allgemein-verbindliche-grundwerte/-abgerufen:08.10.2019

[Turing 1950] Turing, Alan: COMPUTING MACHINERY AND INTELLIGENCE - The Imitation Game. In: *Mind* LIX (1950), Oktober, Nr. 236, S. 433–460. – URL https://doi.org/10.1093/mind/LIX.236.433-abgerufen:8.4.2020

[Udacity 2013] Udacity: Coffee Break EP11: Leonard Susskind on Differential Equations -abgerufen: 25.2.2020. In: *Youtube* (2013). – URL https://youtube.com/watch?v=WOIYWsUXc7A

[United Nations Department of Economic and Social Affairs 2019] United Nations Department of Economic and Social Affairs: Population Dynamics, World Population Prospects. (2019). – URL https://population.un.org/wpp/Graphs/DemographicProfiles/Line/900-abgerufen:21.8.2020

[Vaidhyanathan 2018] Vaidhyanathan, Siva: *Antisocial Media: How Facebook Disconnects Us and Undermines Democracy.* Oxford GB : Oxford University Press, 2018

[Vigen 2015] Vigen, Tyler: *Spurious Correlations.* New York : Hachett Books, 2015

[Ward u. a. 2017] Ward, Adrian F. ; Duke, Kristen ; Gneezy, Ayelet ; Bos, Maarten W.: Brain Drain: The Mere Presence of One's Own Smartphone Reduces Available Cognitive Capacity. In: *Journal of the Association for Consumer Research* 2 (2017), April, Nr. 2. – URL https://doi.org/10.1086/691462-abgerufen:15.3.2019

[Watts 2003] Watts, Duncan J.: *Six Degrees: The Science of a Connected Age.* New York : W.W.Norton, 2003

[Watts 2011] Watts, Duncan J.: *Everything is Obvious: Why Common Sense is Nonsense*. London : Atlantic Books, 2011

[Watzlawick 2016] Watzlawick, Paul: *Man kann nicht nicht kommunizieren - Das Lesebuch*. Bern : Hofgrefe Verlag, 2016

[Weber 2019] Weber, Karsten: Über die begriffliche und inhaltliche Sinnlosigkeit einer Maschinenethik. In: Rath, Matthias (Hrsg.) ; Krotz, Friedrich (Hrsg.) ; Matthias, Karmasin (Hrsg.): *Maschinenethik, Normative Grenzen autonomer Systeme, Wiesbaden*. Wiesbaden : Springer Verlag, 2019

[Weber 2017] Weber, Max: *Wirtschaft und Gesellschaft: Grundriß einer verstehenden Soziologie*. Mosaicum Books, 2017

[Welzer 2016] Welzer, H.: *Die Smarte Diktatur - Der Angriff auf unsere Freiheit*. Frankfurt am Main : S. Fischer Verlag, 2016

[Werner 2008] Werner, Martin: *Signale und Systeme: Lehr- und Arbeitsbuch*. Wiesbaden : Vieweg + Teubner, 2008

[Wuppertal 1998] Wuppertal, Universität: Königsberger Brückenproblem. (1998). – URL `http://www.matheprisma.uni-wuppertal.de/Module/Koenigsb/-abgerufen:20.4.2019`

[Zuboff 2018] Zuboff, Shoshana: *Das Zeitalter des Überwachungskapitalimus*. Frankfurt am Main : Campus Verlag, 2018

Index

AGI - Artificial General Intelligence, 44, 161
Algorithmus - Algorithmen, 7, 10, 21, 26, 45, 46, 53, 59, 60, 75, 83, 127–131, 142, 145–147, 149, 152, 154, 157, 158, 191, 210, 214, 215, 217, 222, 226, 231
analog, 2, 8, 67–72, 91, 107, 125, 148, 225, 248
Analogie, 68, 70, 71, 107, 211
ANI - artificial narrow intelligence, 156
Aristoteles, 17, 75, 119, 139, 175, 179, 237–239
ASI - Artificial Super Intelligence, 164, 190
Aufmerksamkeit, 13, 45, 49, 64, 78, 96, 107–111, 114, 115, 125, 126, 133, 163, 170, 186, 214, 217, 229, 232, 247
Autopoiesis, 124, 126

Baran, Paul, 32, 33, 102
Baumsuche, 42, 44, 250
Beobachter, 1, 9, 55, 61, 71, 74, 75, 78–80, 92, 95, 96, 99, 117, 120, 121, 123–125, 128, 129, 167, 170, 177, 202, 205, 208, 238, 239
Big Data, 7, 20, 21, 43, 79, 80, 82, 85, 86, 88, 89, 99, 112, 144, 145, 160, 220
Blockchain, 34, 224

CERN, 97
Cloud, 35, 50, 81, 86, 111, 223, 251
Cluster, 62, 63, 100, 101, 142, 147, 148
Cyberspace, 16, 217, 243

Data Science, 80, 130, 141, 144

Datenschutz, 6, 27, 41, 50, 87, 89, 112, 196, 198, 200, 227
Deep Learning , 146, 149, 152
Desinformation, 101, 213, 214, 217
Determination, 26, 28, 73, 186
digital, 38, 67–69, 71, 78, 242
Digital Divide, 66, 210, 219–221, 223, 224, 226
Digitalisierung, 1, 3–9, 14, 15, 37–39, 56, 59, 66, 67, 78, 90, 98, 103, 124, 126–128, 135, 136, 168, 172, 179, 210, 224, 234, 236, 241, 247, 248
Disruption, 1, 4, 5, 7, 67, 78, 82, 90, 165, 242
Distribuierte Netzwerke, 30, 31, 33, 34, 102, 224, 240

Eigenbehavior, 74, 75
Eigenwert, 74, 75
Emergenz, 3, 129, 169, 173
Erwartungserwartung, 76, 214, 228
Ethik, 7, 17, 59, 60, 179, 180, 182, 183, 186, 190, 192, 237, 243
Evolution, 73, 104, 131, 133, 155, 165
Exponentialität, 3, 7, 98, 129, 167–170, 173, 177, 233, 241
exponentiell, 1, 5, 6, 27, 31, 33, 62, 97, 106, 167, 168, 170–174, 177, 212, 220, 236, 237, 240–242, 247

Förster, Heinz von, 16, 19, 74, 80, 120, 122, 145, 176
Fake News, 101, 214, 217
Feedback, 29, 72, 128, 137, 183, 185
Freiheit, 2, 8, 35, 205, 211–213, 215, 225, 242, 243

Gauss, Carl Friedrich, 79, 253

Heraklit, 189, 235
Hub - Hubs, 25, 34, 62, 82, 104, 106, 107, 110–114, 158, 174, 220–223, 234, 252

Intelligenz, 4, 7, 10, 11, 21, 24,

41–44, 50, 52, 59, 66, 70, 72, 79, 111, 118, 123, 126, 128, 131, 133–137, 149, 153–158, 161–164, 179, 186, 190, 193, 217
IoT - Internet of Things, 7, 34, 56, 81, 88

Jonas, Hans, 183, 185, 242

Kant, Immanuel, 11, 18, 19, 176, 180, 182, 185, 186, 191
Keynes, John M., 242
KI / AI, 153, 172, 228
Kommunikation, 2, 3, 9, 21, 29, 31, 33, 35, 39, 47, 48, 54, 58, 61, 87, 88, 92, 97, 98, 135, 137, 139, 161, 163, 172, 175, 183, 185, 188, 199, 210, 212–214, 216, 219, 225–236, 240, 241, 248
Komplexität, 1–3, 7, 14, 15, 17, 46, 82, 89, 110, 117, 119, 121–125, 128, 137, 172, 184, 209, 213, 234, 235, 237, 238, 240, 245
Konstruktivismus, 15, 16
Kooperation, 1, 22, 28, 62, 91, 125, 137, 139, 172, 175, 188, 230, 232–235, 240
Kybernetik, 7, 15, 16, 25, 78, 128, 210, 243

Legendre, Adrien-Marie, 143, 253
Links, 24, 33, 93, 95, 96, 101, 102, 104, 106, 107, 174, 185, 219
Lock-in, 77, 111, 117, 128
Luhmann, Niklas, 76, 214, 235

Machine Learning, 41, 141, 143–146, 150, 160, 179, 199
Markow, Andrei Andrejewitsch, 144, 149, 253
Markow-Ketten, 143, 253
Matthäus Effekt, 27, 105, 137
McLuhan, Marshall, 100, 105, 212, 216, 229, 232
Mesotes, 17, 237, 238
Methode der kleinsten Quadrate, 143, 253

Monte-Carlo-Simulation, 144, 250
Moral, 179–181, 188, 198, 207
Mythos, 79, 83, 162

Netzwerke, 1–4, 7, 8, 14, 15, 24–26, 28, 30, 32–34, 37, 53, 61, 64, 90, 92–105, 110, 111, 114–117, 123, 128, 129, 147, 151, 153, 168, 169, 172, 174, 193, 195, 213, 222–224, 231, 234, 236, 240–243, 248
Neuronale Netze, 4, 42, 43, 93, 146, 149
Neuronen, 150, 151

Panopticon, 53, 54, 202, 203, 206–208
Path Dependence, 76, 109, 135, 255
Peer-to-Peer, 34, 35, 254
Perzeptron, 151, 152
Platon, 245
preferential attachment, 106, 107, 109
Problemlösen - Problemlösung, 4, 5, 10, 11, 46, 69, 80, 118, 128, 134, 135, 138, 139, 191, 215, 229

Regression, 142, 144, 254
Reinforcement Learning, 43, 134, 148, 149, 193
Rekursion, 72, 128
Relation, 8, 29, 58, 74, 83, 84, 92–96, 101, 113, 117, 123, 134, 135, 145, 182, 210

Schumpeter, Josef, 30
Schwarm, 137, 139–141, 240
Selbstreferenzialität, 72, 75, 78, 117, 124
selbstreferenziell, 74, 75, 124, 185
Sicherheit, 3, 6, 7, 21, 26, 27, 32, 35, 41, 52, 88, 92, 102, 115, 197, 199, 211–213, 227, 242, 243
skalenfrei, 26, 27, 31, 33, 34, 103–107, 128, 174
Skaleninvarianz / Selbstähnlichkeit, 70, 254
smart, 50–53, 88

Smith, Adam, 18, 19, 181, 182, 187
Social Media, 21, 87, 105, 217, 228, 229, 231, 232
Stabilität, 9, 74, 117, 128, 211, 245
Start-up, 54, 62, 77, 168, 175, 222
Supervised Learning, 43, 44, 146–148
Survival of the Fittest, 73

Technikfolgen, 6, 183
The Winner takes it All, 37
tipping point, 173, 175, 242
Turing, Alan, 153, 154
Turing-Test, 153, 154, 190

Überwachung, 88, 199–201, 204, 209, 230
Überwachungskapitalismus, 27, 28, 210, 213, 217, 236

Wertigkeit, 24, 29, 31, 33, 34, 93, 95, 96, 102–104, 106, 107, 110, 111, 114, 135, 174, 192, 231

Zuboff, Shoshana, 8, 27, 213, 236

Ethik in einer digitalisierten Welt

https://ethics.in.a.digitized.world